U0448008

北京的城墙与城门

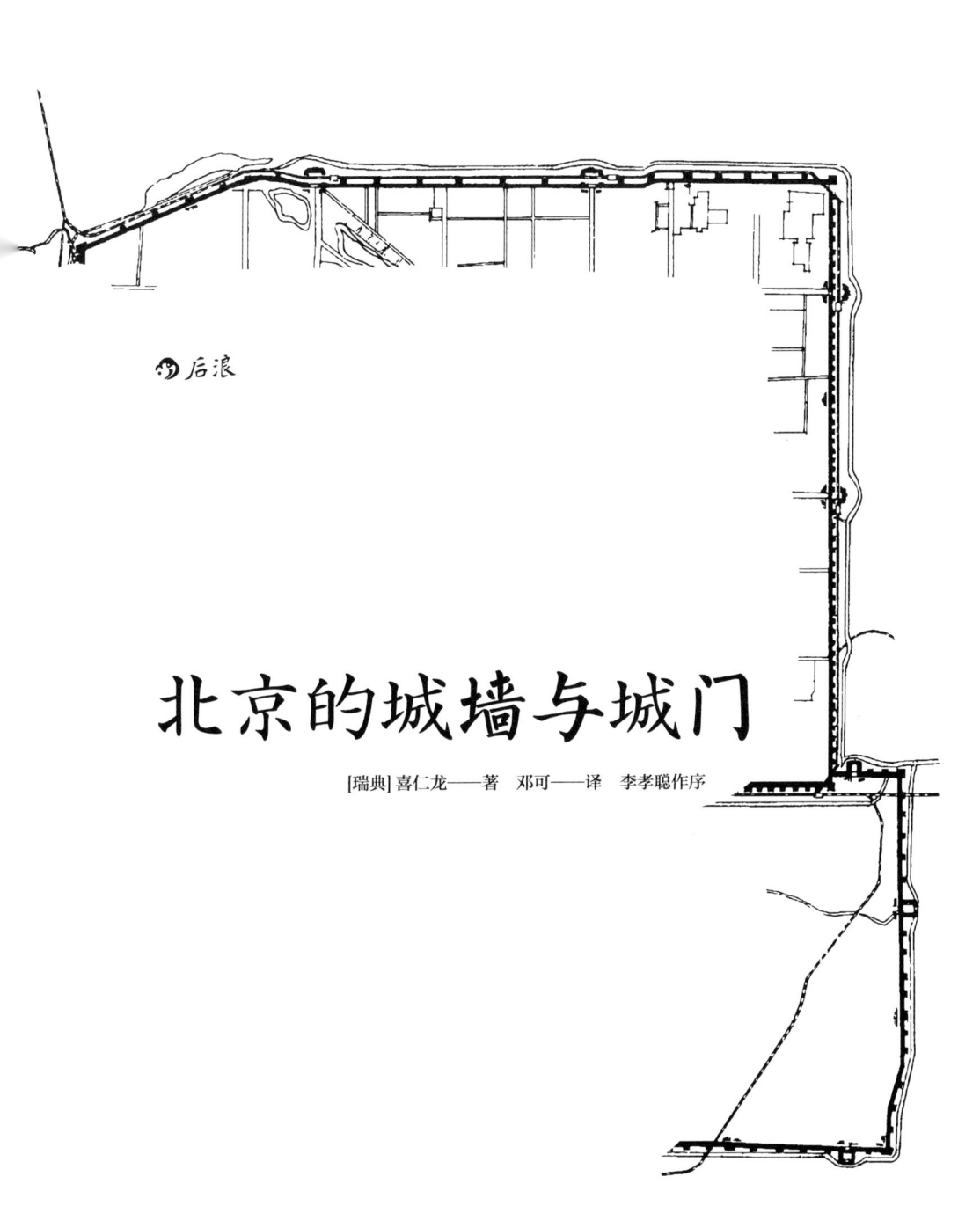

[瑞典] 喜仁龙——著　邓可——译　李孝聪作序

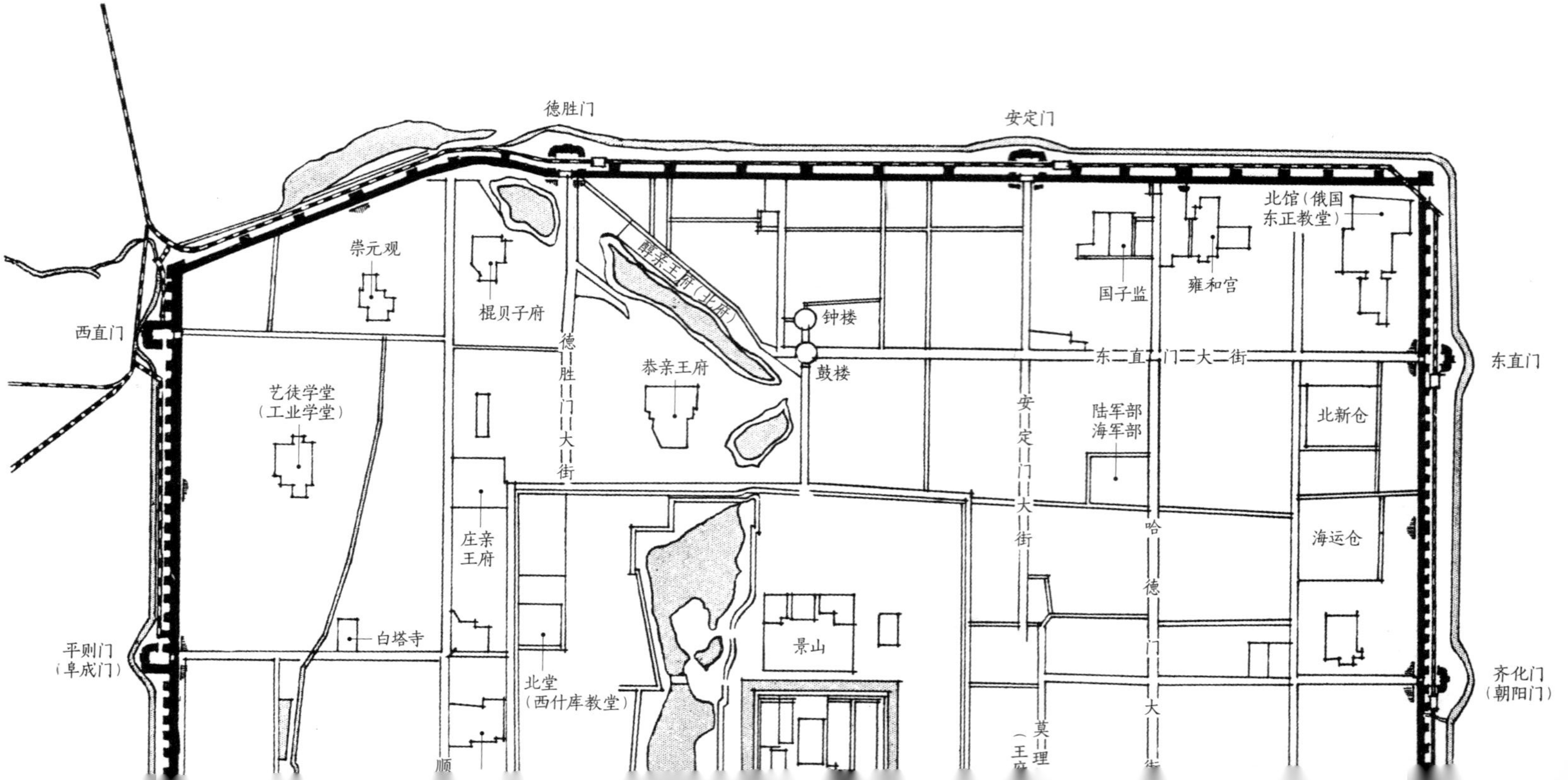
德胜门
安定门
北馆（俄国
东正教堂）
崇元观
醇亲王府（北府）
棍贝子府
钟楼
国子监
雍和宫
西直门
德
胜
门
大
街
恭亲王府
鼓楼
东直门大街
东直门
艺徒学堂
（工业学堂）
安
定
门
大
街
陆军部
海军部
北新仓
庄亲
王府
海运仓
哈
德
门
大
街
景山
白塔寺
平则门
（阜成门）
北堂
（西什库教堂）
齐化门
（朝阳门）
莫
理
顺

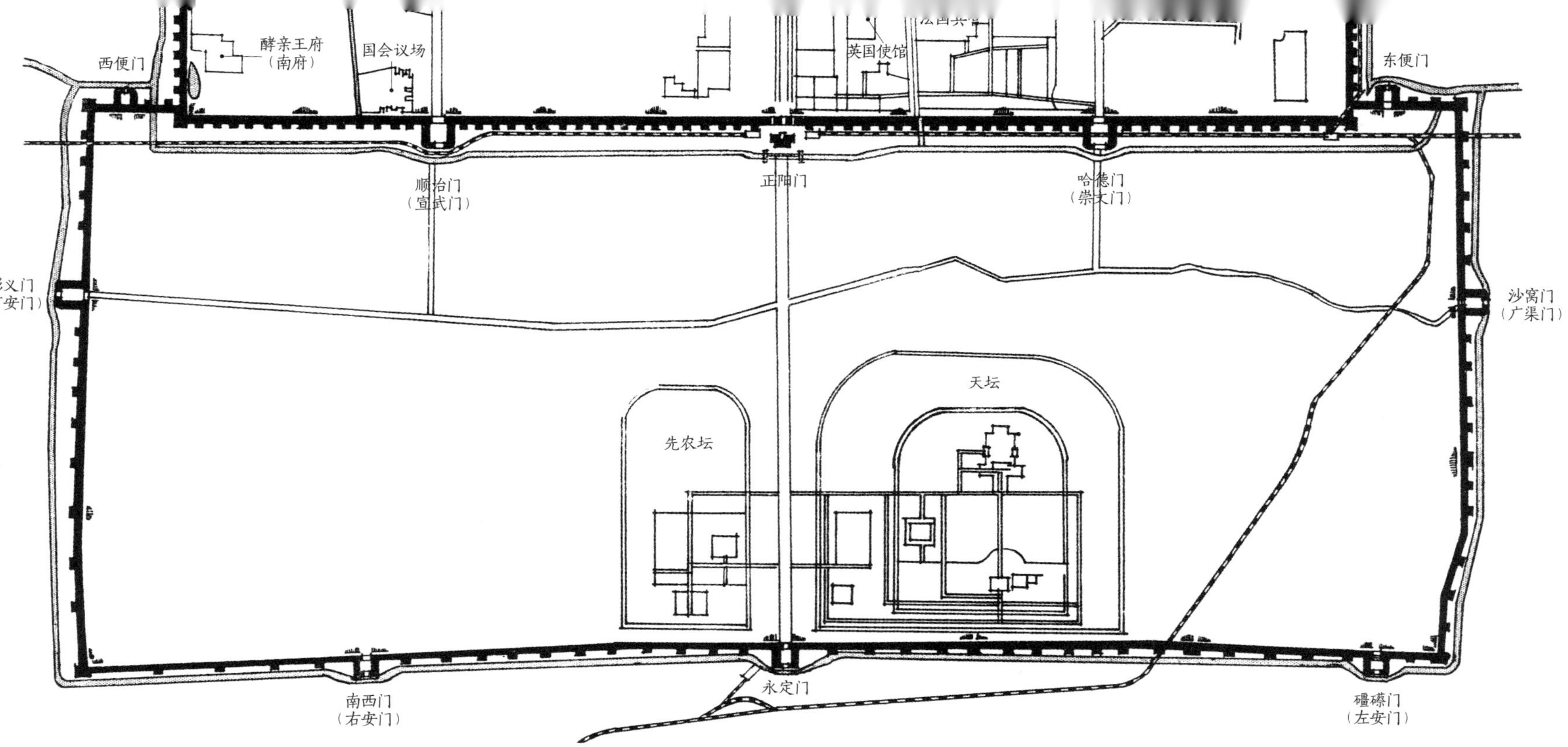

西便门
醇亲王府
（南府）
国会议场
英国使馆
东便门
顺治门
（宣武门）
正阳门
哈德门
（崇文门）
彰义门
（广安门）
沙窝门
（广渠门）
天坛
先农坛
永定门
南西门
（右安门）
礓磜门
（左安门）

Sha Wu Men
View through the outer gate
沙窝门箭楼门洞透视

出版前言

本书根据瑞典艺术史学者喜仁龙（Osvald Sirén）的作品 *The Walls and Gates of Peking* 译就。20世纪20年代初作者曾在北京生活居住，实地考察了北京当时遗存的城墙与城门，并于1924年在伦敦出版该书，内容包括细致的勘测观察手记、53幅城门建筑手绘图纸、128张实地拍摄的老城墙及城门的照片。不过那时在西方，有关中国城墙城门的话题并不受人关注，因此这本书在首印800册后便销声匿迹了。直到北平解放前夕，在英留学的侯仁之偶然间发现了这本记录着北京城墙与城门各类详细数据及大量精细图片的奇书，以重价购得并带回国内，向国人介绍了这部科学研究北京城墙城门的重要著作。

北京的建城史可以追溯到春秋战国时的蓟城，而成为都城则始于辽南京，此后的金中都、元大都、明清北京城都矗立在这片土地上。明代的北京城始建于永乐年间，由外至内分别为外城、内城、皇城和宫城；在四重城墙上，各自建有城门。外城七门（广渠门、广安门、左安门、右安门、东便门、西便门、永定门），内城九门（东直门、西直门、朝阳门、阜成门、崇文门、宣武门、德胜门、安定门、前门），皇城四门（大明门、地安门、东安门、西安门），宫城四门（午门、神武门、东华门、西华门）。明代建成的北京城经历了明朝、清朝、民国，还保留着较完整的城墙和古城的格局，本书中作者考察的，主要是民国时尚存的北京内外城的城墙与城门。

喜仁龙作为欧亚大陆另一端的瑞典学者，被这座东方城市独特的美所震撼，直陈"这本书的源起是北京的城门之美，是中国都城所展现出的举世无双的壮美特征，是秀美环境中的古建筑、新生的树木和衰败的护城河，是建筑的装饰风格"。面对这些逐渐走向衰亡的宏伟古迹，除了在描写中投入艺术史家的浪漫与情怀，喜仁龙还坚持严谨的研究方法：挖掘中国历史文献中对城墙城门的繁杂记载，勘测丈量每一段城墙、每一座城楼的尺寸，观察记录城墙、城门及周边街市乡野的现状，实景拍摄城墙城门的照片，精细绘制城门各种角度的建筑细节图，使这本考察手记在文学性和科学性两方面达到了平衡。

1985年本书曾出版过简体中文版，无奈文字和图片均有删减。此次重新出版，我们完全采用英文首版中的图片，细节处理也对照原图，尽力呈现原书的风貌。译稿方面也是完整重译，并修订了原著中的一些错误，例如：作者将完颜宗望和金太宗完颜乌乞买误作同一人；由于对引用的文献理解有误，作者对明代城墙包砖工程进行的时间推断也有偏差；还有对城门与古代奇门遁甲的关系，作者似乎也不甚明了。这些内容，我们均在不影响正文流畅性的前提下，在页下做了注释说明（除标明的译者注之外，其余均为编者注）。关于作者Osvald Sirén的中译名，有学者研究指出，考证民国时期学者往来书信与内政部政令，另有译法"喜龙仁"，不过本次仍选择沿用之前"喜仁龙"的译法。需要提出的是书中所有的建筑绘图，若原图中有中文手写图名，均予以保留，但图注中根据现代习惯重新命名，如内楼（inner tower）统一为城楼，外楼（outer tower）统一为箭楼。

从帝制的束缚下挣脱出来的中国，连带着将帝国象征的城墙与城门一起打倒。庆幸作者在百年前，用自己的笔和相机，记录了一座抛却浮华、真实而沧桑的北京城。

后浪出版公司

2017年1月

中文版新序

地球上的人类大都经历过"筑城以卫君，造郭以守民"的历史阶段，这就使得世界上19世纪以前形成的城市普遍营造了城墙，城墙成为城市最突出的标志之一。城墙、城门楼和城墙上的雉堞，形成了一道显著而美丽的城市天际线，人们从遥远的田野上很容易辨认城市，而当你走近它时，又会被高耸威严的城墙所震撼。这就难怪当侯仁之先生在1932年初秋的傍晚，乘火车穿过华北平原到达北平（即北京）前门车站时，巍峨的正阳门城楼和浑厚的城墙蓦然出现在他眼前，使其从视觉到心间产生了一种震撼，由此萌发了对北京城的兴趣，竟然研究它长达80年之久。1924年瑞典学者喜仁龙（Osvald Sirén）出版了关于北京城的研究著作《北京的城墙与城门》一书，1947年侯仁之先生在英国伦敦旧书店慧眼识珠，买下这本书，并将它介绍给中国的读者。

喜仁龙教授（Osvald Sirén，1879—1966），出生在芬兰赫尔辛基，是一位艺术史学家。他最初的学术旨趣是研究18世纪的欧洲艺术史，1908—1923年，喜仁龙取得了在瑞典斯德哥尔摩大学讲授欧洲近代美术史与艺术理论的教席。从1928年起，他负责瑞典国家博物馆绘画与雕刻部的管理，在那里他发现了许多馆藏的中国绘画作品，使他后来对意大利文艺复兴和中国艺术产生了更大的兴趣，他在博物馆一直工作到1945年。喜仁龙曾经数次（1918、1921—1923、1929—1930、1934—1935、1954、1956）来中国考察，城市建筑、绘画艺术、佛教罗汉造像最让其流连忘返。

值得庆幸的是，他在中国考察城墙和城门的时候，是中国城市的城墙和城门还没有遭受全面拆毁破坏的时期。

从14世纪末至16世纪初，欧洲城市商业资本的活跃创造了资本主义的生产关系，欧洲的城市普遍经历了"文艺复兴"后的重建，构筑带有棱堡防御体系的城墙成为城市的新标志。近代产业革命以后，工业机器生产普及，现代交通工具在城市推广，越来越多的人口涌入城市，欧洲城市在城墙的外围普遍兴起新的建成区，林立的楼群压抑着昔日的城堡，城墙不再是欧洲城市的天际线，不能给初到之人以强烈的震撼，反而会引起失落之感。当喜仁龙先生初次踏上中国的土地时，中国的城市还没有经历近代化的熏陶，大多数城市的城墙还相当完整，他作为具有艺术史专业素养的学者，从对城市失落的欧洲来到中国，获得了真切的震撼，尤其是北京城的城墙"是最动人心魄的古迹，幅员辽阔，沉稳雄壮，有一种睥睨四邻的气魄和韵律"。正如其在《英文版自序》中所说的："对城门艺术特征的兴趣，逐渐唤醒了我去了解这些历史遗迹重要性的想法，从而进一步探求它们的修筑以及在不同时期改建的历史。"正是这样学术专业的思考和眼光，促使他对中国城市开始了真正的考察。

20世纪前半叶的完整北京城，虽然是明清两代留下的城墙和城门，但是北京内城（或称"满城""北城"）的东西城墙和街巷胡同，却基本上以元大都为基础。元大都是马背上的民族完全按照中原汉式营建都城的礼制，在田野上规划营建的城市，其街道胡同布局是从游牧转为定居时平均分配宅基地管理制度的产物，为后来的北京城留下了整齐划一的空间结构，这是一笔全世界不可多得的历史文化遗产。大都城墙是实现都城稳定与有序管理的工具之一，失去了城墙的约束，也就破坏了空间结构，更难以体现文化遗产的特征。所以，北京城本来可以以整体城市申报世界文化遗产，可是随着北京城城墙的拆除，这一希望无可挽回地落空了，北京只能以紫禁城等单体建筑群来"申遗"了。

人类对历史文化遗物的保护和收藏，是对逝去时代的纪念和追寻，是对逝去时代文化代表物的珍惜和欣赏。历史上，人们总是将前一时代的宫殿建筑群视为过去统治的象征和代表，在改朝换代时，把前朝的建筑或城市加以毁灭性破坏，被誉为"革故鼎新"。例如：项羽烧毁秦咸阳城"大火三月不灭"，金兵攻入北宋都城汴梁，毁大内、宫殿，拆下的梁、柱和"艮岳"山石全部运到了燕京，以营筑金中都城。元灭金，金中都也遭到彻底的破坏；明灭元，同样平毁了元大都的宫殿。在中国都城建设史中，仅有唐朝、清朝两代沿用了前朝的城市宫室。在欧洲，则有罗马帝国摧毁古希腊的城市和宫殿，中世纪十字军东征，沿途破坏烧掠，所到之处尽为瓦砾废墟。

不同时代的城市设计表达了不同的社会制度与文化，当人类社会走向全球化和城市现代化时，人类在满足物质需求的同时，开始自觉地、有意识地尽可能多地保存一些能够代表各个地区、各民族文化的传统建筑，以使年轻一代永远不会遗忘自己的"根"与民族文化的底蕴。作为民族文化特征标志的传统建筑，不能脱离周围环境而存在，不能让子孙后代仅仅从博物馆中去感受，所以在城市建设中一定要注意保存前代历史时期的城市设计规划，保护城市中有历史标志性的城墙、城门和街道格局。

现代化是一柄双刃剑！现代化虽然能够带动城市产业的勃兴，生活条件的改善，但是也进行着建设性的破坏。随着大批传统旧建筑被拆毁，中国城市的传统格局被打破，城市丧失了历史景观风貌，同时居住民的心理情结也受到了伤害。曾经有领导讲过"给城市脱胎换骨"，对现代城市缺少人文关怀，导致传统价值观的丧失，意味着不再有更多的人热爱和关心城市。功利心理侵蚀着市民的良知，"世风日下，人心不古"，攀比性地营造高层建筑，中国城市变得"千城一面"，原本建筑的丰碑变成了权力的象征。由于对古建筑和历史环境的保护缺乏认识，因此，一批批古建筑及其周围环境在工业化的浪潮中遭到毁灭。

旧城中心地带仍然具有强烈的吸引力。房地产业总是看好这片区域，旧城内的居民被迁出,新住宅区人口过度集中,却缺少就业机会,仅仅具有"睡眠"功能,例如:北京的望京、天通苑、回龙观就是集中了几十万人口,除了住宅而缺少其他城市功能的大型居住区。每天上班族加剧了北京城市交通的繁忙与阻塞,形成一个难以解决的怪圈。

有规划的城市是中国传统文化内涵中一个有机组成部分。有规划的城市代表着有秩序,在王朝时代有秩序的表象就是营筑城墙。从中国城市结构的基本原则来分析,中国人一向注重"墙"的作用。墙,可以是用砖石砌筑,可以是用土夯筑,也可以是用篱笆木栅圈围。每一所住宅院落、衙署、仓场或者庙观,都可以看作是一个个用墙围起来的"小城"。南北朝至隋唐期间,中国城市盛行封闭的坊市制度,若干不同功能的院落式组群,用墙围起来,合成一个个"坊";坊内有十字街道,坊墙有门,因此,坊相当于比院落大一些的"城"。若干个坊被街巷隔开,或用高厚的墙围起来,则组成了"城市"。市场也被固定在有限的几个市坊墙内,依时起闭。因此,那时候的城市街道平直,城市建筑布局显得很规整。宋代以后,虽然"坊墙"渐渐废除,而重视城市功能结构的规划原则仍然不变,修筑城墙更加严谨。现存文献记载,中国人从距今三千年前的周代开始,就习惯于按预先拟订的规划营造城市,除服从于自然环境条件之外,更赋予一定的礼制思想甚至风水观念。这是中国传统文化用建筑载体来表现的一个侧面,"反映中国百姓对围墙式建筑物根深蒂固的信赖"。所以,中国历代无论首都,还是中小城市,大多数都是经过规划、用城墙围起来的城市。传统中国城市规划孕育的文化内涵,在于用墙来体现肃穆与崇尚礼制的繁缛,城市内街道的繁华与胡同的幽静形成对比,受城墙约束而形成的严整和含蓄,更表达了城市居民恒久的礼俗状态和文明心态。这是当今我们迈向城市现代化时必须给予关怀的。

"城墙,确实是中国城市中最基本、最令人印象深刻且最耐久的部分。"喜仁龙这样评述我们的城墙,更不要说那些充满中国传统建筑技艺的城门楼了。如今我国历史上数千座城市中保存比较完整城墙的城市已经不多了，根据与现代城市重叠沿用而非城市遗址的初步调查，都城级城墙尚存的城市有：西安、南京、开封，保存城墙相对完整的府级城市有：大同、荆州、宣化、榆林、正定、襄阳、苏州、大理、永年、衢州，城墙完整的州县级城市仅有：寿县、平遥、松潘、兴城、临海。所以，有比较完整城墙的中国城市已经成为稀罕之物，当然需要精心呵护。

距离喜仁龙所著《北京的城墙与城门》第一个中文译本出版又过去了30年，正当人们渐渐失去对往日北京城的印象时，北京后浪出版公司再次翻译出版了这本书。经过细致完整的重译，修正了前一版中译本的一些错讹，保存了比较清晰的当年拍摄北京城墙和城门的照片，特别是补充了作者原书中有关中国西安、青州城墙和城门的部分照片。本书中译本的重新出版再次唤醒人们对昔日北京城的印象，它不仅激起思恋的乡情与忆想；而且更引发对保护城市城墙的思考，再次提醒国人只有精心呵护传统建筑，才能因体会其艺术美的价值而产生爱，唯有爱才可能去实现我们的梦。

李孝聪

写于北京大学朗润园中国古代史研究中心

2016 年 9 月 17 日

中文版序 *

  远隔重洋，忽得国内来信，欣悉瑞典喜仁龙（Osvald Sirén）教授的旧作《北京的城墙与城门》，已经译为中文，即将付印。译事进行之快对我来说，确实有些意外。欣慰之余，一件往事又忽然闪现在我眼前。

  那已是半个多世纪以前的事了。我作为一个青年学生，对当时被称作文化古城的北平，心怀向往，终于在一个初秋的傍晚，乘火车到达前门车站（即现在的铁路工人俱乐部[①]）。当我在暮色苍茫中随着拥挤的人群走出车站时，巍峨的正阳门城楼和浑厚的城墙蓦然出现在我眼前。从这时起，一粒饱含生机的种子就埋在了我的心田之中。在相继而来的岁月里，尽管风雨飘摇、甚至狂飙陡起摧屋拔木，但是这粒微小的种子，却一直处于萌芽状态。直到北平解放了，这座历史的古城终于焕发了青春，于是埋藏在我心田中并已开始发芽的这粒种子，也就在阳光雨露的滋养中，迅速发育成长起来。正是因为这个原因，我对北京这座古城的城墙和城门，怀有某种亲切之感，是它启发了我的历史兴趣，把我引进了一座富丽堂皇的科学探讨的殿堂。但是，我对北京这座古城的城墙和城门，却没有什么研究。还是在北平解放前夕，我偶然在伦敦一家旧书店里发现了喜仁龙教授的这本书，并以重价把它买下来，通夜加以浏览，我才开始意识到这一组古建筑的艺术价值。我印象最深刻的是作者对于考察北京城墙与城门所付出的

---

* 侯仁之先生为 1985 年中译本所作的序言。
① 现已改为中国铁道博物馆（正阳门馆）。

辛勤劳动，这在我们自己的专家中恐怕也是很少见的。而他自己从实地考察中激发出来的一种真挚的感情，在字里行间也充分地流露出来。他高度评价这组历史纪念物，同时也为它的年久失修而伤心。在考察中，他观测细致，记载不厌其详，这是十分可贵的。当然在记述历代城址的变迁上，由于引证的材料不尽可靠，错误之处也是难免的，但这无损于全书的价值。我个人的看法如此，读者会作出自己的判断，这里也就无需多说了。

记得早在50年代初期，当首都的城市建设正在加速进行的时候，城墙存废的问题也就被提到议事日程上来。当时梁思成教授就曾提出过改造旧城墙的一种设想：考虑把宽阔的城墙顶部开辟为登高游憩的地方，同时把墙外的护城河加以修砌，注以清流，两岸进行绿化，这样就无异于在北京旧城的周围，形成一个具有极大特色的环城公园，犹如一条美丽的项链，璀璨有光（其部分设想，有专文发表，并有附图，可惜不在手下，据所记忆，大体如此）。我认为这一设想，是符合"古为今用，推陈出新"原则的。其后，我也曾在北京市人民代表大会上，就北京城墙的存废问题，提出了一些个人的看法。我认为，我国有一条"万里长城"，被公认为世界"奇观"之一；我们的首都也有保存得比较完整的城墙与城门，同样是工事宏伟的古建筑，显示了古代劳动人民的创造力。因此，我还以本书为例，借以说明它的历史意义与艺术价值。现在，事隔三十多年，北京的城墙早已拆除。今天幸而保留下来的正阳门内外城楼、德胜门箭楼以及东南城角楼，经过重修之后，也还是为这座历史文化名城保存了一点极为鲜明的历史色彩！同时这也足以说明，只要认真贯彻"古为今用，推新出新"的原则，历史上一切劳动人民心血的创造，都应该在社会主义的新时代重放光辉。请看：就是深埋在地下两千多年且已受到破坏的秦始皇兵马俑，不是经过发掘清理和重新修整之后，已经成为轰动世界的一大艺术宝藏了吗？可惜的是北京旧日的城墙和城门，除去上述几例之外，都已荡然无存（内城西南角尚有一点残迹，有待考虑如何处理）。因此，主要是在实地考察下写成的这部《北京的城墙与城门》就格外值得珍视了。把它译为中文，如果说在实物存在的当年，并非十分必要，可是在今天，却有了它的重要意义。它为我们提供了在所有的有关资料中最为翔实的记录，有文、有图、有照片，还有作者个人在实际踏勘过程中的体会和感受。作为一个异邦学者，如此景仰中国的历史文物，仅这一点也足以发人深省。不过作者并不是单纯地凭吊过去，他也确实希望这一重要的历史纪念物有朝一日能够得到保护和维修。现在这样一个时期已经真正到来，可是旧的城墙和城门除个别者外，都已不复存在，这就是令人惋惜不已的了。但愿这类情况今后不再发生。只有这样，光辉灿烂的中华民族的历史文化，在社会主义的新时代，才能得到进一步地发扬和光大！

侯仁之

写于美国康奈尔大学

城市与区域规划系

1984 年 5 月 10 日

英文版自序

　　这本书的缘起是北京的城门之美，是中国都城所展现出的举世无双的壮美特征，是秀美环境中的古建筑、新生的树木和衰败的护城河，是建筑的装饰风格。从历史和地形上看，有些城门可能至今仍是北京的标志性建筑，与相连的城墙一道，记载了这座伟大城市的早期历史，加之城内的街道和园林，构成了最具特色的美丽景致。

　　这就是为什么我要专门花几个月的时间去研究北京城门，并以一组照片再现其动人之处。我的这项工作做得究竟怎样，读者可以自己去判断；这些照片通过精选，呈现于本书的后半部分。

　　对城门艺术特征的兴趣，逐渐唤醒了我去了解这些历史遗迹重要性的想法，从而进一步探求它们的修筑以及在不同时期改建的历史。不仅是城门，包括城墙及其周边环境也都引起了我的兴趣，成为历史和建筑研究的依据；我住在这座城市越久，就越意识到它们记载了中国历史的重要篇章。文字所能表达的非常有限，但即便是我展现的碎片式的信息，也能使读者明白，北京的城门和城墙构成了从古至今的接续链条，并重生新的关联，不过核心还是对历史的古老完备的记录。

　　书中的历史信息主要是基于中国的地方志，其中包括大量早期王朝中有关城墙和城门的记载，它们从未以同样的形式被其他任何的语言记录过。除了这些文字记录以外，剩下的研究都来自遗迹本身，主要是镶嵌在城墙和城门各处的碑铭砖刻。所有这些材料都经过精心搜集，用于分析和追溯古迹各个部分的历史。但在许多情况下，由于缺少史料记录，所有这些仅作为技术和建筑学方面的进一步补充的书面证据，就成为历史考证和定义的主要依据。

当然，我的工作也受到了一定的局限。毕竟我不可能在建筑上做任何试验，钻进城墙或架设脚手架进行深究，不过我从内务部获得了批准，取得了一些城门的测绘图。这些在建筑师监督下由中国工匠绘制的图纸，无疑是最确切最宝贵的资料，不仅对北京的城门，而且对于一般性的中国建筑来说也颇有价值，因为城门毕竟是中国建筑的一般形式中极具代表性的例子。

在这项工作的准备过程中，我得到了许多人的帮助。文章所引的中国地方志是北京培华女校的包哲洁女士（A. G. Bowden-Smith）和她的几个助手翻译的；该部分的工作因此归功于她。

大多数城砖和石碑上的铭文由我的中文老师周谷城先生细致耐心地制作拓片，仔细记录下来，其中部分由英国公使馆的斯科特先生（Mr. Scott）翻译完成。

知名人士鲍迈斯特·蒂勒先生（Baumeister Thiele）多次给予我宝贵的帮助，并把中国的画师介绍给我。感谢画师们根据我的需要，精雕细琢所绘制的图纸。

建筑师罗斯凯格尔（Rothkegel）所绘制的正阳门箭楼和城门的平面图深得我心，也就在前些年，这座中央大门在他的监督下得以改造。

另外，还要感谢英国皇家建筑师学会（R.I.B.A.）的尤普先生（Jupp），他校核了书中关于建筑学方面的表述。

写作过程中最大的困难无疑是纷繁复杂的中文词句和专有名词。当然，理想的方式是让每个术语都符合中国的表达习惯，不过事实证明这不可行，而东方研究院的易先生编写的中文术语表，可能会在一定程度上减少这种尴尬。

英文翻译大致遵循威氏拼音法，但我知道仍然存在某些偏差，如英文使用e而不是ĕ。我也很清楚，在中文复合名称中使用大写字母有些随意，这些参照邮局审定的名词几乎是不可避免的，但我仍然希望这些存在着的疏漏和谬误不会给热心的读者们带来疑惑。

无论如何，在复杂曲折的中国语言和历史研究方面，希望我的努力可以帮助后来者在这一领域取得更深入的进展。假如我有幸成功地激起了人们对北京的城墙和城门——那些完美而衰落的历史古迹的兴趣，并将这稍纵即逝的美丽向世人呈现，那我的内心就十分满足了，我对这座伟大的中国都城的责任也就尽到了。

喜仁龙（Osvald Sirén）

1924年5月，巴黎

目 录

出版前言　1

中文版新序　**李孝聪**　3

中文版序　**侯仁之**　8

英文版自序　11

第一章
中国北方筑墙城市概述

1

第二章
北京旧址上的早期城市

11

第三章
北京的内城城墙

27

第四章
北京内城城墙的内侧壁
43

南城墙 45 / 东城墙 53 / 北城墙 61 / 西城墙 68

第五章
北京内城城墙的外侧壁
77

东城墙 79 / 北城墙 82 / 西城墙 84 / 南城墙 86

第六章
外城的城墙
89

外城城墙的内侧壁 94 / 外城城墙的外侧壁 98

第七章
内城的城门
105

引　言 105 / 西城墙上的城门 108 /
东城墙上的城门 127 / 南城墙上的城门 132 /
北城墙上的城门 150

第八章
外城的城门
157

图片目录

城门图纸

图1　北京城址上早期城市的相对位置示意图　13
图2　中都，金代都城；汗八里，元代都城　19
图3　内城西墙上平则门以南的两段墙体剖面图　37
图4　内城北墙上的两段墙体剖面图　41
图5　西南角楼平面图　76
图6　阜成门（平则门）箭楼、城楼及周边平面图　109
图7　阜成门城楼平面图　110
图8　阜成门城楼剖面图　112
图9　阜成门城楼剖面图（侧面）　113
图10　阜成门城楼正立面　114
图11　阜成门城楼侧立面　115
图12　阜成门箭楼平面图　119
图13　阜成门箭楼剖面图（侧面）　120
图14　阜成门箭楼剖面图　121
图15　阜成门箭楼侧立面　122
图16　阜成门箭楼正面　123
图17　西直门城楼平面图　126
图18　齐化门城楼平面图　128
图19　东直门城楼平面图　129
图20　哈德门城楼　134
图21　崇文门（哈德门）城楼平面图　135

17

图 22　顺治门城楼平面图　137
图 23　改建前的前门平面图　141
图 24　改建后的前门平面图　142
图 25　改建前的前门箭楼正面　144
图 26　改建前的前门箭楼平面图　145
图 27　改建前的前门箭楼侧面　146
图 28　正阳门城楼正面　147
图 29　正阳门城楼平面图　148
图 30　安定门城楼平面图　152
图 31　德胜门城楼平面图　155
图 32　西便门城楼、箭楼及周边平面图　160
图 33　西便门城楼正立面　161
图 34　西便门城楼剖面图（侧面）　162
图 35　西便门城楼平面图　163
图 36　西便门箭楼平面图　164
图 37　西便门箭楼剖面图（侧面）　165
图 38　西便门箭楼正立面　166
图 39　广安门城楼、箭楼及周边平面图　171
图 40　广安门城楼正立面　172
图 41　广安门城楼平面图　173
图 42　广安门城楼剖面图（侧面）　174
图 43　广安门箭楼平面图　175
图 44　广安门箭楼剖面图（侧面）　176
图 45　广安门箭楼正立面　177
图 46　永定门平面全图　183
图 47　永定门城楼正立面　184
图 48　永定门城楼平面图　185
图 49　永定门城楼剖面图　186
图 50　永定门城楼剖面图（侧面）　187
图 51　永定门箭楼平面图　188
图 52　永定门箭楼剖面图　189
图 53　永定门箭楼正立图　190

老照片

西安城墙西南角　209
青州府北城墙　209
北京外城街景　210
青州古商业街　210
山东潍县的石牌楼　211
西安城区鸟瞰　212
西安城墙与西城门　212
外城西南角外侧　213
内城北墙的古水井　214
前门至顺治门间的内城南墙　215
西南角楼处局部修复的南城墙　216
顺治门至前门间的内城南墙外侧鸟瞰　216
观象台处的内城东墙　217
不同年代所建的内城东墙墙体　218
保存良好的内城东墙墙体　218
内城东墙东直门段　219
齐化门至东直间的长马道　220
东城墙上的一个深洞，可见几层城砖　220
内城北墙处的牧羊　221
内城北墙处休息的驼队　222
德胜门以西的内城北墙外侧　223
新旧交接处的内城北墙内侧墙体　223
内城北墙附近的积水潭　224
内城西墙南段外侧　225
西直门附近的内城西墙内侧　225
从平则门观主城墙外侧　226
分三段修缮的平则门南面马道　226
内城西墙南端　227
内城东南角楼　228
内城东南角楼及内外城城墙的连接处　228
外城西北角楼　229

西城墙上一段城砖已经掉落的墙体　229
西南角楼　230
东南角楼　230
外城东墙内侧　231
损毁严重并四处修补的外城东墙内侧墙体　231
从彰义门（广安门）箭楼城台观外城城墙　232
外城南墙内侧　232
外城东北角　233
外城东墙外侧的景象　233
外城西南角楼　234
东便门外古道上的葬礼仪仗队　235
东便门一座带水闸的石桥　235
东便门附近的外城城墙　236
平则门的城楼、箭楼和部分瓮城　237
平则门城楼及瓮城广场的局部　238
从城墙上观平则门城楼北面　239
平则门箭楼侧影　240
从城墙上观平则门箭楼　241
平则门箭楼及瓮城外的摊点　242
西直门南侧全景　243
西直门城楼侧影　244
西直门瓮城内关帝庙的庭院及院里的柏树　245
西直门关帝庙的庭院　246
西直门城门外街景　247
西直门瓮城闸楼及城墙下的店铺　248
西直门外老式店铺林立的街道　249
齐化门城楼侧面及附近建筑物　250
齐化门城楼正面　251
东直门南侧全景　252
东直门护城河　252
东直门城楼正面　253
东直门城楼的门洞　254

东直门城楼侧影　255
东直门箭楼及护城河　256
东直门箭楼及改造后的城台　257
东直门护城河里的白鸭　258
从哈德门大街观哈德门城楼　259
哈德门城楼侧影　260
哈德门城楼及瓮城中等待火车通过的人群　261
近期修复的顺治门城楼　262
顺治门城楼及瓮城中心　263
顺治门箭楼城台上的老式大炮，箭楼已无存　264
堆满陶器的顺治门瓮城及穿城而过的道路　264
从南侧观前门城楼　265
前门城楼门洞透视　266
前门瓮城内的关帝庙入口　267
前门关帝庙中的祭拜者　268
从前门箭楼上南观新建的正阳桥及外城主街　269
安定门城楼及过去的瓮城局部　270
安定门箭楼及护城河　271
安定门箭楼及瓮城内的真武庙　272
修复后的安定门瓮城城墙　273
安定门真武庙的庭院内景　274
德胜门瓮城残垣及箭楼　275
从德胜门城楼门洞所见街景　276
昔日德胜门瓮城内的古椿树　277
德胜门瓮城内的流动剃头匠　278
德胜门瓮城内的真武庙　279
德胜门箭楼侧影　280
通向西便门的大街　281
从城台上观西便门城楼　282
西便门瓮城内的古刺槐　283
西便门瓮城内的椿树　284
正在经过西便门箭楼门洞的驼队　285

西便门外绿树成荫的街道　286

东便门城楼内侧　287

东便门箭楼城门　288

东便门外的石桥　289

在东便门外休息的驴和牛　290

东便门外的骆驼　290

东便门外东河的终点　291

沙窝门瓮城、城楼和箭楼侧影　292

沙窝门城楼　293

通过沙窝门城楼门洞观瓮城内景　294

沙窝门外的葬礼仪仗队　295

广安门城楼、箭楼、瓮城侧影　296

广安门城楼及瓮城局部　297

广安门城楼侧影　298

广安门瓮城及城楼　299

广安门箭楼　300

右安门瓮城及城楼　301

右安门瓮城及箭楼　302

冬日里正在经过右安门的驼队　303

右安门箭楼及护城河　304

右安门外低垂的柳树　305

右安门外护城河中的芦苇和孩童　306

右安门城楼及生长在城台上的椿树　307

左安门瓮城及城楼　308

1922年9月，坍塌后的左安门马道废墟　309

左安门箭楼侧影　310

左安门箭楼及护城河　311

从正面观永定门城楼、箭楼及瓮城　312

从瓮城内观永定门城楼　313

从瓮城内观永定门箭楼　314

永定门护城河石桥上的交通景象　315

永定门城楼及护城河侧影　316

第一章　中国北方筑墙城市概述

所有人都听说过中国的万里长城，但大多数人仅仅将它视为单纯的历史遗迹，是源于古老帝王狂热幻想的壮丽废墟。就像中国的其他事物一样，人们普遍认为长城已经自然地走向了衰败的命途，并且其数百年来的实用价值在很大程度上只是一种错觉。这完全是一种误解。长城是中国少有的被妥善保存下来的建筑之一。它在数个世纪的交替中被一次又一次地修缮和重建，并且它作为防御工事和边界线的极大重要性，直到近些年仍旧有所体现；当然，这是中国人自己的选择。事实上，长城本身最极致最持久地反映了中国百姓对围墙式建筑物根深蒂固的信赖。

一道道城墙，一重重城墙，可以说构成了每一座中国城池的骨骼或框架。它们环绕着城市，把城市划分成单元和院落，比其他任何构筑物都更能反映中国聚落的基本特征。在中国北方，没有城墙的城市算不上一座真正的城市，城墙是城市的基本条件，这也是中国人用城墙的"城"来指代城市的原因：因为没有城墙就没有城市，这就好比没有屋顶的房子是无法想象的一样。一个定居点不论规模多大、地位多重要、治理多有序，但如果没有正式确定且闭合的城墙，它就不能算作传统意义上的中国城市。因此，以上海（"老城厢"以外的区域）这个现代中国最重要的商业中心为例，在传统的中国人看来就不是一座真正的城市，而仅仅是一个从渔村发展而来的居民区或大的贸易中心而已。同理，其他几个没有城墙环绕的现代商业中心也是如此，在中国的传统观念里，它们都不是"城"或者城市，不论民国官方如何定义。

　　城墙，确实是中国城市中最基本、最令人印象深刻且最耐久的部分；不仅省城和"府城"，每一个居民区，甚至每一个乡镇和村落，都筑有墙垣。我几乎从未见过哪座中国北方的村庄没有围墙，无论它有怎样的规模、建于什么年代，哪怕只有土墙，或者类似的围绕屋舍和马厩的东西。无论一个地方多么贫穷或不显眼，有着多么简陋的土房、多么残破荒废的寺庙、多么肮脏泥泞的道路，墙垣都依然在那里，并且就像遵循着某条规则一样，比当地其他任何建筑都保存得完整。我曾走访中国西北那些完全被战火和饥荒吞噬的城市，那里楼倒屋塌，空无一人，却依旧保留着带有雉堞的城墙、城门和箭楼，它们比其他建筑更经得起战火和兵匪的摧残。这些遗迹承载着逝去的荣光，在彻底的荒芜和孤寂中显得分外触目。

　　裸露的砖墙连同城台、城楼一道，耸立在护城河边或空阔的平地上，从上方远眺的视线不受到树木和高大建筑的阻挡，比起其他房屋或寺庙，它们更能反映这些城市在历史上的繁荣与显要。虽然这些城墙并不那么古老（事实上，中国北方城市现存的城墙很少有建于明代以前的），不过那些多少有些残破的城砖和墩台使它们看起来历尽沧桑。遵循某种规律，修缮和重建的规矩并不改变它们的形态和尺度。在砖墙出现以前，中国北方的很多城镇是由土墙包围，在一些小城镇，这些土墙的踪迹至今依稀可见；城镇在形成以前往往是村庄或营寨，有临时的篱笆或土墙围起来的土房和草屋。

　　为了说明有城墙环绕的中国北方城市的所有种类，我们以陕西的西安府和山东的青州府为例。现存的西安城墙建于 14 世纪末，明朝第一代皇帝时期；尽管有些局部经历了修复，但城墙作为一个整体，还是出色地抵御了岁月的侵蚀和战争的践踏。它围合了一个近似方形的城市，在很远的地方就可以看见其完整的形态，而四野则是空阔的黄土高原。从这座城市的北部或西部靠近时，你会发现连续的城墙绵延数里。再靠近一点，双重的城楼、方形的城台、巨大的角楼开始呈现在你的眼前：线性和垒状相交替的节奏感开始显现——沉稳、凝重、有力。这座城市堡垒似的矗立在黄土高原之上，与漫长的地平线交融在一起。

接近青州府的感受则大不相同。对这座城市的第一印象，它没有西安城那样宏伟而难忘的外表，但当你越走近时，视野会变得越有趣，高大的城墙掩映在如画的风景中，愈发引人入胜。这座城市位于物产丰富的肥沃山谷中，大片树木荫蔽着城墙，打破了它的单调乏味。一条清澈的河流取代了城两侧的护城河；进出北门和西门的人需要通过坚固的旧石桥。城墙沿着曲折的河道延伸，形成一个接一个转角，被河岸切割成不规则的台地。石块和砌砖因而随意地逐级堆垒起来，好像是大自然的杰作。跨过西边低矮的石桥，穿过弯曲的石板路，你就能看见河岸上的台地和步阶，有的用砖块砌出形状，掩映在树影之中，颇具野趣。用巨大扶垛加固的城墙高耸壮观，上面厚厚地覆盖着灌木和乔木，向垛口外舒展着枝条。这种浪漫之美让人联想到意大利一些北部城市的城墙，而不是中国的城市。

穿过某一座冷清的城门，你往往会惊讶地发现，自己不是处于一条店铺房屋鳞次栉比的繁华大街上，而是一片开阔的田野，或是浑浊泥泞的泥塘边上。青州府的西部和南部就是这样，保留着大片粮田和菜园，尽管后来迁居此城的人们很难找到合适的地方建屋盖房；而在西安城内的西面、北面和东面，也有大量的闲置地和宽阔的池塘，鸭子和乌龟活跃其中。大多数建于明代甚至明代以前的古城，在19世纪经历了衰败，规模有所萎缩，尽管人口并未减少。人们被迫愈发拥挤地住在一起，或者在城外搭个茅草棚子度日，这种解决住宅问题的方法，无疑比在城内建新房更廉价，也更简便。不过也有例外，商业的不断发展和新式交通工具的使用，或者地方政府激进的态度，如山西的太原府，带来一些城市现代建筑的兴起；不过这样的城市屈指可数，而且与其在城市空间中妆点这些新建筑，还不如让这片地方回归田园。

我们不在这里深入探讨究竟是什么导致了这么多中国北方城市的衰败和缩减。无疑，原因与中国的政治、社会和经济条件密切相关，这些条件在整体上是不利于旧城和历史遗迹保护的。由于政府当局极度缺乏责任心和必要的物资支持，加上战争和革命带来的劫掠、火灾和饥荒横扫了整座城市，要想城市保持先前的状态几乎是不可能的。市民们不得不挤在新建的半西式建筑里。南京、西安、洛阳等古都，正是这种转变的最典型的例子，它们的现在同过去相比，是多么苍白暗淡；许多小城市也显示出一种与之类似的旧城衰减和建筑破败的趋势。在很多情况下，这种趋势不仅体现在城墙包围的罗盘状城市与建筑占地面积的不协调上，还表现为房屋的廉价低劣。

在中国北方的普通城市中，很难找到具有建筑学价值的建筑物。当然，或许有一些寺庙是美轮美奂的，有着精心雕刻的山门和藏在巨大屋檐下的柱网门廊，但是严格地说，它们并不是建筑艺术的杰作，尤其是近年来重建的那些；从建筑学的视角来看，更重要的是一些古老的风格奇特而带有人工色彩的石塔和砖塔，以及至今仍然伫立在古城中心的钟楼和鼓楼，并强调着它们与辉煌历史之间的莫大关联。然而，大多数建筑是不起眼的小屋，由灰色的砖块和漆红的木梁柱结构建造而成。在商业区，外墙一般打开形成门廊，一排排柱子朝向街道，不过在更富庶的地区，店面还会装饰着雕刻、黄铜帘子和风雅的招牌。雕花漆金装饰的店面在普通城镇中开始变得罕见，这很大程度上是由于现代对砖和水泥的狂热追逐在民国之后像疫病一样传播开来。由于"华丽的中央王国"变身为"人民的国家"，旧文明的艺术花朵以极快的速度枯萎了。

这些城市的居住区往往以最单调和空无的形象面对行人。这里只能看到高度大小不一的弧形屋顶，屋顶与屋顶之间点缀着树梢；其他所有的景致几乎都被灰色的墙遮挡了，有的已被岁月和尘土浸染成微红色。在漫长空旷的空间里，除了简易的门道或由台阶和鞍形小屋顶构成的门廊，没有任何隔断或装饰，建筑的整齐划一程度恐怕无出其右者。经过这些街道时往往会给人穿越一排排监狱或修道院的错觉；只有活跃的光影和那些偶尔在墙角下晒太阳的乞丐使这个画面显得稍有生气。你能偶尔听到钟声或者游商的敲锣声，但人一走过，深邃而凝固的寂静就再次袭来。这儿没有生命和美的迹象，因为它们都藏在了墙的背后。中国人的家就是这样一个被极为严密守卫的地方。每一个家庭单独就是一个社会——通常人口众多，结婚后的儿子与父母住在同一所房子里——房子外面的围墙有力地保护着他们免受外来入侵。女人们更是被禁锢在如同中世纪修道院那般的围墙之内。

只有进了大门，绕过影壁（进门时迎面而立的形似屏风的墙，据说用以阻拦经常直线前行的恶灵）之后，我们才得以体会这种居住院落之美。如果一座大宅包含两三进或以上的院落，那么第一个庭院往往不那么有趣：地面简单铺砌，低矮的建筑物从三面围合。不过后面的第二个庭院会广植树木花草，或配以池塘、假山、凉亭，构成真正的花园。当然，布置的样式取决于院落的规模和重要性。这些建筑采用统一的形制，尽管在尺寸和细节上有所不同；最重要的建筑则座落在主庭院后部的台基上。建筑的正面由从山墙向外延伸的梁（形成一种"预制梁"）所搭建的前廊或月台组成，高大弯曲的鞍形屋顶延伸到前廊，搭在柱子上方的斗拱上形成屋檐，这是所有古建筑的范式做法。墙垣的构造可能会有一些变化，但建筑正面的骨架通常由支撑横梁的立柱构成；立柱之间，下部砌砖，上部开有精细复杂的格子窗，覆着一层替代玻璃的透明纸。宽阔的石阶通向台基，正对着主宅正面中间的大门，门上饰有雕花，有时上部会有蒙着透明窗纸的格子。其他并不出众的构造细节在这里就不详述了，但还是要说一说对中国建筑外观至关重要的色彩。所有木结构都被漆成深红色，而砖墙和屋瓦则是灰色的。门板的雕饰会鎏金来凸显，而一座富丽堂皇的建筑的柱头斗拱还会饰以绿色和蓝色。中国人从不吝啬使用强烈的色彩；这种色彩的远观效果颇佳，尤其是当建筑处于繁盛花木的掩映之中时，不过纹饰细节的缺失却使近观大为失色。

让我们重新回到街上，来到这座城市的商业区。这里的街景大为不同，整体而言，比居住区更具生机和趣味。这里的建筑不受封闭的围墙的限制，而是开着格状门窗，面向街道，窗纸也被时下的玻璃所取代。和居住区一样，建筑的屋顶高耸而远挑，但商店前通常没有立柱；由于门面狭窄，突出的山墙就足以支撑屋檐的檩子。有的入口上方有架子或柱子支起来的小坡屋顶或顶篷；在炎热的季节，店门口还有搭起竹制的覆着草席的遮阳棚。如果街道很窄，这些屋棚甚至可以搭到街对面的另一家店，或者至少遮盖人行道。不过事实上商户比行人占据了更多的空间。店铺的相当一部分买卖发生在街道上，店主和流动小贩共同构成了街道中的经营者，特别是那些经营食品的商店，需要向路人展示自家的美味佳肴。有时商店面前的街道变成了名副其实的市场，西安府有条粮店街就是这番景象。每天早晨都在进行着繁忙的谷物交易，商贩顾客熙熙攘攘，手推车和扁担络绎不绝，使路人很难通过。至于店铺的后部，老式的房子确实不适合作为商店，而更适合作为店主和伙计们吃饭、睡觉、抽烟、喝茶的起居室。普通住宅和小商铺之间的明确区别就仅仅体现在这些表面特征。

商铺无处不在，无论外观还是内在，差距巨大，这不仅取决于当地的繁华程度，也和当地的风俗习惯以及经营的商品种类有关。因此，布店不同于药店、金饰店或茶叶店，而且通常来说，店铺的装潢在一定程度上反映了其出售商品的品质。深入了解各种商店的细节会让我们离题太远，况且在这里我们仅关注中国街道的建筑层面。这方面极其重要的是，精美雕琢的店面仍然可以在一些保存较好的旧城中见到。在北京，传统建筑曾挤满了最重要的商业街的两侧，但近年来，由于崇洋媚外的半西式水泥建筑以及外墙上招摇的飘带装饰物和民国国旗的混入，这类建筑的数量有所减少。它们高高地刺破了街道建筑的天际线，并在商店的入口处形成顶篷或牌楼。建筑结构由高耸的冲天柱和与之搭接的横枋，以及多铺斗拱构成，并共同承托起一两层楼檐的鞍形小屋顶。楼檐下是华板，装饰着人物雕像或浮雕、镂空雕的花卉图案，中间嵌着商铺字号的匾额。底部由复杂的叶形图案衬托，仿佛牌楼的宽大花边。所有这些雕刻都是鎏金的，有时也饰以凸显它们的色彩。除此之外，有时辅以小顶棚，靓丽的彩带和流苏（有时为木制），悬挂在从冲天柱伸出的夔龙挑头上。

遍布如此这般精雕细刻并饰以鎏金的店面的街道当然是一道华丽的风景，并且在数十年前，这样的画面在省会城市绝不罕见。现在，这样的街道正在逐年减少，因为没有人有意保留它们，人们安心地目睹这些建筑被混凝土建筑或单调的砖瓦房取代，这些新建筑除了安放在入口的正面或侧面的一块写着几个醒目大字的招牌之外，没有任何修饰。谈起中国北方普通城镇商业街的景象，光与影、匆忙的人群、手推车和驴拉车构成的生动画面要远远比建筑本身更有趣。如果再加上散落在街头巷尾的古树，街景会变得更活泼别致，不过也就不再具有建筑艺术特色了。

这是一种普遍现象，但那些建有装饰性遗迹、纪念碑、拱门和塔的街道则是例外。在这方面，最重要的体现是牌楼——这种门道式的装饰物有三间或三间以上，横跨整条街（包括人行道）。修建牌楼通常是为了纪念一些当地的杰出人物或重要历史事件，但吸引子孙后代和陌生人的主要是它们与众不同的装饰。大多数牌楼都是木制的，漆以鲜艳的红色，并有绿色、蓝色和鎏金雕刻的装饰。根据牌楼的大小和重要性，立柱数量通常为四、八或十二，安放在石制的须弥座上（有时装饰石狮），柱与柱之间横跨着两三根宽阔的枋木，镶嵌着敬刻颂词的匾额。牌楼的顶部每一间都有飞檐挑出，架在错综复杂的斗拱之上，覆盖着蓝色或绿色的筒瓦，并沿垂脊装饰着人和动物的形象的脊兽。这些牌楼包含了中国传统建筑中最具特色的元素，比如高耸的冲天柱、两三铺斗拱支撑的弯曲楼檐、装饰精细的额枋、雕花的华板，一切都色彩缤纷，尽管与其宏大规模相比，这样的色彩略显粗糙。牌楼基本上都是木结构的，其全部装饰都利用了材料的特性，除了楼檐上的垂脊兽。石牌楼亦是如此，各部分都复制了木牌楼的形式，不过这种形式的建筑确实更适合采用木结构（类似的情况还有日本的石制"鸟居"，也体现出木结构向石门的转变）。当然，某些部位会进行必要的改动，如楼檐（没有弧度）和斗拱（有时变成弯曲的托座），额枋以浮雕取代彩绘，为了加固正方形或八角形的立柱，在须弥座边会置以低矮的抱鼓石，上面立着小狮子。如果有人要深入研究这些古迹，可以发现石牌楼与木牌楼的一些细微差异，但在结构和装饰上，仍然因循着明朝以来的基本建造原则。当下最古老的石牌楼存在于寺庙园林中，它们比街道上的保存得更好，但我难以说清其中是否有哪一座是明朝以前的遗物。我见过的拥有最美最多的街道石牌楼的地方是山东潍县，那里的主要街道跨立着六座宏伟的三间三重檐牌楼，大概建造于清乾隆年间。不过并非所有的牌楼都横跨街道；有些坐落于开阔的空地或与街道走向平行，作为寺庙或衙门入口的标志，以突显某地或某人的尊贵与非凡。

  在古老的中国城市中，最主要的街景中一定少不了钟楼和鼓楼，这两座高大不朽的建筑，通常占据着一座城市的中心。一般来说，重要的大道都会发端或相交于这两座建筑。钟鼓楼敦实的基座上贯通着城门大小的拱券，形成交通中心，或者称为交叉隧洞，经常拥挤不堪，因为那里不仅是各种车辆和行人穿行的通道，也作为寻求庇护的流浪汉和乞丐的安身之所。在城墙般高大的城台顶上才是真正属于"楼"的部分，两三层的高大楼阁通常由木柱和填充在梁柱间的砖块共同构成框架。下面的两层有四周环绕的柱廊，而最高的那层往往是封闭的。向外远挑的弯曲屋顶由一种称为"散斗"的精细结构系统支撑（日语 masugami），即屋檐下方三层或四层的复合斗拱。当然，根据年代和重要性的不同，钟鼓楼的建筑结构和装饰细节也不尽相同，不过通常来说，它们对建筑整体效果的重要性要低于建筑主体——高耸的楼阁和庞大的城台。这种类型的建筑在中文里称为"台"，在很早以前它们已经被基于不同目的而使用，例如瞭望台、藏宝台和观象台。大部分中国城市的景观充满了低矮的墙垣和屋顶，而钟鼓楼屹立其间，使古老的力量与尊严得到了完美的展现。

在中国北方的古城中，除了钟楼和鼓楼，还有一些具有宗教意义的建筑，尽管这些宝塔或寺塔并不在城内，而大多位于城墙之外。它们的修建往往与圣地有关（以保存珍贵的文物），并且最精美的佛教寺庙一般不会建在拥挤的城市中心，而是选择风景宜人的乡间。从建筑学的意义上看，塔变化多样，取决于其建造年代、材料以及各种当地的宗教需求，因此，我们很难简单指明它们的共同特征，只能说这些塔平面呈方形或多边形，高度约50—350英尺，层数可能是三、五、七、九、十一或十三。早期的塔通常是砖砌的，而后来多用木结构，不过有的塔完全是用石头或金属建造的。许多高塔建在开阔平坦的乡间，成为当地重要的标志物，不仅为人们提供方位和距离的参照，还作为平安吉祥的象征，这与中国人的风水观念紧密相关。在中国北方，这些塔很难成为一座城市内部的景观，但在南方城市中，如杭州、苏州，情况则不同，它们屹立在城市之中，被人们视作外来宗教的奇特遗迹，不过在周围古朴的气氛中，倒是比庄严冷峻的教堂及其钟楼保存得更好，后者在大片不起眼的低矮建筑和残垣断壁中显得极其突兀。

尽管中国的古城看起来单调乏味、千篇一律，但却也可能是错综复杂的，处处充满惊喜，比如在脏乱的小巷中时常隐藏着摇摇欲坠的古建筑或遗迹，偶尔有沟渠或下水道从这里穿过，这番景象与外面的大街全然不同。但那些曾经辉煌过的残垣断壁真的值得人们去探寻；它们往往不会被普通的游客或像我们这样从大街经过的行人察觉，我们的目的不是去调查这些历史的遗存和细节,而是去了解中国城市中的一些外在特征,包括它们的街道和建筑,从而更好地认识城墙与城市内部之间的关系。从整体上看,我们不难发现,中国的城市有大量精巧的低矮房屋与墙垣,鳞次栉比地隐藏在重重叠叠的弯曲屋檐下。

  从高空俯瞰这些城市,除了那一排排灰色的屋顶,别无他物。在温暖的季节里,遮盖屋顶的绿色树冠会打破这种单调乏味的画面,有时甚至是穿透房顶生长(在中国城市中,人们为了保护树木可以牺牲建筑,即使这些树木在乡下分文不值)。然而在冬季,大部分树木同屋顶一样灰暗,并且光秃秃的。薄薄的白雪取代了绿油油的树叶,蓬松地覆盖在屋顶和屋脊上,闪耀着泡沫般光芒。当清晨的薄雾笼罩着城市,城市就像冬日里灰蒙蒙的海洋被止住了向前翻滚的波涛;屋顶那上下起伏的有规律的节奏仍然依稀可辨,但运动停止了,整片海仿佛被符咒定住了。难道也被那凝固了古老中国文明生命力的寒魔所震慑?在下一个老树吐绿开花的春天,它会摆脱凝冻么?生活会带着美好与喜悦重新回归么?我们是否能够再度见证人类新生力量的波涛冲破旧中国的残损城墙?抑或是内在的动力已经凝固——灵魂的永久冰封?

  晨雾慢慢消散,幻景逐渐消逝——城墙上的士兵吹响了尖锐的号角,向街上匆忙瑟缩的人们宣告,民国十一年的又一个忙碌的日子的到来。

第二章　北京旧址上的早期城市

在着手研究北京的城墙与城门之前，我们不妨先简要地了解一下北京旧址上的早期城市。元明两朝的中文史料对这些早期城市有大量记载，而且大部分都收录在《顺天府志》中。这部地方志于万历年间（1593年）首次出版，并在19世纪末（1885年）得到增补和修订。全书共一百三十卷，囊括了有关京师及京畿的地理、历史、考古、统计、文学、宗教等各方面的史料，但各门类之间并没有明确的界限和归纳，同一个对象在不同篇章中的描述差异很大，甚至相互矛盾，因此会造成一些歧义。例如，第一卷中关于北京城墙的叙述与第二卷中的并不一致，因此在引用这些资料时需要更严格地考察，并加以慎重的辨别和诠释。下文主要以《顺天府志》的前两卷和布列资须奈德博士（E. V. Bretschneider）最有价值的历史研究（英文版于1876年在上海出版；法文版于1879年在巴黎出版）为基础，同时对散见于《日下旧闻考》（1658年首次刊行，1774年大幅修订后再版）的相关记载也给予了特殊关注。

中国历史学家提到的北京旧址上最早的城市被称为"蓟"。它是冀州最重要的城市，据说在舜帝时期就已经存在了。根据中国地方志记载，这座城市"固若金汤"。公元前723年，这里成为燕国的首都，并在公元前221年被秦始皇的军队踏平。这座城市位于如今北京城的西北角。到西汉时，这座城市已经没落。

而到了东汉，约公元70年，在今鞑靼城①的西南角，距蓟城以南约10里②的地方建成一座新的城市，大部分位于今汉人城③的西部。这座城市称为"燕"，三国时期改称"幽州"。除了唐朝时曾向这里派驻一支胡人率领的强大军队，该城一直寂寂无闻，直到公元936年被契丹占领。当契丹人在这里建立了辽政权并成为中国北方的统治力量时，他们发现这里仅仅是一座小城，不合建都的规制。于是在原址上兴建了规模更大的全新的都城，并往幽州的西面和南面扩张得更远。由于辽王朝已经在更北边的辽东设立了都城，因此这座新城被称作"南京"，这就是后来人们熟知的燕京。

布列资须奈德曾沿着现今北京外城南墙外约2.5里以及西墙外约4里处考察，确定了燕京城西南角的位置。东墙位于今琉璃厂（位于前门西面，一条以书店和古玩店著称的街道）的西侧，因为根据《顺天府志》引《辽史·地理志》记载，这条街上曾有一块墓碑，标记此地为燕京城东门外的"海王村"。燕京城的北城墙恰好就在今北京内城南墙一线。

燕京城呈四边形，周长36里。城墙高30英尺④，宽15英尺。建有城楼和供弓箭手藏身的木制移动楼橹以及八座城门：即东面的安东门、迎春门；南面的开阳门、丹凤门；西面的显西门、清晋门；北面的通天门、拱辰门。

辽的宫城呈长方形，位于燕京城的西南，由两重宫墙环绕。

当辽被金推翻后（1125年），这座都城又一次经历了重要的变化。由于资料的来源不同，而收录时又未加以考订修正，致使《顺天府志》中冗长的叙述出现了含混。不过其中仍有一些部分颇为有趣，引用如下：

---

① 鞑靼城（Tartar city），即明清北京城的内城。清朝时内城只允许满、蒙、汉八旗官兵及其眷属居住，其他人则只能居住在外城，即"汉人城"。依据现今习惯表述，后以"内城"代称。——译者
② 里，中国古代长度计量单位，1里=500米。
③ 汉人城（Chinese city）：同上条。后以"外城"代称。——译者
④ 英尺，英制长度单位，1英尺=0.3048米。

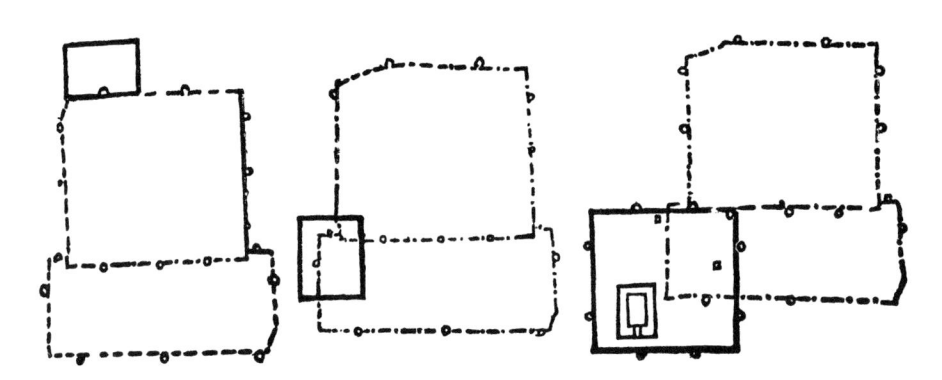

图1 北京城址上早期城市的相对位置示意图。左为蓟，中为燕（幽州），右为燕京。以上三图根据1914年出版的《北京天主教公报》中的北京示意图绘制

　　金太祖天会三年，宗望取燕山府。因辽人宫阙，于内城外筑四城，每城各三里，前后各一门，楼橹、墉堑悉如边城。每城之内，立仓廒、甲仗库，各穿复道与内城通。时陈王兀室及韩常，笑其过计。忠献王曰："百年间，当以吾言为信。"[1]

　　从这段记载可以看出，完颜宗望（后称太宗）[2]在燕京城内或近畿曾建造筑有围墙的营垒或碉堡。直到几年后的海陵王统治时期（1149—1160），才在燕京城的基础上建成了新的更大的都城，包括新的皇宫。

　　及海陵立，有志都燕，而一时上书者争言燕京形胜。梁汉臣曰："燕京自古霸国，虎视中原，为万世之基。"何卜年曰："燕京地广坚，人物蕃息，乃礼义之所。"天德三年，始图上燕城宫室制度。三月，命张养浩等增广燕城，城门十三：东曰施仁，曰宣曜，曰阳春；南曰

---

[1] 光绪《顺天府志》卷一《京师志一·金故城考》。
[2] 此处有误。金太宗为完颜晟（1075—1135），女真名为完颜吴乞买，太祖完颜阿骨打四弟。完颜宗望（？—1127），女真名为斡离不，阿骨打次子。天德二年（1150），宗望被追封加辽燕国王，配太宗庙延。作者可能因此将二人误作一人。

> 景风，曰丰宜，曰端礼；西曰丽泽，曰灏华，曰彰义；北曰会城，曰通元①，曰崇智，曰光泰。遂以燕为中都，府曰大兴，定京邑焉。都城之门，每一面分三门，一正两偏。其正门旁，又皆设两门，正门常不开，惟车驾出入，余悉由旁两门焉。周围二十七里，楼壁高四十尺，楼计九百一十座，地堑三重。②

显然这里关于城墙周长的描述并不准确，因为仅燕京旧城的周长就有36里长；如果这个数字仅仅是指新筑城墙的长度，仍然有一个疑惑，那就是新筑的城墙是否是四面全新的，或只是在三面新筑而在北面利用了旧城的一部分？在这部地方志中，另有描述指出，全城周长为75里，这显然过于夸张，也或许只是印刷错误。应当指出，明朝初年对南城（原金中都）的测绘表明，其周长为53 280英尺（近30里）。这可能是由于当时的城墙遗存已残缺不全。要推论金中都的实际周长几乎已经不可能，但可以确信的是，它比辽代的燕京城要大得多，并向东部有所扩展。中国文献有着非常明确的记载：

> 由是观之，则辽金故都当在今外城迤西，以至郊外之地。其东北隅约当今都城西南隅相接。又考元王恽中堂事记载，中统元年赴开平，三月五日发燕京，宿通玄北郭。③

一些碑刻也反映了白云观、天宁寺、土地庙等位于今北京内城的西部和南部的寺庙，正在金中都的范围内。所以我们可以得出结论，中都包含旧的

---

① 英文原著及光绪《顺天府志》写作"T'ung Yüan""通元"，应为避康熙名讳所改；据其他文献，本应为"通玄"。
② 光绪《顺天府志》卷一《京师志一·金故城考》。
③ 〔清〕于敏中等编纂：《日下旧闻考》卷三十七《京城总纪》，北京：北京古籍出版社，2001年，第589页。

燕京城，位于今外城以西约 4 里之外，其东面到达今东便门附近，其南墙极有可能沿用燕京南城墙（外城以南 2.5 里处），而北墙则位于今北京内城南墙以北约 1 里处。如果这些推断是正确的，那么金中都城墙的总长度约 54 里。

这些城墙都是简易的土墙，如果中国文献的记载是准确的，那么筑墙的泥土都是从数里以外靠人工搬运而来的："筑城用涿州土，人置一筐，左右手排立定，自涿至燕传递，空筐出，实筐入，人止土一畚，不日成之。"①（不过令人困惑的是，为什么要从那么远的地方运送泥土呢！）

> 至卫绍王时，蒙古军至，乃命京城富室迁入东子城，百官入南子城，宗室保西城，咸里保北城，各分守兵二万。大兴尹乌陵用章命京畿诸将毁各桥梁，瓦石悉运入四城，往来以舟渡，运不及者，投之于水。拆近城民屋为薪，纳之城中。蒙古兵攻城，四城兵皆迭自城上击之。蒙古兵凡比岁再攻，不能克。②

事实上，由于金人与成吉思汗迅速签订了和约，金中都得以保全（1213 年），而金朝皇帝已无力再维持其对北方地区的统治，于是迁都汴梁，也称南京，这是北宋的故都，而当时南宋的都城在杭州。金朝的统治者离开中都后不久，蒙古人便对该城发起了第三次进攻（1215 年）。城破后，皇宫被付之一炬，据中国文献记载，大火整整持续了一个月。大量官员和平民遇难，城市遭到了毁灭性破坏，不过在元朝仍残存旧宫殿的主要遗迹。明初，金代建筑的废墟犹存，但随着嘉靖年间外城的修筑（1554 年），这些遗迹逐渐消失。在 1260 年成为中国北方统治者的忽必烈，曾试图重建金中都，但这个计划很快就被另一个更庞大的建都方案所取代。《顺天府志》记载：

---

① 光绪《顺天府志》卷一《京师志一·金故城考》。
② 光绪《顺天府志》卷一《京师志一·金故城考》。

世祖中统二年，修燕京旧城。至元元年，都中都。四年，始于中都之北建今城而迁都。九年，改大都。城方六十里……①

这一记载也被其他类似的史料，如《元史》所佐证，简要描述了北京城的起源和早期历史：伟大的帝国缔造者忽必烈意识到，成吉思汗在哈拉和林（今乌兰巴托西南）的旧营帐不适合作为世界帝国的都城，这样的都城应当建在中国，而非世界上的其他任何地方，因为这里有着最高的文明程度和最富饶的自然资源；至于首都偏处帝国东隅则无关紧要。中国，的确是当时唯一有可能创造世界中心的国家。

这座建成于1267年或1268年的新城市被称为大都（伟大的首都）或汗八里②（可汗的城市）。

时诏旧城居民之迁京城者，以赀高及有官者为先。乃定制，以八亩为一分，其或地过八亩及力不能筑室者，皆不得冒据，听他人营筑。筑城已周，乃于文明门外向东五里立苇场，收苇以蓑城。每岁收百万，以苇排编，自下砌上，恐致摧塌。③

可见元大都的城墙是以篱笆或芦苇模子打围并夯打筑成的土墙。因此极有可能在明朝以前，砖块尚未被用于修筑城墙。

新都城的位置，根据上述引文的介绍，是"中都之北"，《顺天府志》之后有更详尽的描述：

城方六十里，二百四十步，分十一门：正南曰丽正，南之右曰顺承，

---

① 光绪《顺天府志》卷一《京师志一·元故城考》。
② 元代蒙古人对元大都的称谓，后成为元大都的别称，"八里"是突厥语 Baliq 的对音，意为皇城，"汗八里"即"可汗的皇城"。依据现今习惯表述，后文通称"元大都"。——译者
③ 光绪《顺天府志》卷一《京师志一·元故城考》。

南之左曰文明；北之东曰安贞，北之西曰健德；正东曰崇仁，东之右曰齐化，东之左曰光熙；正西曰和义，西之右曰肃清，西之左曰平则。①

元大都的北城墙位于今安定门和德胜门（现北城墙上的两座城门）以外，但当时这里应是城墙内的区域。

如果我们接受北京城以北约 5 里外的那些残存的土墙就是元代城墙的遗迹，那么关于元大都的北城墙究竟位于何处的问题已经有了答案。它仍然以"元城"之名广为人知，除此之外很难有其他解释。这个假设还被明朝文献所佐证，其中提到，元大都的北城垣在 1368 年被向南内缩了 5 里。《顺天府志》有这样的记载：

> 洪武初，改大都路为北平府，缩其城之北五里，废东西之北光熙、肃清二门，其九门俱仍旧。②

这段文字可以理解为，新建北城墙上的两座城门建在了与旧城门对应的位置上，而其他七座城门则原地保留。在《顺天府志》的另一段文字中，有一段关于新的北城墙的记载：

> 元之都城视金之旧城拓而东北，至明初改筑，乃缩其东西迤北之半而小之。今德胜门外有故土城闉，隆然坟起，隐隐曲抱如环不绝，传为北城遗址。③

文中所述东、西城墙各缩减了一半乃夸大之说，实际上应修正为缩短了约

---

① 光绪《顺天府志》卷一《京师志一·元故城考》。
② 光绪《顺天府志》卷一《京师志一·明故城考》。
③ 光绪《顺天府志》卷一《京师志一·元故城考》。

全长的五分之二，不过这一记述仍相当重要，它清晰地说明了这段曲折的土墙和它原有的两座城门。

几乎可以确定，明朝的西城墙和东城墙大抵与元大都一致；平则门和齐化门两座城门的名称保留不变，而和义门更名西直门，崇仁门①更名东直门。如果这些城墙上的某处发生了改变，它肯定会像北城墙的变化一样被记录下来。不过元大都南城墙的位置与建成的明城南墙并不一致，因为它实际上是金中都北界内的一段城墙，而实际上金中都在元朝时依然残存，被称为"南城"。值得注意的是，上文提到白云观等建筑位于金中都城内；不过如果金中都北墙不在今北京内城南墙以北至少一里的范围内，那么这一结论就不能成立。此外，《元一统志》（元代地理文献）记载——引自《日下旧闻考》：

> 然考元一统志、析津志皆谓至元城京师，有司定基，正直庆寿寺海云、可庵二塔敕命远三十步许，环而筑之。庆寿寺今为双塔寺，二塔屹然尚存，在西长安街之北，距宣武门几及二里。由是核之，则今都城南面亦与元时旧基不甚相合。盖明初既缩其北面，故又稍廓其南面耳。②

又据惯例，观象台应建在元大都的东南角③，其遗迹在今东南城角以北约1.5里处的东城墙附近被发现。所有这些证据似可确证，元大都南城墙位于今北京内城南墙以北约1—1.5里一线，并且很有可能与金中都北城墙重合（或只有几步之遥）。南城墙的这一位置直到15世纪初才被永乐帝改变，而北城墙在此之前约50年就由洪武帝下令改动。在后面章节所引用的明朝史料中，这些事实都被清楚地记载。不过在讨论后面的年代之前，有必要确认是否有更多有关元大都的资料。元大都虽仅存在约一个世

---

① 原文中为 Chine Wen Men，但根据上下文和逻辑判断，此处应为 Chung Jen Men，即崇仁门。——译者
② 〔清〕于敏中等编纂：《日下旧闻考》卷三十八《京城总纪》，第 598 页。
③ 原文中为 south-west corner，但根据判断此处应为笔误。——译者

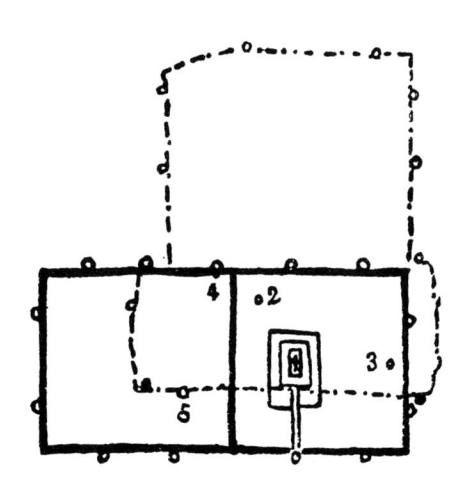

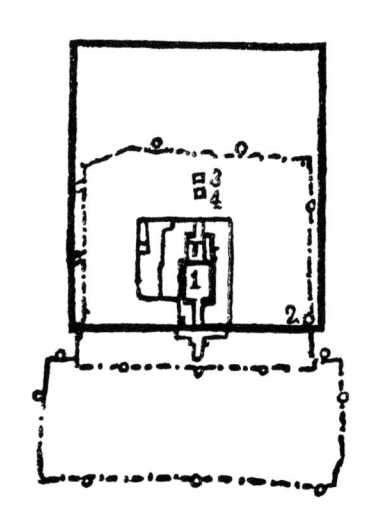

图 2 左为中都，金代都城；右为汗八里，元代都城

纪，但在此期间却进行了大量的建设和修复。《顺天府志》记载如下：

> （至元）二十年修大都城。二十一年五月丙午，以侍卫亲军万人修大都城。二十九年七月癸亥，完大都城。至治二年十一月，以洪泽芍陂屯田军万人修大都城。……至正十九年冬十月庚申朔，诏京师十一门皆筑瓮城，造吊桥。[①]

直到那时，城门口似乎都还没有永久性的防御设施；蒙古人可能仍然使用相传辽人和金人用过的可移动的木质楼橹，不过在城门外加筑了瓮城，即一道 U 形的城墙。它最终奠定了如今北京城门深院高楼的形态特征（马可·波罗曾特别提到），但当时护城河上的桥依然为木质，而非明代以来的石质。

蒙古人的都城元大都，要比今天的北京内城大得多，但也没有《元史》中描述的周长 60 里那样夸张。如果我们所推测的城墙位置是对的，那么

[①] 光绪《顺天府志》卷一《京师志一·元故城考》。

其周长不超过 50 里；中国编年史中的描述很有可能是印刷错误或故意夸大。不过，马可·波罗对元大都的描述更为夸张：

> 此城之广袤，说如下方：周围有二十四哩，其形正方，由是每方各有六哩。①

马可·波罗采用的是 1 哩等于 2.77 里的意大利制式的度量单位，那么城墙的周长将超过 66 里，这显然与实际不符。此外还需要指出的是，元大都并不是正方形的，而是北端略呈圆角的矩形。马可·波罗显然是被元大都的宏伟和辉煌深深震撼了，并对它的各方面极尽描绘。虽然他的描述整体来说是夸大的，但同时也包含一些十分有趣的记载，尤其是关于元大都中一些街道和建筑物的描写，为我们留下了仅存的史料。比如，他精彩地描述了城墙和城门：

> （此城）环以土墙，墙根厚十步，然愈高愈削，墙头仅厚三步，遍筑女墙，女墙色白，墙高十步。②

城墙从顶部至墙基的倾斜角十分明显，这是极有必要的，因为城墙表面没有完整的砖面，尽管在顶部有砖石砌筑的女墙。

> 全城有十二门，各门之上有一大宫，颇壮丽。四面各有三门五宫，盖每角亦各有一宫，壮丽相等。宫中有殿广大，其中贮藏守城者之兵杖。③

---

① ［意］马可·波罗著，冯承钧译：《马可波罗行纪》第二卷第八四章，上海：上海书店出版社，2001 年，第 210 页。
② 同上。
③ ［意］马可·波罗著，冯承钧译：《马可波罗行纪》第二卷第八四章，第 210 页。

马可·波罗对城门的印象似乎也有偏差。开有三座城门的城墙只有三面，另一面城墙只有两座城门。中国的史料无不一致地记载着城门一共只有十一座。城墙上城楼和角楼也很可能不像马可·波罗所称的"宫殿"那样，而是有着柱廊的木结构三檐砖木式建筑。主体为元代所建的鼓楼也属于这种类型的建筑，它是对早期同类建筑的一种复制。中国的建筑具有很强的连续性，这使我们可以通过现存的建筑，对已经消失的前代建筑的基本样式有一个较清晰的认识。因此，我们确信，元大都城楼的样式同明代的基本相似，虽然并不确定其瓮城上有没有另设箭楼。

马可·波罗对元大都的城市和街道的布局进行了如下描述：

> 街道甚直，以此端可见彼端，盖其布置，使此门可由街道远望彼门也。城中有壮丽宫殿复有美丽邸舍甚多。①
>
> 各大街两旁，皆有种种商店屋舍。全城中划地为方形，划线整齐，建筑房舍。每方足以建筑大屋，连同庭院园囿而有余。以方地赐各部落首领，各首领各有其赐地。方地周围皆是美丽道路，行人由斯往来。全城地面规划有如棋盘，其美善之极，未可言宣。②

这种整齐划一的城市格局——笔直的街道往四个方向延伸，将城区分隔成方形地块——或多或少起源于中国古代，尤其隋唐都城长安，更是这种模式的极致典范。根据附有插图的古代地方志判断，这座城市的规划完全是棋盘式的，主要街道将城区分割成方形的地块，称为"坊"，每个坊又被更狭窄的街道分为四个小地块。宫苑或衙门有时会占据整个坊，但普通的宅院只占据一个坊的四分之一，即其中的一个小地块。据称元

---

① 同上。
② 剌木学业本第二卷第七章，引自［意］马可·波罗著，冯承钧译：《马可波罗行纪》第二卷第八四章注释7，第213页。

大都的每个坊占地约8亩（约1.25—1.5英亩），并由一个家族所有，这一空间足以建造带有花园的高墙深院。很难确切说明元大都在多大程度上实践了这个理想布局，但肯定体现了其主要特征，正如现在仍能从北京内城观察到的那样，主要的街道都是正北正南走向，还保存着一些街区，特别是北城，呈现了有序的坊巷结构。不过与此同时，我们也需要用审慎的眼光看待马可·波罗关于元大都的城市格局如同棋盘的观点，由于政治和地理原因，元大都的建设难免有背离规划之处。当元大都遭受战争、叛乱以及各种灾祸的蹂躏之后，随着时间的推移，这些背离之处越发突显。大部分重建和整修都十分随意，许多内街变成了蜿蜒曲折的小道，不再像以前的街坊那样横平竖直。不过城市初始规划的主要特征仍然依稀可辨，并值得仔细研究。应当指出的是，像长安城和元大都这类城市的规划更接近一些西方的现代城市，那里的城区由宽阔的干道划分为规整的街区，而不像欧洲中世纪的城市那样，建筑物挤在狭窄而蜿蜒的小巷的夹缝中。这些占地宽广的中国古城有着开阔的空间、深远而开放的视野、低矮的房屋和茂密的花木园林，尽管这一切大都隐藏在围绕它们的院墙之后。

马可·波罗曾提及带有"庭院园囿"的"大屋"，不过可惜他并没有对其中的建筑进行更细致的叙述。他似乎理所当然地认为它们早已闻名于世，并且作为见过一两座这种中式宅院的人，他当然了解它们的全部。除了房屋和庭院的数量以及花园的精致程度的差异，这些建筑并没有太多的变化。庭院，正是中国家庭的理想中心。

马可·波罗唯一特别提到的元大都内的建筑是钟楼，其中他写道：

> 城之中央有一极大宫殿，中悬大钟一口，夜间若鸣钟三下，则禁止人行。鸣钟以后，除为育儿之妇女或病人之需要外，无人敢通行道中。纵许行者，亦须携灯火而出。每城门命千人执兵把守。把守者，非有

所畏也，盖因君主驻跸于此，礼应如是，且不欲盗贼损害城中一物也。[①]

现在的北京城也有钟楼和鼓楼，它们位于皇城北边不远，位于离东西城墙几乎等距的位置上。它们的位置在现在看来并不完全在正中，但马可·波罗对于对钟楼位置的描述可以从之前提到的事实中理解。元大都的北城墙曾向北移动约5里，且其南城墙位于今天的北京南城墙以北1里多。如果考虑到布局上的这些变化，人们便会发现，今天的钟鼓楼占据着元大都相当中心的位置，就像其他仍然保留有钟鼓楼的中国古城一样。此外，《元一统志》（元代的地理文献）也证明了这一点：

（至元）九年二月改号大都，迁居民以实之，建钟鼓楼于城中。[②]

稍有历史知识便可以发现，今天的钟鼓楼分别建于两个完全不同的时期。钟楼有着更加优美的结构和装饰，而鼓楼则显得笨重许多。钟楼完全是砖结构，建有乾隆时期风格的汉白玉拱券和栏杆以及极具装饰性的女墙。它是在1745年的一场大火后重建的。其前身建于15世纪初的永乐年间，取代了处于稍微偏东位置的元代钟楼。鼓楼的宽度是钟楼的两倍以上，且建造风格迥异。它的基座是巨大的砖土城台，两道拱券打通其底部；上部是由开放柱廊围合的重檐式双层楼阁。整个结构显得老式、传统，在这里主要表现为体量巨大。虽然经历了局部重建和整修，鼓楼大体上仍算是元代建筑。如果将它同北京城其他类似的建筑进行比较，比如明朝或清初时期的紫禁城午门，可以发现鼓楼的建筑细节更简洁（比如斗拱），并且建筑形态笨重，呈现出早期的时代特点。由于鼓楼矗立在直通皇宫的宽阔大街的尽头，从而产生雄伟的建筑效果。它极有可能是北京城内现存的最古

[①]［意］马可·波罗著，冯承钧译：《马可波罗行纪》第二卷第八四章，第210页。
[②]〔元〕孛兰肹等撰，赵万里校辑：《元一统志》卷一，北京：中华书局，1966年，第3页。

老的宫殿式建筑（类似于中国人所说的"台"）；此外，元大都城内及京畿仅存的元代建筑就只有寺塔了。

然而，令马可·波罗和教士鄂多立克①（忽必烈去世后不久造访元大都）这样的欧洲旅行者最赞叹不已的建筑是皇宫。尽管他们来自孕育不朽而经典建筑的地区，但仍将大汗的宫殿视为世界奇迹之一：面积广阔，守卫森严，门阙重重，宫院深深，亭台楼阁散见其间；无尽的宫墙似乎隐藏了许多不可言说和探知的秘密。这里的确是世界帝国的中心，其势力扩张所产生的魅力与其建筑与装饰的魅力同样令人震撼。我们并不是要在这里详细探讨元大都的皇宫，但马可·波罗关于其外观的描述可以让我们更加了解元大都中最重要的建筑：

> 周围有一大方墙，宽广各有一哩。质言之，周围共有四哩。此墙广大，高有十步，周围白色，有女墙。此墙四角各有大宫一所，甚富丽，贮藏君主之战具于其中，如弓篴弦、鞍、辔及一切军中必需之物是已。四角四宫之间，复各有一宫，其形相类。……
>
> 此墙南面辟五门，中间一门除战时兵马甲仗由此而出外，从来不开。……②

以上文字描述的是皇城，元朝亦称为宫城。它似乎并不是正方形，而是一个矩形区域，被高墙环绕，四角和城门上建有壮丽的城楼；城的周长

---

① 鄂多立克（Friar Odoric，1286？—1331），罗马天主教圣方济各会修士，与马可·波罗、伊本·白图泰、尼可罗·康提一同被称为中世纪四大旅行家。1318年他开始东游，1321年抵达西印度，并在1322年经海路来到中国广州，东行至福建泉州、福州，后到杭州、南京，并从扬州沿大运河北上，到达元大都。居留3年后，西行经山西，抵西藏，并经中亚、波斯，返回意大利。他的游记作品是在病榻上口述，由他人笔录完成的。

② ［意］马可·波罗著，冯承钧译：《马可波罗行纪》第二卷第八三章，第203页。

也没有达到4哩[①]（约11里），而是在6—7里。马可·波罗后文中提到的"大墙"，实际上大致相当于北京"皇城"的城墙。根据元代文献记载，元皇城周长有20里，而北京皇城周长为18里。对现存遗迹和史料的研究表明，元大都的皇城与明北京城的皇城所在区域近似。马可·波罗对宫城内的建筑描述不多：

> 此墙之内，围墙南部中，广延一哩，别有一墙，其长度逾于宽度。此墙周围亦有八宫，与外墙八宫相类，其中亦贮君主战具。南面亦辟五门，与外墙同，亦于每角各辟一门。此二墙之中央，为君主大宫所在，其布置之法如下：
> 君等应知此宫之大，向所未见。……

然后他描述了宫殿内部的一些细节，由于我们只关注城市的外观概貌，这里就不多作引述了。元代称内宫为"大内"，这个名字现在有时也用来代指"紫禁城"。

教士鄂多立克的简短描述证实了马可·波罗的说法，并用更多的资料说明，内墙与外墙相距半个箭程（bowshot）。

> 因为在大官殿的墙内，有第二层围墙，其间的距离约为一箭之遥，而在两墙之间则有着他的库藏和他所有的奴隶；同时大汗及他的家人住在内层，他们极多，有许多子女、女婿、孙儿孙女；以及众多的妻妾、参谋、书记和仆人，使四英里范围内的整个宫殿都住满了人。[②]

读到这些描述，人们很容易联想到戒备森严的军营。元朝皇帝住在这

[①] 哩，英制长度单位，即英里，1英里=1.609千米。
[②] ［意］鄂多立克著，何高济译：《鄂多立克东游录》，北京：中华书局，1981年，第73页。

样的宫苑中，似乎在暗示他统治中国的权力并非上天赋予的，而是兵戈铁马威慑的结果。此前的中国都城中，还从未有过如此守卫严密、宫墙重重的皇宫。位于长安的唐皇帝的大明宫在城市的北端，呈矩形而凸出北城墙之外，百官衙署设置在其南侧与之毗邻的"皇城"中。开封城内的宋代皇宫也不是严防死守的军事性建筑，虽然宫墙上有角楼和坚固的城门，不过如此强调军事性却是蒙古征服者的特性。

在其他方面，元大都的规划基本以长安城为模型。例如城市平面为方形，根据东、西、南、北确定方位，规则而笔直的路网都被元大都所复制，以及因此也很有可能包括一些官方建筑。野心勃勃的可汗想让元大都成为有史以来最强大最完美的帝都，从而展现他丰厚的物质财富、强大的军事实力和组织能力。1280年，当南宋政权的负隅顽抗最终失败，元大都由此成为包括整个中国并辐射西亚乃至东欧的庞大帝国的都城。忽必烈的帝国东至朝鲜，西至波兰，在这广袤的欧亚大陆间，没有任何一座城市能在规模和显赫度上与元大都相媲美。1368年，随着元朝的灭亡，元大都遭受了巨大的破坏，但其主体很快就得以重建，城墙更加坚固，防御更加森严，后来它被赋予了一个新的名字——北京，并成为这座"中央王国"的伟大首都。

第三章　北京的内城城墙

　　在北京城的所有伟大建筑中，没有能与那壮丽恢宏的内城城墙相媲美的。乍一看，它们可能不如宫殿、庙宇或商铺那样吸引眼球，毕竟这些建筑都有着靓丽的色彩和细致复杂的木结构，或立在古街两旁，或藏于墙垣之后；不过，当你逐渐熟悉这座大城市以后，就会觉得这些城墙是最动人心魄的古迹，幅员辽阔，沉稳雄壮，有一种睥睨四邻的气魄和韵律。对陌生人而言，它们在水平线上的极简和连续性显得有些单调无趣，但细细体会你会发现，它们在材料和工艺上的富于变化，是对过去的重要见证。城墙朴素的灰色表面历经岁月的磨损，受到树根的挤压而开裂或隆起，或被滴水侵蚀，一次次历经修复和重建；即便如此，城墙整体还是延续着统一的风格。每隔一定距离，城墙的外壁就会凸起宽窄不一的坚固墩台，强化了城墙连续的节奏。在城墙的内壁，各部分之间极不平整的接缝以及受到雨水和树根侵蚀而产生的变形，使这种流动的节奏变得缓慢而不规则。在城门的位置上，双重城楼屹立于绵延的水平垛墙之上，其中巍峨高耸的城楼就像高台上的雄伟殿阁，使这种缓慢的节奏突然加快，并冲向高潮。那些气势恢宏的角楼则构成了整个乐章中最壮丽的休止符。不幸的是，它们之中只有两座得以存世。[①]

[①] 此处所指应为北京内城西南角楼和东南角楼，均建成于明正统四年（1439）。现仅存东南角楼，位于建国门南大街和崇文门东大街相交处内侧。

当然，城墙的面貌随着季节、时间、天气和视角的变化而改变。从远处看，它们呈一条连续不断的实线，其间点缀着高耸的城楼，在温暖的季节里，顶部茂盛的树丛和灌木为城墙添了几分生机。十月清朗的早晨是最美的，尤其当你向西远眺，西山的深绿色衬托着纯净无瑕的蓝天，这画面简直美不胜收。凡是在北京的城墙上饱览过完美的秋日景象的人，没有谁能忘记那明媚的日光、清晰的细节、所有和谐交织的色彩！不过走到近处，城墙的吸引力就大大减弱了，因为有三面城墙的周围都充满了煤棚和各种肮脏的仓库，更不要说那些令人厌恶的简易搭盖和垃圾堆了。当然，墙根下也有绵延的护城河和低垂的柳条，以及城墙和护城河之间广植的椿树和槐树。春天到那儿去是最好不过的了，那时，嫩绿的柳枝随风摇曳，好似一扇透明的窗帘，倒映在明镜般的河水中；或者稍晚一点，槐花开满枝头，散发出迷人的芬芳，充满整个空气。如果你善于发现，总能在古城墙附近找到绝佳的创作题材。

顺着斜坡（中国人称之为"登城马道"，因为他们可以骑马而上）登上城墙顶部，你就来到这处充满趣味、全世界最适合漫步的地方。在这里，你可以逛上几个小时，饱览北京城的全景：黄色屋顶隐藏在茂密绿叶之间闪闪发光的宫苑和庙宇，覆以蓝绿琉璃瓦的华丽宅邸，带有开放柱廊的红色屋宇，百年古树下的灰色小茅屋，商铺林立、伫立着色彩明丽牌楼的生机勃勃的街道，以及一块块有牧童放羊的空地——所有这些景象都映入你的眼帘，它们就在你的脚下。只有那些现代建筑或半西式建筑敢从城墙上探出头来，看上去就像傲慢的入侵者，破坏了这幅画面的和谐，蔑视城墙的庇护……它们正在迅速地扩张。如此这般庄严神圣、风景如画的美丽都城还会延续多少年？每年还将有多少精心雕饰的商铺和牌楼遭到毁坏？还会有多少古老宅院带着装点着假山凉亭花园一起将被夷为平地，以便为三四层的半西式砖造建筑腾出位置？还有多少旧街道将被拓宽，多少壮美的皇城城墙将被推倒，为了给有轨电车让道？古老的北京城正以迅雷不及掩耳之势消逝着。它已不再是帝都，不再有一届政府试图保护其最珍贵和最值得骄傲的古迹。中国已经成为"民国"，还有谁去关心那些已然逝去的荣光？

如果对北京城墙进行必要的探查，使它们沉默的证词成为语言，它们无疑会讲述一个比任何记录这座都城的文字都有趣而完美的故事。它们是一部用土石写就的编年史，其间经历了反复的修改和增补，直接或间接地反映了从它诞生之初直到清末，北京城的变迁和沧桑。几乎所有的历史事件都在城墙上留下了印迹——战争时的摧残与和平时的建设，腐朽的政府与勤勉的政府，懈怠的官员与积极的官员，衰败的年代与繁荣的年代，此外还有那些以各种不同方式参与这座引人注目的防御工事的人们留下的痕迹。在这道长达 14 英里、环绕着伟大首都的城墙上，镌刻着这里几百年的时光和人类奋斗的痕迹，如果要解释这一切，就需要用铁锹挖开泥土并打通几处城墙一探究竟，而这在北京现有的条件下是不现实的。或许有一天，这座中国都城将展开考古发掘，但在那到来之前，我们只能观察这些古迹的外观，并从古籍史料中寻找早期历史的记载。让我们先从《顺天府志》中的简要记载开始，然后再考察它们的现状。

《顺天府志》卷一的按语部分有这样一段简单的描述：

> 明初缩城之北面，而元之规制以改。永乐中重拓南城，又非复明初之旧矣。[①]（也就是说，在更南面加筑城墙以达到扩建的目的。）

在该书的卷二中则有了更多这些变化是怎样实现的细节描述：

[①] 光绪《顺天府志》卷一《京师志一·帝都爰述》。

洪武初，改大都路为北平府，缩其城之北五里，废东西之北光熙、肃清二门，其九门俱仍旧。大将军徐达命指挥华龙经理故元都，新筑城垣，南北取径直，东西长一千八百九十丈。又令指挥张焕计度故元皇城，周围一千二百六丈。又令指挥叶国珍计度南城，周围凡五千三百二十八丈。南城故金时旧基也，改元都安贞门为安定门，健德门为德胜门。旧土城周围六十里，克复后以城围太广，乃减其东西迤北之半。创包砖甓，周围四十里，其东南西三面各高三丈有余，上阔二丈，北面高四丈有奇，阔五丈。濠池各深阔不等，深至一丈有奇，阔至十八丈有奇。城为门九：南三门，正南曰丽正，左曰文明，右曰顺承；北二门，左曰安定，右曰德胜；东二门，东南曰齐化，东北曰崇仁；西二门，西南曰平则，西北曰和义。各门仍建月城外门十座。[①]（其实应该是十座城门而非九座，因为正南的丽正门有二外门。）

这就是 14 世纪末，也就是明洪武年间，这座城市尚未成为明朝都城、还是北平时的城市边界及其城墙情况。在东、西、南三面，土墙似乎已经包上了砖，但它们当时的厚度只有现在的一半，且比现在的低矮。北面的新城墙也未必其他城墙更坚固厚重。我们有充分的理由相信北墙是后建的，这一点在下文会给予说明。

当时的北平绝不是一座安全的城市，更不适合作为首都；蒙古人在中国北方的势力依然强盛，朱元璋的将士在十分艰难的情况下才夺取了这座城市。明太祖一开始将南京作为首都，实在是军事上的不得已之举，直到半个世纪后，盘踞在中国北方负隅顽抗的蒙古人才被彻底击退。中国的史籍简要地记载了北平是如何逐渐成为首都的：

---

① 光绪《顺天府志》卷一《京师志一·明故城考》。

（永乐元年正月）礼部尚书李至刚等言："自昔帝王或起布衣平定天下，或由外藩入承大统，其于肇迹之地，皆有升崇。切见北平布政司实皇上承运兴王之地，宜遵太祖高皇中都之制，立为京都。"制曰："可。"其以北平为北京。①

（永乐）四年闰七月，建北京宫殿，修城垣。十七年十一月，拓北京南城，计二千七百余丈。②

最后一句话似乎是指在城南增加的城墙长度为 15 里。如果我们减去南墙 11.64 里的长度，剩下的 3.46 里对应到东西城墙上则各约 1.75 里，按照这个距离推算下来的元大都南城墙的位置与我们之前论证的位置大体一致。由此可见，它和北京目前的南墙之间的距离当在 1.5—1.75 里之间。

上述关于扩建南城的描述中，与《顺天府志》卷一中另一处记载相悖：

永乐十五年，营建北京宫殿。十五年，拓其城之南面，共周围四十里。③

如果这个时间是准确的，那么城市的南扩并没有在永乐时期完成，而是直到他去世八年之后。④ 但事实并非如此；多方面的证据表明，城墙

---

① 《明太宗实录》卷十六《永乐元年正月至二月》。（1403—1421 年，北京被作为行在，是天子的移动或临时住所。同样，杭州也曾作为南宋的行在，马可·波罗将其称之为 Quinsay。——A.D.W）
② 光绪《顺天府志》卷一《京师志一·明故城考》。
③ 光绪《顺天府志》卷一《京师志一·帝都爱述》。
④ 作者这一推断，是将引文中的第二处"十五年"理解为"十五年后"，即永乐十五年的 15 年后，即明宣德七年（1432），也就是永乐帝去世后八年。关于拓建北京南城的史实，《明太宗实录》卷二一八记载："（永乐十七年十一月）甲子，拓北京南城，计二千七百余丈。"《清朝通志》卷三十二记载："永乐十五年，营建北京宫殿。十七年，拓其城之南面，其周围四十里。"因此，《顺天府志》在《帝都爱述》部分所述第二处"十五年"应为"十七年"之讹。

的建设在永乐年间得到了大力推进。一位来自哈沙鲁（Shah Rukh）的阿拉伯使者留下了一份极有趣的记录，他在1420年来到北京：

> （回历823年）祖勒希扎月8日（12月14日），他们起了个早，天还没亮时抵达北京城门。北京是一座很雄伟的城市，城池四边各长一法儿珊，共长四法儿珊。在城池周围，由于实际上仍在兴建，有用十万根各长五十腕尺的竹竿搭成的架子。①

《明史·地理志》记载：

> 永乐四年闰七月诏建北京宫殿，修城垣。十九年正月告成。②

不过需要补充的是，它们于1437年（正统二年）才被包上城砖。这是否是砖砌城墙第一次出现，抑或是已有先例？要准确地回答这个问题，我们必须获取比中国的编年史更详细的信息，不过至少可以确定，在明正统之前，尚未正式以砖包甃城墙。当然，永乐年间也可能使用砖层用于夯土、石灰和砾石等内部材料的加固，但城墙外部出现规则的砖块则是后来的事情。另外，还需要指出的是，在现存的砖石结构的城墙中，能找到的款识最早的城砖制于成化年间（1466—1487）。

《顺天府志》中的一段模糊的描述暗示了包砖工程：

> 正统元年十月，命太监阮安、都督同知沈青、少保工部尚书吴中，率军夫数万人，修建京师九门城楼。四年四月，修造京师门楼城壕桥闸完。正阳门正楼一，月城中左右楼各一；崇文、宣武、朝阳、阜成、

---

① ［波斯］火者·盖耶速丁著，何高济译：《沙哈鲁遣使中国记》，北京：中华书局，1981年，第117页。
② 《明史》卷四十《地理志一》。

东直、西直、安定、德胜八门各正楼一，月城楼一。各门外立碑楼，城四隅立角楼。又深其濠，两涯悉甃以砖石。九门旧有木桥，今悉撤之易以石。两桥之间各有水闸，濠水自城西北隅环城而东，历九桥九闸，从城东南隅流出大通桥而去。正统二年正月兴工，至是始毕。①

这两个一前一后的时间点，晚的在前，早的在后，且没有一个明确的说明，实在令人困惑。②也许护城河、运河和桥梁的开凿和建设最早，其后是城墙、城门和角楼，也或许这些不同部分的工作同时进行的。所有这些完工大约花了十二年时间（1437—1449）③，并且由于参与人数似乎非常庞大，他们完成的这项工程注定相当可观。

只有假设这些三十多年前④建造的城墙并没有完全完工并包砖，关于对城墙进行修复或加固的描述似乎才变得能够解释。那个时段并没有爆发危及城墙的战争或动乱，也没有出现足以影响这些永乐时期修筑的城墙的自然灾害。正常情况下，城墙能够维持几个世纪，而非短短几十年。新城墙建成后又迅速进行大规模的修筑，唯一合理的解释就是最初的工程并没有完全竣工。可能城墙表面尚未包甃；再次整修后的城墙更坚固也更美观了。因此，在明朝正统时期，北京城墙第一次成为今天我们所看到的宏伟壮观的模样。

与加筑砖层相比，城楼和角楼的整修工程同样重要。至少有四座城门（东西城墙上各两座）还保持着元大都时期的模样，而新的南城墙上的城

---

① 光绪《顺天府志》卷一《京师志一·明故城考》。
② 英文原著中将第一个时间点误写为"the first month of the tenth year of Cheng T'ung"，即正统十年元月。核查光绪《顺天府志》原文，应为"正统元年十月"。因作者引用时间有误，故有此感叹。
③ 这个工程真正历时应为两年零三个月，从正统二年正月到正统四年四月（1437—1439）。因之前作者所引用文献有误，加之将引文中的"四年四月"理解为"four years and four months"，即四年又四个月，导致其推断的工程持续时间是从正统二年到正统十四年，即文中所述1437年至1449年。
④ 即明永乐初年。

楼显然没有完工。当时，所有瓮城都已建成；每座城门设有外侧的供弓箭手使用的箭楼，以及内侧的供鼓手使用的城楼，后者的目的在于战时鼓舞士气，并以激昂的鼓声击退敌人。正中的南门比其他城门更大，配有三座箭楼，而不是一座。可惜的是，正如城门上许多其他设施一样，这些箭楼已经被改建了，在后面的章节中，我们可以通过仅存的两座角楼的命运来说明这一点。

除了城墙和城门，修整护城河和桥梁的工程似乎也十分庞大。护城河的石桥和石堤对于包砖的城墙来说确有必要，但它们的衰败比城墙的其他部分更严重，却无人在意。护城河在一些地方变成了臭水沟，在另一些地方又是一潭死水。现在的供水量比过去大大减少，也不均衡；它缺乏合理的监管，因为在铁路建成以后，护城河已经失去了作为水路的实际用途。城墙下面那些至今仍然可以看到的水闸，现主要被用于城市的排水系统，闸门处时常堵满淤塞。只有东面的水量较为充足，我们在东南城角找到了上文中提到过的那座桥，它有着精美雕刻的桥栏和虎头拱顶。这座大通桥依然有着水闸，用于调节通惠河[①]的水量。

城门的修复工程完工之后，一些城门被官方重新命名。正南方曾经的"丽正门"被改为"正阳门"，这也是现在的正式名称，但它通常被人们称作"前门"。其西的"顺治门"[②]改为"宣武门"，但它的旧名更为人们所熟知。南城墙东侧的"文明门"被改为"崇文门"——也可以说是为了平衡"宣武门"——也就是现在人们熟知的"哈德门"。东城墙南侧的"齐化门"改为"朝阳门"，但人们更普遍使用的是它原来的名字，就像西城墙南侧的"平则门"，人们并不习惯它的新名字"阜成门"。其他四座城门，

[①] 通惠河是元代挖建的漕运河道，由郭守敬主持修建。自至元二十九年（1292年）开工，至元三十年（1293年）完工，元世祖将此河命名为通惠河。东起通州京杭大运河，西至北京内城东南角，目的是打通大运河至北京城之间的航运水道。——译者

[②] 宣武门前身的官方名称为"顺承门"（上文中所述），而"顺治门"是坊间对其的别称。——译者

即"西直门""东直门""安定门"和"德胜门"没有更名,而仍然作为正式名称使用。

有关完工后的明城墙的长度,在不同的文献中有不同的记载。在上文中曾指出有 40 里,而明朝工部也给出了同样的数字:

> 永乐中定都北京,建筑北京,周围四十里。①

《明史·地理志》记载:

> 皇城之外曰京城,周四十五里。②

然而,这些说法都不准确;城墙的实际长度在 41—42 里之间——经过严格的测量,为 41.26 里,即 23.55 公里③。城墙的平面并不是文献中所说的正方形;城墙的东西方向比南北方向稍短,并且城墙的西北角是斜切的。根据目前最精准的测量,城墙各段的具体长度如下:南段长 6690 米,约 11.64 里;北段长 6790 米,约 11.81 里;东段长 5330 米,约 9.27 里;西段长 4910 米,约 8.54 里。

对于城墙的高度和宽度,在不同文献中也有不同的记载,但这并不奇怪,因为城墙的不同位置差异确实很大。《顺天府志》中记载:

> 下石上砖,共高三丈五尺五寸,堞高五尺八寸,址厚六丈二尺,顶阔五丈。设门九,门楼如之,角楼四,墩台一百七十二。旗炮房九所,堆拨房一百三十五所,储火药房九十六所。雉堞一万一千三十八,炮

---

① 引自《工部志》,详见〔清〕于敏中等编纂:《日下旧闻考》卷三十七《京城总纪》,第 606 页。
② 《明史》卷四十《地理志一》。
③ 当时单位换算关系为:1 尺 =32 厘米 =0.32 米;1 里 =1800 尺 =576 米 =0.576 千米。

窗二千一百有八。①

如今我们不可能准确地测出城墙的高度，因为每走几步城墙的高度都有所变化，这不仅是损毁和修复的结果，也是因为城墙下土质的变化所引起的；在很多地方都无法确定墙基的确切位置或高度。当然，我们会选择那些水平面没有改变或变化极小的位置进行测量，但即使这样，测量的结果也不过是近似值。测量城墙底部厚度时也一样；它们只是近似值，由城墙顶部的厚度和城墙表面的斜率计算得来（如图3所示）。我们没有办法利用工具穿透城墙进行测量。唯一能够准确测量的（在一两寸误差范围内）是城墙顶部垛口与女墙之间的宽度。根据现有的遗存，我们可以得到四面城墙大致准确的平均高度：

南城墙，在水关门以东：内外侧均高 10.72 米，顶部宽 15.20 米，底部厚 18.48 米。在以东的哈德门附近，高度一致，但厚度略窄，即顶部 14.80 米，底部 18.08 米。在以西的顺治门附近：外侧高 11.05 米，内侧高 10.15 米；顶部宽 14.08 米，底部厚 18.40 米。

东城墙，在东直门至齐化门之间：外侧高 11.10 米，内侧高 10.70 米；顶部宽 11.30 米，底部厚 16.90 米。在齐化门以北：外侧高 11.40 米，内侧高 10.48 米；顶部宽 12.30 米，底部厚 18.10 米。（由于雨水侵蚀，此处城墙的顶部下沉，形成孔洞）。

西城墙，在平则门以南：外侧高 10.30 米，内侧高 10.10 米；顶部宽 11.50 米，底部厚 14.80 米。平则门附近的西墙：外侧高 10.50 米，内侧高 9.40 米；顶部宽 11.30 米，底部厚 15.20 米。在平则门至西直门之间：外侧高 10.95 米，内侧高 10.40 米；顶部宽 14.00 米，底部厚 17.40 米。

① 光绪《顺天府志》卷一《京师志一·帝都爰述》。

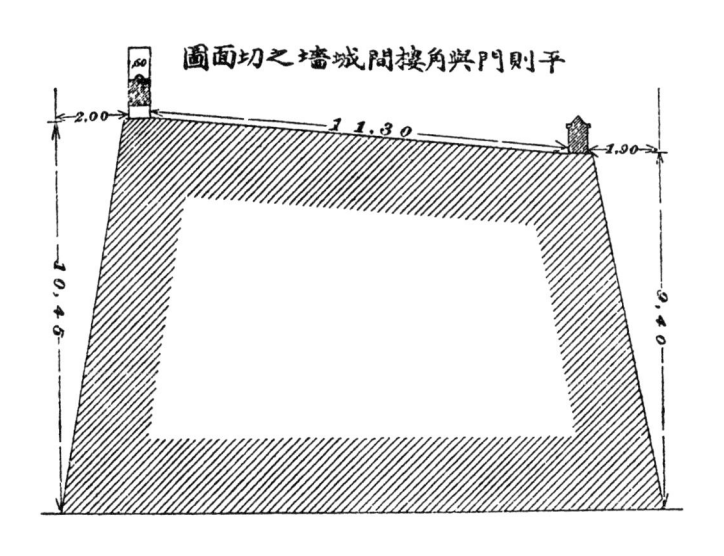

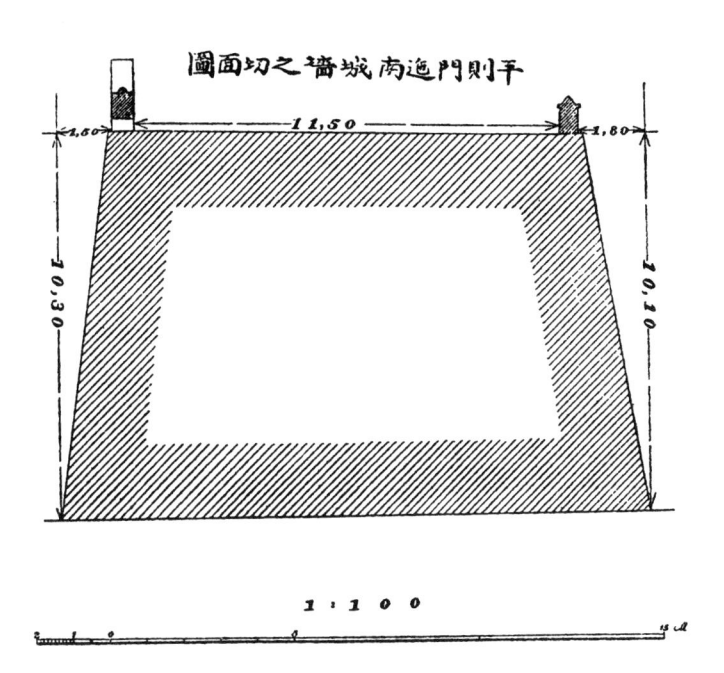

图 3 内城西墙上平则门以南的两段墙体剖面图

北城墙，在东北角楼附近：外侧高 11.92 米，内侧高 9.20 米；顶部宽 17.60 米，底部厚 22.85 米。在安定门以东：外侧高 11.90 米，内侧高 10.40 米；顶部宽 17.63 米，底部厚 21.72 米。在德胜门至西北角楼之间：外侧高 11.60 米，内侧高 11.00 米；顶部宽 19.50 米，底部厚 24.00 米。

南城墙顶部均宽约 15 米；外侧均高约 10.70 米，内侧略低几厘米。

东城墙顶部均宽约 12 米或略窄；外侧均高约 11 米，内侧略低近 0.5 米。

西城墙顶部均宽约 11.50 米，外侧均高约 10.40 米，内侧略低几十厘米。

北城墙顶部宽度介于 17.60—19.50 米；外侧高度介于 11.50—11.93 米，内侧高度介于 9.20—11 米。

由此看来，东西城墙在高度和厚度上几乎相同，虽然西城墙整体略微偏薄、偏低。它们有可能是建在元大都城墙的基础上的，尽管这一推论尚不肯定。

南城墙比东西城墙厚 3 米（或者更多一些），但高度上大致相同。北城墙比南城厚 3—4 米，且其墙体正面的倾斜度远大于其他三面城墙。可见，新建的城墙比那些在旧的基础上建造的城墙更厚更结实，并且我认为，城墙厚度的增加（从南城墙到北城墙）也可以反映出城墙建设周期的先后。东西城墙可能是在既有元大都土城墙的基础上，通过增高加厚等方法扩建的结果。而新的南城墙则大部分建于永乐时期，并在后来包筑了外砖。而此时的北城墙可能仍处于其 15 世纪末的初始状态，即比现在要低得多且薄得多，而很可能直到 16 世纪初，其被筑以城砖之后，才变成了今天的样子。

我们无法考察城墙内部的构造，但是从那些曾经目睹前门侧门开凿的描述中，我们可以略知一二。据说，城墙内部由夯土层、沙砾层及石灰层构成，间或还有用以加固的砖层。同时，在某些墙体内部可能还有单独的小规模的土墙。不过，至于这些构造有多长以及出现在什么地方，我们无从得知，除非将城墙横切，因此这项工作只好留给未来的人们了。

我们已经反复提到，城墙的外表面被包以城砖，它不只是薄薄的一层外壳，而是由好几层，有时多达七八层构成的，这可以在那些已经被树根破坏或被雨水侵蚀的墙面看到。这层厚厚的砖结构中，多少有些粗糙不平：大量砂浆被使用，黏合得也不平整。表层的城砖自然是精心砌筑；荷兰式砌法被广泛运用，但不是所有部分都是这样。由于现在的墙面都是经历过修补的，因此想要了解它的原始砌筑样式，需要我们进一步的考察。城墙的底部由一层低矮的砂岩板（有时是双层）作为基座，其下部是深度在 2 米以上的三合土地基。有的地方底座和三合土地基被沙土所覆盖，而有的地方则被雨水侵蚀形成凹陷，或造成砖墙的脱落。完好无损的地方极少，那里的三合土地基往往向基座外延伸约 1.5 米，形成沿墙体内侧的便道。

基座上方的墙面呈不同坡度，内侧的倾斜度比外侧的大一点。北城墙的倾斜度，是 3.5 米与近 10 米的高度之比；而在其他三面城墙上，是 1.5—2 米与其高度之比。连续的砖层呈阶梯式砌筑，这在北城墙上自然体现得最明显，那里的倾斜度最大。其阶面的深度足以使人顺着它爬到城墙顶部。外侧面的砖墙自然光滑得多；从防御的角度看，过深的阶面的确危险。城墙外侧等距分布的墩台也大大增强了防御功能，墙垛呈方形的扶壁状，厚度和城墙相当。北城墙上所有墩台的大小相同，间距超过 200 米；其他城墙上墩台的间距只有 80—90 米，且不仅有常规大小的窄墩台，还有对应于内侧墙面上的马道、体形更大的宽墩台。

城墙顶部铺满了大块砖石，并在内侧筑有女墙，外侧筑有垛口。内侧的女墙只是简单的砖垒结构，厚 60 厘米，高 80—90 厘米，并在顶部呈圆弧形。外侧的雉堞并不比女墙厚多少，但高度至少是女墙的两倍。其城齿高 1.80 米，它们之间的垛口（有时错误地称为"孔洞"）间距 0.5 米。在雉堞与女墙上贴近城墙顶面的位置上开有方孔；前者可能是用于防御，而后者可能仅仅起到排水的作用。外挑的石排水短管从这些孔洞中伸出一定距离，但并不能避免水滴落到下部的墙面上。实际上城墙上几乎所有的水都是内侧壁上排出的,因为城墙的顶面多少向内侧倾斜了(如图4所示),但偶有从城墙顶面中部开始向外侧轻微倾斜的情况。事实证明,这种排水方式对墙面极具破坏性。在雨天,内墙面被从顶部倾注而下的水流冲刷,日积月累,许多城砖被侵蚀,特别是在那些已经被树根穿透的墙面处。这造成了砖皮的松动和脱落,以至于需要一遍一遍地修复。然而,对城墙威胁最大的,是缺乏对墙脚积水的适当引流。过去有砖石护堤的城壕或三合土地基作河床的排水沟,但它们现在多已毁坏;在一些地方,它们变成了一条深深的泥道,而在其他地方虽河沟仍存,但缺乏泄水渠道。当雨量过大时,雨水漫过城墙的基座,极有可能冲走已经松动了的基座石板和砖块,此时上部构建则会沿着重力下滑,如此以往将造成严重的后果。内侧壁的墙面很多都是以这样的方式毁坏的。当我们沿着城墙内壁行走时,就会发现大量这种滑坡现象的存在,以及城墙所反映出的其他衰落变迁。

《顺天府志》中,关于雉堞和垛口数量的记载基本上是准确的;我们也没有去数它们的具体数目。我们也不知道城墙顶部曾经有多少值房,因为现存的已经很少了,除了城门和角楼附近的尚在,但已经十分破旧。清朝时,城墙由八旗驻守,墙头竖起的旗帜代表守军颜色。固定旗杆的石头仍在,但旗杆已荡然无存。

> 镶黄旗居安定门内,正黄旗居德胜门内,正白旗居东直门内,镶白旗居朝阳门内,正红旗居西直门内,镶红旗居阜成门内,正蓝旗居崇文门内,镶蓝旗居宣武门内。[①]

因此,北城墙属黄,这在中国传统里代表土的颜色;西城墙属白,代表金;东城墙属红,代表火;而南城墙属蓝,代表水。土、金、火、水是

---

① 光绪《顺天府志》卷一《京师志一·帝都爰述》。

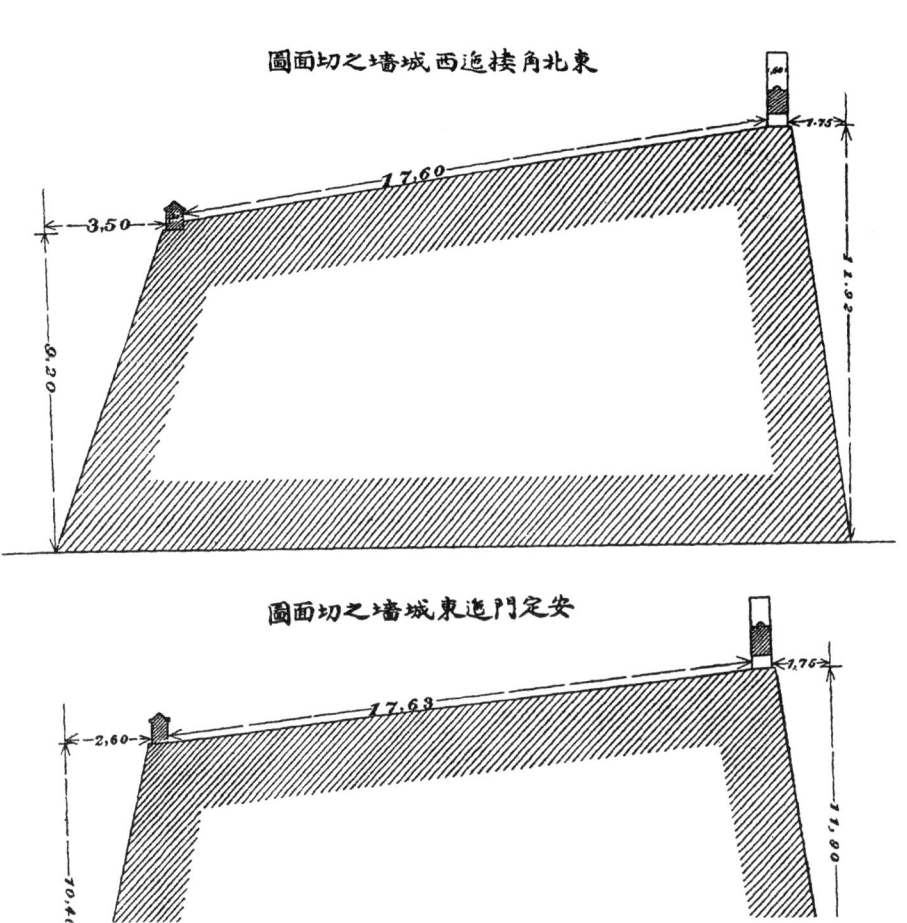

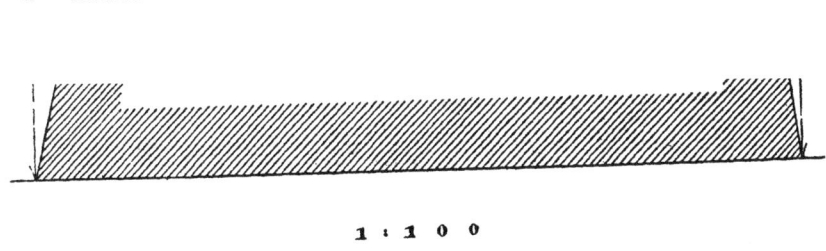

图 4　内城北墙上的两段墙体剖面图

城市防御中有力的四种元素，同时也有人认为，它们之间势均力敌，任何反叛的军队都会受到另一方的牵制。

　　中国人历来十分重视都城的平面格局以及不同朝向和城门的象征意义。他们认为，城市被设计为方形并且朝向四个方位，并不只是出于实际用途。天象星座的位置是其依据，建设一座强大的城市不能不服从天道。我们已经知道，这种根据天象原则将城市等分为四个方位的做法，在元朝便已开始运用（虽然并未完全贯彻），而明朝皇帝则试图使城市成为真正的正方形，而不是去完善元大都的长方形。他们本来的意图如此，然而由于环境所限，后来还是发生了一些改变。整座城市以及皇宫的正面朝南，象征着"迎接太阳"——这是来自上天的统治者。在最缺乏阳光的西北城角，正方形被切掉了一角；而在其对角线方向的东南角，被认为是土地"下沉"的地方，那里确实如此，丰富的河道便是证据。但人们又相信这种说法代表太阳在那里最强盛。古老的观象台就在这个方位，天坛亦是如此。

　　我们没有必要去深究中国的传统象征，因为它的意义对于西方人来说太模糊、太抽象了；但需要知道的是，中国人从来不会单纯出于艺术或实用的目的去设计建筑物，无论是屋宅、寺庙还是整座城市。在中国人看来，它们有着更深层次的目的和更为重要的作用，虽然天子的忠实臣民从来没有充分理解这一切。

第四章　北京内城城墙的内侧壁

今天的北京城墙绝不是一个均质的构造物。我们已经指出，四面城墙在尺寸和总体外观上的明显的差异，同时也对其频繁的修复略有了解。我们现在要对其进行更细致的考察，以弄清楚城墙的砖砌内壁的不同建造时期、质量和工艺。通过城墙顶部镶嵌着的石碑上的铭文，我们不仅可以知道这些城砖的砌筑和修复时间，还可以知道监造官员的名字。

如果建造质量好，这些碑记将会成为铭刻官员荣誉的功勋碑，而如果建造得不好，官员的名字则会处于公众的批评和蔑视之下。不过可惜的是，这项激励官员的制度直至乾隆时期才开始采用，这些监修官大多数来自工部、礼部、刑部，因此内城城砖上没有乾隆之前的铭文；只有部分城砖上可以找到更早期的标记。这些标记最早可以追溯到明成化年间（1465—1487），最晚至清道光年间（1821—1850）。它们的内容不尽相同；多数情况下，这些砖块上记录的是砖窑和窑户的名字，但有时只是简单地写上"停泥细砖"或"新大城砖"等，当然在城墙表面，还有很多地方可以找到砖文记载，但风化和污垢常使那上面的文字难以分辨。

我们真正关注的是那些包含明确年代的城砖，因为它们与城墙的建造史密切相关。它们虽然并不能完全准确地反映城墙砌筑完成的年份，但造砖的时间与施工年代大体是相同的；很少出现用早期城砖来进行新的修复的情况，即便如此，它们通常也与其他材料混合使用。在既没有碑文又没有砖文的情况下，只能根据城砖的特征和质地来推断其年代，这只是一种粗略的判断方法。根据规律，我们可以甄别出哪些是明朝初年到嘉靖年间的，哪些是后来的万历和崇祯时期的。而清朝的城砖从材料上到做工上都与明朝大有区别。清乾隆时期是迄今为止城墙砌筑的巅峰时代，无论从工程的规模上还是质量上，都堪称中国艺术的最后黄金时期。

可惜的是，我们无法确认康熙时代的城墙，因为没有发现那一时期的碑文或砖文，但我们有理由相信，某些规模较小的墙体，其特征显示建筑时代早于乾隆时期，同时又与明末的风格不同，应该是清初时所建。乾隆时代的辉煌传统一直延续到嘉庆时期，但到了道光年间，在城砖的质地和砌筑工艺上都有所改变。此后城砖变得小而轻，其外观也不如18世纪的那样精致。如今，城墙内侧壁各处需要修补的地方很多，东城墙更是破败不堪。最近二十年间，城墙几乎没有进行过任何建设和修缮，除了前门箭楼的改建和几处马道的修复。今天的政府肯定不会在意北京的老城墙，更没有兴趣去打理它。如果流水和树根对城墙的破坏以近二十年间的速度继续下去，那么某些城墙墙体很快就会濒临毁灭。

在意识到北京城墙的非凡长度和砖石结构的复杂性之后，没有人能够掌握城墙的每一寸细节，我们也不会去做那样的无用功。沿着城墙，根据其不平整的接缝和不同的材质，从而区分出的各个部分完成记录就足够了。嵌在城墙上的碑文和砖文上标注的日期通过从地面上观察（有时使用望远镜）并记录下来，如果无法找到时间的记载，则只能根据城砖的外观判断其年代。由于城墙沿线的建筑物和堆积物的阻碍，我们有时只能粗略计算或步测，因此不同部分的城墙长度只是约数。尽管如此，在我们看来，这些不精确的测量还是应该被记录下来，以便说明与马道和城门相对应的各段墙体的保存状况。毫无疑问，城墙上有的地方同时出现了不同时期的修复，因此我们不可能一一列出它们的时间；在这种情况下，我们只能简单地记录下材料和砌筑工艺的主要特征。我们对城墙的研究遇到了极大的限制和相当的困难，这些限制和困难，除非攀爬、清理并挖掘城墙，否则难以克服。所以我们的调查并不是研究的终点，这就算是我们对这座数百年来北京城最伟大的纪念物所做的历史和物质上的绵薄贡献吧。

南城墙

南城墙可以说是由两段几乎相等的墙体组成；前门是东西段的分界点。这座伟大的中央之门，不仅是北京城墙上最大的城门，同时这里的城墙也最具代表性，并成为城市不同功能区的交汇点。前门以东是使馆区，有高大的西洋建筑和整洁的道路。那里的城墙表面维护良好，有的地方爬山虎丛生；前门以西是极其杂乱的内城，那里有着"民国"风格的中西混合式建筑，以及煤棚边深陷的泥路和城墙根下成堆的垃圾。事实上，西南方向的城墙附近是环境最糟糕的地区之一。一些地方的垃圾堆几乎有城墙的一半高，成了拾荒者和癞皮狗的狩猎场，至于周边的住户，他们更需要清洁的环境。只有到了更西边，越过顺治门，城市西南区域的道路和建筑物才整齐干净得多，其中国会大厦显得格外突出。

不过，新的道路只延伸到国会大厦的拐角处，便转而向北，而作为道路的沙沟和垃圾堆，则继续朝西南城角方向蔓延，最终在那里长满了杂草和树木。

临近城墙的使馆区——实际上是前门至哈德门之间——的确非常干净，秩序良好，但从寻访历史的角度来看就不那么有趣了。城墙的砖砌表面覆盖着或疏或密的爬山虎；墙根的道路很窄，且被过度铺填以至于高出了城墙的基座。对城墙风貌影响最严重的，是使馆区内的一些西洋建筑，它们在高度上与城墙抗衡，其结果当然是不甚协调。这些高傲的新来者完全不顾老城墙的存在，高耸着它们的塔楼和山墙。

再往东，出了使馆区，过了哈德门之后，城墙与城市更好地融为一体并显得更有趣了。它们保存着城墙的完整结构，基座、三合土便道和面前的小运河可以一览无余。附近的建筑不是很多；其实，这里有意大利、奥地利和德国墓地，植物繁盛，犹如一座美丽的绿色小岛。

第1段　东南城角因环城铁路的修建（1915年）而被打通，在相互垂直的两面城墙上各开了一个隧洞以使铁路在这里转弯。因此，近年来这里的墙面经历了几次修复。

第2段　约90米。（以下所有度量均为约数。）18世纪后半叶曾重修。城砖为乾隆和嘉庆时期的样式，其中一些印有砖文："停泥细砖""通丰窑大城砖"，以及"工部监督桂"。工部相当于公共工程委员会，城砖就是在它的监督下烧制的，可以从上面找到乾隆时期监工的名字。这一时期的城砖，由多个烧制砖窑，下文予以详述。城砖的平均尺寸是：长48厘米，宽23厘米，高12.5厘米；标准重量为48斤。明代以及乾隆之后的城砖则略小。

第3段　50米。大约明朝中期修建，后世有修缮。

第4段　190米（或更长）。建于明朝中期；城砖上标记为嘉靖三十二年（1553年）。

第5段　80米。砌筑良好，据碑文记载，造于乾隆五十三年（1788年）；城砖来自永成窑。

第6段　200米。砌筑良好，由大城砖砌成，根据镶嵌的碑文记载，造于嘉庆二十年（1815年）。这段城墙的外侧是墓地，有碍仔细考察。

第7段　南城墙的最东侧马道。它包括四个不同部分：一、建于明初（无砖文）；二、1907年地震后修复的，但大多使用旧材料，即乾隆时期的城砖；三、建于明初，城砖年代为成化十八年（1482年）；四、新修马道的最西侧。

第 8 段　14 米。大约建于 18 世纪；无砖文。

第 9 段　3 米。由中等大小的砖块构成的一小段城墙，没有砖文。这些城砖的尺寸大约是乾隆时期的四分之三；它们似乎从道光时期开始被普遍使用，但在清初也可能有类似规格的砖。遗憾的是那个时期（顺治和康熙）的城砖没有砖文。

第 10 段　14 米。所造时期和材质同第 8 段。

第 11 段　10 米。所造时期和材质同第 9 段。

第 12 段　30 米。建于 18 世纪晚期。城砖年代为乾隆时期，力丰窑烧制，砖文为"工部监督桂"。

第 13 段　60 米。所造时期和材质同第 9 段。

第 14 段　30 米。建于 18 世纪晚期。城砖年代为乾隆年间，砖文为"停泥新城砖"。

第 15 段　10 米。大约建于明朝末期，无砖文。位于水闸上的这段城墙如今已严重拱起变形。

第 16、17 段　45 米。两段城墙均为无砖文的中型城砖。

第 18 段　20 米。建于明朝中期；砖文为"嘉靖二十八年"，另一部分砖文为"嘉靖三十二年窑户孙传威造"；"嘉靖三十三年青州府窑户符居造"。很可能还有嘉靖时期的其他年份所造的城砖。

第 19 段　150 米。建于明朝中期；城砖砖文所载为嘉靖时期的不同年代，如"嘉靖三十一年南阳府窑户李寄威造"。

第 20 段　120 米。墙面相当平整细致，根据碑文判断为乾隆四十一年修筑。砖文为常见的"停泥细砖"。

第 21 段　20 米。建于 18 世纪晚期。城砖为乾隆年间永成窑制。

第 22、23、24 段　80 米。这三段墙面似乎建于明朝，但受到沿墙建筑的遮挡，无法对其进行细察。

第 25 段　哈德门马道上的城砖，砖文为"嘉靖三十三年窑户符居造"。

第 26 段　马道，后世用中型城砖修复。

第 27 段　60 米。大约建于清初；中型城砖。

第 28、29 段　75 米。这两段的城砖可能制于明朝，大型城砖且没有砖文。

第 30 段　60 米。建于 18 世纪末；砖文为"通和窑细泥新城砖"。

第 31 段　60 米。建于明朝中期；砖文为"嘉靖二十八年窑户孙紫东造。"

第 32 段　40 米。建于明朝中期。砖文为"嘉靖二十八年窑户刘钊造"，也有制于嘉靖三十一年的。这段城墙的上部在 18 世纪用"停泥细砖"重修。

第 33、34 段　60 米。这两段的城砖制于明朝中期；大型城砖，嘉靖年间制。

第 35 段　20 米。建于 18 世纪末；大型城砖，乾隆年间制，有砖文如"恒盛窑新停细城砖"。

第 36 段　90 米（或更长）。建于明朝中期；砖文为"嘉靖二十九年窑户何宗造"。

第 37 段　90 米。根据城墙顶部的碑文，重建于乾隆三十八年。

第 38 段　哈德门与水关门之间的马道，至少由四个不同的部分组成：一、乾隆年间所造普通城砖；二、明初的大型城砖，无砖文；三、大概清初所造中型城砖，无砖文；四、最西边的部分亦为乾隆年间所造普通城砖。

第 39 段　60 米。建于明朝中期；砖文为"正德六年作头李焕造"（1514 年），还包括成化十八年、嘉靖三十二年等其他年份。这段城墙可能重建于 16 世纪，并部分使用了旧城砖。

第 40 段　60 米。根据城墙顶部的碑文记载，这段城墙重建于嘉庆十二年；使用城砖为乾隆年间制，砖文为"新停细城砖"。

第 41、42 段　80 米。这两段城墙在最近一段时间修复过（可能为光绪年间）。

第 43 段　水关门是在 1900 年义和团运动之后修建的；其附近的墙面十分老旧，但修复的痕迹明显。

第 44 段　20 米。城墙下部老旧，主要为明朝中期所建，砖文有"嘉靖三十一年"字样；上部为中型城砖，建于 17 世纪或更晚。

第 45 段　30 米。建于明朝晚期，有新的局部修补，砖文为"万历三十二年"（1604 年）。

第 46 段　水关门至前门间的马道，由三段组成：中间的主体段为重建，根据城墙顶部的碑文记载，时间大致为嘉庆十六年，但城墙本身显然更古老。

第 47 段　60 米。建于 18 世纪末。根据碑文，重建于嘉庆二年。

第 48 段　50 米。明朝中期所建；砖文为"嘉靖三十一年窑户李志高造"。

第 49 段　80 米。根据城墙顶部石碑碑文，重建于光绪十年（1884 年）。

第 50 段　14 米。明朝所制大型城砖，无砖文。

第 51 段　前门东侧马道的墙面，主要建于乾隆年间。城墙顶部有两处离得不远的碑文，一处记载的是乾隆五十二年（？），另一处是乾隆四十六年。

第 52 段　城台也主要建于同一时期，但 1914—1915 年，由于城门改建得到了部分修复。

如果我们对南城墙的东半部进行总结，会发现这一片区域留存的明初遗迹很少。对城墙的大规模的修缮主要在明嘉靖年间，约 16 世纪中叶，也包括乾隆后期；而小规模的修复则在嘉庆和光绪年间进行。最精细的城砖显然出自乾隆年间，但嘉靖年间的一些城砖也质量上乘。早期的明朝城砖经过长期风吹日晒，无法很好地相互粘连，因此使用的灰浆比后世的城砖多许多。前门以西的城墙根附近被成堆的煤棚和垃圾占据，且大量城砖覆盖着厚厚的土灰，致使我们不能很好地对其进行考察；不过我们很快发现，南城墙西半部的修补工作并没有少于东半部。

第 53 段　前门西侧马道的墙面，显得较新。

第 54 段　35 米。根据城墙顶部的碑文记载，重建于乾隆四十七年。

第 55 段　70 米。建于明朝中期；城砖为嘉靖三十二年造。城墙上部经后世修缮。

第 56 段　35 米。建于明朝晚期；砖文为"万历三十二年造"。

第 57 段　50 米。建于乾隆年间；砖文为"工部监督永"。

第 58 段　这段城墙为近年所建；可能是在光绪年间。

第 59 段　35 米。建于乾隆年间；砖文为"工部监督永"。

第 60 段　30 米。建于 18 世纪末；为乾隆年间所制大型城砖；城墙顶部石碑模糊无字。

第 61 段　5 米。建于明朝晚期；有砖文"万历三十二年"。

第 62 段　同第 60 段。碑文字迹模糊。

第 63 段　20 米。建于明朝晚期；有砖文"万历三十二年"。

第 64 段　38 米。近代所建，根据镶嵌的石碑碑文记载，重建于光绪十七年。

第 65 段　150 米（或更长）。明朝中期所建；砖文为"嘉靖戊子年"（即嘉靖七年）。

第 66 段　马道，根据镶嵌的石碑碑文记载，城墙修复于嘉庆七年。

第 67 段　一小段修于 18 世纪末的墙面；城砖为乾隆年间制，有砖文"工部监督桂"。

第 68 段　38 米。近代所建，根据碑文记载，于光绪十九年修复。

第 69 段　35 米。建于明朝中期；城砖风化严重以致无法看清砖文。城墙受到树根的挤压而凸起。

第 70 段　35 米。建于 18 世纪。根据碑文记载，乾隆五十四年修复。

第 71 段　约 19 世纪初所建；砖文为"新式大城砖"。

第 72、73、74 段　200 米。三段 16 世纪末所建墙面；有乾隆年间的大型城砖，砖文为"工部监督桂"或"工部监督永"。

第 75 段　第二条马道，下部为明朝所建，上部的碑文记载为乾隆五十二年重建。

第 76 段　马道西端城墙，根据碑文记载，重修于乾隆三十年。

第 77 段　30 米。根据碑文记载，重修于乾隆四十二年。

第 78 段　75 米。根据碑文记载，重修于光绪十年。

第 79 段　一小段明朝墙面，已被植物的根系穿透，墙面隆起。

第 80 段　建于 18 世纪末。根据城墙顶部碑文记载，为乾隆五十年重修。

第 81 段　一长段使用明朝城砖所建的墙面，尽管后世可能经历过修葺。

第 82 段　建于 18 世纪末。城砖为乾隆年间所制，有砖文"工部监督永"。

第 83 段　约明朝中期所建；无砖文。

第 84 段　这段墙面的下部为明朝遗存，砖文为"嘉靖三十四年"；上部城砖制于乾隆年间，砖文为"工部监督永"。

第 85 段　顺治门东侧马道，主要建于明朝中期。

第 86 段　顺治门西侧马道及与东马道连接的墙面，根据碑文，为乾隆四十九年重建。

第 87 段　65 米。建于十八世纪末。城砖为乾隆年间所制，砖文为"工部监督桂"。

第 88 段　一小段墙面，用明朝砖，可能经后世重建。

第 89 段　建于明朝中期；无砖文。

第 90 段　根据城墙顶部碑文记载，重建于嘉庆二十年；砖文为"新式大城砖"。

第 91 段　65 米。所造时期和材质同第 87 段。

第 92 段　一小段墙面，可能建于明初。

第 93 段　约 17 世纪末所建；中型城砖；无砖文。

第 94 段　另一小段中型城砖的墙面；可能建于清初。

第 95 段　建于 18 世纪末。城砖为乾隆年间所制，砖文为"工部监督永"。

第 96 段　一小段明朝中期的墙面；无砖文。

第 97 段　所造时期和材质同第 95 段。

第 98 段　所造时期和材质同第 96 段，不过有后世修复的痕迹。

第 99 段　5 米。建于明朝晚期；砖文为"万历三十二年"。

第 100 段　35 米。根据碑文记载，修复于乾隆五十四年。

第 101 段　一长段城墙。建于明朝中期；砖文为"嘉靖二十八年"。

第 102 段　一段古老的明城墙，部分重建于乾隆年间。有的砖文为"嘉靖三十二年"，也有后世的城砖"大通成窑造，工部监督永"。

第 103 段　南城墙上最西侧的马道，主体建于明朝，中部有部分修复，约为光绪年间。马道东端有砖文"嘉靖二十八年"。

第 104 段　近代所建，约为光绪年间；砖文为"官窑造停泥城砖"。

第 105 段　建于明朝早期；无砖文。

第 106 段　25 米。根据碑文记载，修复于乾隆四十四年。砖文为"官窑造新式大城砖"。

第 107 段　所造时期和材质同第 105 段。

第 108 段　11 米。根据碑文记载，修复于乾隆二十八年（1763 年[①]）。城砖上有普通砖文。

第 109 段　建于明朝中期；砖文为"嘉靖三十二年窑户高尚义造"。

第 110 段　75 米。同第 108 段。

第 111 段　38 米。根据碑文记载，修复于乾隆九年。砖文为"工部监督永"。

第 112 段　一小段明朝城墙；无砖文。

---

① 原文中为 1749 年，有误。——译者

第 113 段　18 米。同第 108 段。

第 114 段　20 米。根据碑文记载，修复于乾隆三十年。砖文为"工部监督桂"。

第 115 段　西南角楼的马道，主体建于明朝中期；其中有嘉靖年间烧制的城砖，但也有后世修整的痕迹。

通过对南城墙西半部分的考察，可以发现其与东半部分的保护状况同样不佳。墙面主要为 18—19 世纪的修复，而明朝所建部分保留较少。有些整修使用的是旧城砖，而有的则是新城砖；还有几处墙体由于树根挤压而隆起，但这种情况在东半部更为常见。可辨识的砖文比较少，因为被北风裹挟而来的黑软尘土，覆盖着很长一段墙面；并且强劲的北风也使土路遭到破坏，大量垃圾在墙角堆积。只有国会议场，即老城隍庙前的那段城墙稍显干净，墙根处也没有垃圾。再往西，昔日风貌犹存。一行高挑的槐树遮蔽着贯穿古城壕的道路，城墙上的椿树和枣树郁郁丛生。

靠近西南角有块空地，那里舒适宜人，新种上了柳树和椿树，它们的新绿在深灰色砖墙的衬托下显得格外突出。这里的城墙保留着古旧的外观，年久的角楼至今保存完好，从这个看不到它波形屋顶的角度望去，画面十分壮丽，这里无疑是北京城中最美最动人的地方之一。

东城墙

从某些角度而言，东城墙是内城四面城墙中最有趣的。它保留着大量明朝时期的遗迹，由于修复不善，反而增加了它的沧桑感和历史感。如果现在的北京政府对城墙的修复有足够的兴趣和资金，那么这段城墙必然是首先需要采取措施的建筑物之一；可惜事实并非如此，这面城墙离坍塌可能不远了。一些地方的墙基已经被水严重侵蚀，墙面也受到植物根系的挤压而逐渐开裂并剥落。这样的结果可想而知，并可以清晰地从照片中看出。

如前所述，城东南角有铁路线穿过，并在铁路内侧新建了一道弧墙，这实际上破坏了旧城角的结构外观，同时也严重破坏了角楼的视觉效果。现在只有从城墙外侧或城墙顶上，才能完全看到角楼的模样。城角的空地上堆满了垃圾；一条开放的水沟蜿蜒地流经城角下的平地，通过水闸，汇入外面的护城河。雨季来临之时，它便成为一条宽阔的河流，但在余下的季节，比水更多的是泥。

随着贡院被拆毁，东南城区所代表的城市古老特征和重要象征意义严重受损，而此前，这里即便算不上城市中心，至少也算是城市东南部的文化中心。现在此处变得相当单调而荒凉。古观象台新建起一座样式平庸的半西洋砖式建筑。从观象台向北约30米有一段城墙，主体显得老旧，可以明显分辨出一段段城墙是怎样衔接起来的。前文曾经提到，明朝时曾对元大都进行扩建，这一段即是当时增筑的。

第1段　70米。建于明朝中期；砖文为"嘉靖十年"；该段城墙的下部被部分修复。

第2段　35米。近年所建；无砖文。

第3段　18米。建于明朝中期；砖文为"嘉靖二十八年"。

第4段　一小段墙面；上部建于明末；下部于近年修复。

第5段　180米。建于明朝中期；砖文为"嘉靖二十七年"。有五处后世修补的痕迹。

第6段　150米。建于明朝中期；砖文有"嘉靖二十一年"及"嘉靖三十二年"。

第7段　120米。建于明朝中期；砖文有"嘉靖二十年"及"嘉靖二十七年"。

第8段　35米。建于明朝中期；砖文为"嘉靖十八年窑户孙文传造"。

第9段　观象台马道，乾隆年间被大规模修缮。其南段的砖文为"停泥细砖"。紧随其后的是一段由明朝薄砖砌成的城墙。北段建于乾隆年间。马道之上的墙面十分古老，但无砖文。

第 10 段　64 米。建于明初。这是最后一段经风雨侵蚀的古老城墙，与观象台的新建墙面形成了鲜明对比。

第 11 段　150 米。建于明朝晚期；砖文有"万历三十二年"及"万历三十三年"。

第 12 段　24 米。根据碑文记载，修复于嘉庆十八年。

第 13 段　36 米。根据碑文记载，修复于乾隆八年。

第 14 段　100 米。建于明朝中期；砖文为"嘉靖三十二年通和窑造"。

第 15 段　20 米。根据碑文记载，修复于嘉庆七年。使用停泥新城砖。

第 16 段　50 米。建于明初，大部分已风化，无砖文。

第 17 段　60 米。大概建于 17 世纪晚期；中型城砖，无砖文。

第 18 段　50 米。建于明朝晚期；砖文为"万历三十二年"。

第 19 段　90 米。所造时期和材质同第 17 段。

第 20 段　60 米。建于 18 世纪。石碑上无碑文。砖文为"乾隆辛巳年"①。

第 21 段　60 米。建于明朝晚期；砖文为"万历三十一年"及"万历三十二年"。

第 22 段　5 米。建于明朝中期；砖文为"嘉靖二十八年窑户林永寿造"。

第 23 段　5 米。建于明朝晚期；砖文为"万历三十二年窑户吴玉造"。

第 24 段　30 米。同第 17 段。

第 25 段　12 米。建于明朝中期；砖文为"嘉靖三十二年窑户卜天贵造"。

第 26 段　5 米。根据碑文记载，这一小段为嘉靖十八年重修。

第 27 段　5 米。城砖同第 26 段，但筑造工艺不同。

第 28 段　5 米。建于 18 世纪中期。砖文为"乾隆辛巳年""乾隆甲午年""乾隆丙申年"②。

---

① 即乾隆二十六年（1761 年）。
② "乾隆甲午年"为乾隆三十九年（1774 年），"乾隆丙申年"为乾隆四十一年（1776 年）。

这几段城墙受到树根的挤压，已经多层城砖严重变形塌落。近地面的几处大洞被盗砖者越挖越大，现在几乎已经挖到了城墙内部的三合土。

第29段　30米。建于明朝的古老墙面；上部的城砖砖文为"嘉靖二十三年窑户林贵造"。

第30段　马道，主体建于明朝；其上的砖文为"嘉靖二十三年"及"嘉靖三十三年"。根据碑文记载，其南端于嘉靖四年曾重修；现状残破。马道前的垃圾堆足有城墙的一半高。

第31段　70米。建于明朝的古老墙面；无砖文。

第32段　30米。建于19世纪初。砖文为"停泥新城砖，嘉庆年间窑户居正耀造"。

第33段　60米。明朝中期所建；砖文为"嘉靖十年"以及诸多窑户的姓名，如任威南、卜通威、宋文明。

第34段　40米。建于19世纪初。砖文为"通和窑停泥新城砖。"

第35段　60米。建于明朝中期；砖文为"嘉靖三十八年窑户曹春造"。

第36段　30米。建于明初；大量城砖风化，无砖文。

第37、38段　70米。两段建于18世纪晚期的墙面；其中一段根据碑文记载，修于乾隆三十一年。

第39段　150米。根据碑文记载，修复于嘉庆十二年（或更晚），用的是"停泥新城砖"。

第40段　25米。建于18世纪末；城砖制于乾隆年间，砖文为"停泥细砖"。

第41、42段　130米。均建于明初；风化严重，无砖文。

这一带城墙的风貌相当古旧，各段连接处不甚平整，在那些墙基和三合土地基已经被雨水侵蚀的地方，尤为明显。

第 43、44 段　35 米。虽然这两段墙体带有"万历三十二年"的砖文，但显然在乾隆时期有修复。

第 45、46、47 段　100 米。这三段大约建于明朝晚期，砖文为"万历三十二年"。

第 48 段　9 米。大约为明末所建；采用的是崇祯年间广泛使用的极薄的城砖。

第 49 段　9 米。这段直到城门马道的墙面建于乾隆年间。

第 50 段　齐化门处城墙，主体为明朝中期所建；砖文记载为嘉靖年间，但城台和马道的墙面是 18 世纪末重建的；砖文记载为乾隆和嘉庆年间。

第 51 段　6 米。建于 18 世纪末。城砖为乾隆年制，砖文为"工部监督萨"。

第 52 段　30 米。建于明朝中期；砖文上的信息包括嘉靖二十四年及嘉靖二十六年，窑户段洲、张宝钞。

第 53 段　30 米。大约建于清初；中型城砖，无砖文。

第 54 段　3 米。明朝遗垣，城砖风化，无砖文。

第 55 段　12 米。建于明朝中期；砖文为"嘉靖三十三年窑户高尚义造"。

第 56 段　40 米。根据碑文记载，修复于嘉庆四年。

第 57 段　40 米。根据碑文记载，修复于道光二十三年。

第 58 段　100 米。两段建于 19 世纪的城墙。根据两块碑文记载，分别于光绪二年、同治九年修复。不过，城砖的烧制时间更早，部分砖文为"永定官窑造停泥新城砖"，另有"咸丰元年作头王泰立造"。

第 59 段　50 米。根据碑文记载，修复于乾隆四年。

第 60 段　60 米。根据碑文记载，修复于乾隆八年。

第 61 段　9 米。建于明朝中期；砖文为"嘉靖十六年窑户林永寿造"。

第 62 段　25 米。可能建于清初；中型城砖，无砖文。

第 63 段　22 米。墙体下部建于明朝；砖文为"嘉靖十五年"；上部是清初或更晚时期用中型城砖修复的。

第 64 段　齐化门至东直门间的马道，可以分为三段或以上。最南端的下半部分建于明朝；有砖文"嘉靖三十二年"，但上半部分为后来所筑。中段的墙面也类似，其下半部分有砖文为"嘉靖十六年窑户林永寿造"，而上半部分是 19 世纪所建。最北端的下部墙面有砖文"嘉靖二十三年"。

这条马道的状况不容乐观，下部用砖和三合土筑成的基座已被水流严重侵蚀。一些部位的砖块从原来的位置上滑出，出现了坍塌的迹象。马道上部经历了反复的整修，但在其基座已损毁的情况下，这无异于徒劳。之所以这种情况发生在东城墙多于其他三个方向的城墙，是因为这里的水量最丰富。原本沿城墙内壁有一条砖砌的河沟，但现在已被废弃，并在一些地方成为道路。在雨天，雨水有时会漫过城墙基石。

第 65 段　20 米。此处墙面的状况同上面所述马道一样；墙面下部建于明朝；上部使用中型城砖进行过重建。

第 66 段　60 米。上部可能建于明朝中期，下部经后世修复；砖文为"停泥细砖"。

第 67 段　24 米。建于明朝中期；砖文为"嘉靖二十八年"。

第 68 段　7 米。根据碑文记载，修复于道光五年。

第 69 段　14 米。明朝遗垣；无砖文。

第 70 段　7 米。根据碑文记载，重建于道光四年；砖文为"瑞顺窑造大城砖"。

第 71 段　50 米。建于明朝晚期；砖文为"万历三十二年"。也有局部为后世所建。

第 72 段　14 米。建于 18 世纪末；砖文为"大停细砖"。
第 73 段　9 米。主体建于明朝晚期，不过有用大停细砖修复的痕迹。
第 74 段　30 米。墙面上部为近代所建，可能是光绪年间；下部建于明朝中期，有砖文记载为嘉靖年间。石碑上的文字难以辨认，但时间似乎是光绪年间。
第 75 段　100 米（或更长）。墙面上部经过修复，根据碑文记载为光绪二十年；下部为明朝晚期所建，有砖文"万历三十年"。
第 76 段　60 米。建于明朝；砖文为"万历三十二年"。
第 77 段　10 米。两小段明朝所建的墙面，间或镶嵌着新砖。
第 78 段　55 米。可能建于 19 世纪初（碑文已不清晰）。砖文为"新城砖"。
第 79 段　45 米。建于 18 世纪末；城墙顶部有一块明显为乾隆年间的石碑。
第 80 段　25 米。建于明朝；砖文为"万历三十二年"。
第 81 段　东直门马道及连接处的墙面，根据碑文记载，于嘉庆八年重修。城砖与乾隆年间烧造的"大停细砖"相同。

值得注意的是，东直门附近城墙的保护状况比东城墙南段好很多。石头基座和宽阔的三合土便道尚存，城砖也比较平整。墙面的倾斜度不大，使它看起来更加高耸威严。东直门以北的一段墙面也同样，维护得相当不错。

第 82 段　24 米。建于明朝中期；城砖为嘉靖二十四年苏州府分官窑所造。也有一些同时期造于扬州府的城砖。
第 83 段　20 米。根据碑文记载，修复于嘉庆四年。
第 84 段　24 米。建于 18 世纪末。城砖制于乾隆年间，砖文为"工部监督永"与"工部监督桂"。石碑上无文字。
第 85 段　80 米。建于 18 世纪末；砖文为"永定官窑造大停细砖"。石碑上字迹模糊。

第 86 段　26 米。根据碑文记载，修复于乾隆六年；砖文为"通钦窑造大城砖"。

第 87 段　60 米。根据碑文记载，修复于嘉庆八年。城砖为瑞盛窑造。

第 88 段　3 米。这一小段墙体上部为崇祯薄砖；下部为大城砖。

第 89 段　9 米。上部为中型城砖，可能建于清初；下部为永顺窑造大砖。

第 90、91 段　30 米。两段建于明朝的墙体，部分用乾隆年间城砖修复。

第 92 段　20 米。建于明朝中期；砖文为"嘉靖二十八年"。

第 93 段　6 米。建于 18 世纪晚期；砖文为"工部监督永"。

第 94 段　6 米。建于 19 世纪初；城砖产自瑞顺窑。

第 95 段　12 米。建于明朝的墙面，局部使用乾隆城砖修复。

第 96 段　9 米。根据碑文记载，乾隆三十年重修；砖文为"永通官窑造新停泥大城砖"。

第 97 段　3 米。建于 18 世纪晚期；城砖为乾隆时期的普通砖，但无砖文。

第 98 段　3 米。建于 19 世纪早期；砖文为"王府用砖"。

第 99 段　12 米。建于 18 世纪末；这段明朝遗垣大部分使用乾隆城砖进行了重建。

第 100 段　50 米。根据碑文记载，修复于乾隆四年。

第 101 段　20 米。建于明朝末期；砖文为"万历三十二年"，但有后世修复的痕迹。

尽管我们在对东城墙北段的观察中发现了一些修复的痕迹，但比起南段来说，其外观状况显得更统一协调。18 世纪和 19 世纪早期修复时用的城砖，与明朝老城砖的契合比南段更好，砖块的缺损错位与空洞现象要少很多。墙面的保留较完整，可能是由于城市靠近北边的地方比较空旷，人为破坏较少。

东北城角被环城铁路部分损毁，与东南城角的情况相同。一面看上去非常平整的新墙遮住了铁路的弯道。而由于旧角楼已被彻底拆除，城角完全失去了原有的特性和美丽。

然而，城市的结合部并非没有吸引力，反而归功于它的别样孤寂。这里唯一的建筑是俄罗斯教会的大院，不仅包含北京最早建立的一座基督教堂及牧师宿舍，还有墓地、菜园、牛圈和其他欧洲教会地产中会有的基本组成部分。在这里，我们似乎已经来到了国外，它也许不像中国那样古老，但它的官方机构却同样固守不变。

北城墙

比起北京城的其他地区，所谓"北城"的确不太一样。这里有许多皇亲国戚的宅院，美丽的花园和参天的古树比建筑本身占据更大的空间。北京最大的一些庙宇也在临近北城墙的区域，如雍和宫、孔庙，它们有着黄色或蓝色的琉璃瓦屋顶，庭院开阔，古柏蔽日。除了这些高门大户，还有许多较小的满族贵族的府第。它们正逐渐走向衰败，因为院子的主人们现在大多已经穷困潦倒，但建筑本身仍然是美丽的，似乎在诉说着逝去的浪漫与庄严。这里曾是北京的圣日耳曼区，如今仍然保持着浓厚的与世隔绝的气息，不像南城墙和东城墙附近的城市氛围。这个城市越往北，生活气息似乎越淡。这里靠近城墙有足够的开阔空地、沙原和草地，而更往西，西海甚至延伸到城墙脚下。由于这一带不易受到强劲北风的影响，城墙内侧的道路已成为北京绝佳的适宜漫步的长廊。

不过极少有人会走到北城墙来。你可以沿着这条路走上一天，都遇不上一辆汽车或人力车，只有一些人在孤独地闲逛，带着笼中的鸟儿放风，或者只是享受城墙下温暖的阳光。羊群聚集在一些地方吃草，那里即便是在干燥的季节也有牧草生长，快乐而纯洁的牧童看护着羊群，他们与城里那些顽皮的小孩大不相同。偶尔会有驼队经过德胜门或安定门，沿着软软的沙路无声无息地缓缓前行，只有领头骆驼身上发出的驼铃声，反映出这种庞大动物的缓慢步伐。但当驼队走过，周围便再次笼罩着一片孤寂，像压抑的乌云，只是偶尔散开几分钟，让阳光照射进来。

北城墙与内城其他三面城墙明显不同。如前所述，它的规制更大，其内侧壁比东城墙或南城墙更加倾斜。北城墙得到了较好的修缮，这可能要归功于后世的保护，但更大程度上是得益于其内侧从不直面北风的摧残。而北墙的外侧壁由于风暴侵袭和敌军攻击，确实受到了重创，曾反复修补，这些我们会在下一章中介绍。

经过了东北角的铁路弯道之后，我们来到了北城墙的第一段：

第 1 段　75 米。由乾隆城砖重建，砖文难以辨认。

第 2 段　40 米。建于明朝晚期；砖文为"万历四十六年窑户刘松、作头刘能造"。

第 3 段　60 米。根据碑文记载，修复于道光十年，砖文为"停泥新城砖"。

第 4 段　20 米。一小段建于明朝的墙面，包含一些较晚时期的城砖。

第 5 段　35 米。用"恒顺窑造停泥城砖"砌筑。

第 6 段　9 米。根据碑文记载，修复于道光九年。

第 7 段　100 米。根据碑文记载，建于乾隆辛巳年[①]；砖文为"工部监督永""工部监督桂"。

第 8 段　40 米。嘉庆年间重修，使用的是"大停细砖"。

第 9 段　100 米。两段相连的墙体，可能建于清初；使用的是中型城砖。

第 10 段　25 米。可能建于 18 世纪晚期；采用乾隆年间所造大城砖；无砖文。

第 11 段　50 米。形制同第 9 段。

第 12 段　9 米。根据碑文记载，修复于乾隆年间，城砖为工部监督永督造。

---

① 即乾隆二十六年（1761 年）。

第13段　50米。两段明朝遗垣，局部有使用新城砖修复的痕迹。

第14段　25米。根据碑文记载，修复于道光十四年。

第15段　75米。根据碑文记载，修复于乾隆四十年。

第16段　55米。两段明朝晚期所建墙面，砖文为"万历三十二年"。

第17段　雍和宫北面的大马道，主体建于明朝中期；有砖文"嘉靖三十年分官窑窑户杨造"。墙体上部经后世整修。

第18段　15米。建于明朝，有砖文"嘉靖三十一年窑户刘高造"。

第19段　20米。建于18世纪末；使用乾隆年大城砖。

第20段　25米。可能建于17世纪末（或更晚），中型城砖；无砖文。

第21段　45米。两段建于明朝的墙面，局部为后世修复。

第22段　30米。建于明朝晚期，有砖文"万历三十二年"；根据碑文记载，修复于乾隆四十年。

第23段　40米。两段建于明朝晚期的墙面，有砖文"万历三十二年"。

第24段　50米。墙体下部建于明朝晚期；上部根据碑文记载，修复于咸丰十年。

第25段　35米。两小段城墙，特征同第24段。

第26段　50米。建于明朝晚期，城砖与崇祯年间的薄砖类似。

第27段　40米。根据碑文记载，建于乾隆二十年。

第28段　25米。可能建于17世纪末或18世纪；使用中型城砖；无砖文。

第29段　150米。墙体下部建于明朝，严重失修；上部根据碑文记载，重建于道光二十年。

第30段　115米。修复于乾隆十九年，使用工顺窑烧制的城砖。

第31段　安定门马道和城台，主体建于明朝晚期。城台的上部为崇祯年间广泛使用的薄砖所建，但下部为乾隆年间的大砖。

第32段　10米。使用中型城砖修复。

第33段　20米。建于明朝晚期，砖文为"万历三十二年"。

第 34 段　25 米。下部建于明朝，有砖文"嘉靖戊子年"[①]；上部建于乾隆年间。

第 35 段　18 米。下部建于明朝；上部建于稍晚时期；使用中型城砖。

第 36 段　10 米。建于明朝晚期；无砖文。

第 37 段　60 米。下部建于明朝晚期；上部根据碑文记载，重建于道光四年。

第 38 段　40 米。局部为明朝修复。

第 39 段　根据碑文记载，这一长段修复于嘉庆八年。

第 40 段　20 米。建于 18 世纪末；砖文为"通顺窑大停细砖"。

第 41 段　30 米。根据碑文记载，修复于道光四年。砖文为"大停细砖"。

第 42 段　一小段明朝中期墙面；砖文为"嘉靖二十一年窑户王林造"。

第 43 段　40 米。建于 18 世纪末；砖文为"通和窑"。

第 44 段　15 米。建于明初；部分有砖文"成化十三年"（1477 年）——这是我们迄今为止发现的最早的城砖年款。

第 45 段　50 米。可能建于清初；使用中型城砖，无砖文。

第 46 段　36 米。建于 18 世纪末；大城砖，无砖文。

第 47 段　20 米。所造时期和材质同第 45 段。

第 48 段　20 米。建于明朝早期；砖文为"正德四年"。

第 49 段　25 米。所造时期和材质同第 45 段。

第 50 段　一小段建于明朝的墙面；上部曾用薄砖重修。

第 51 段　30 米。根据碑文记载，重建于乾隆八年。

第 52 段　一小段建于清朝的墙面；中型城砖；无砖文。

第 53 段　20 米。建于明朝中期；砖文为"嘉靖十一年"。

第 54 段　35 米。建于明朝中期；砖文为"嘉靖二十八窑户张明造"。

第 55 段　60 米。根据碑文记载，修复于咸丰年间。

[①] 即嘉靖七年（1528 年）。

第 56 段　40 米。可能建于清初；中型城砖；无砖文。

第 57 段　25 米。混合城砖，可能修复于 19 世纪。城墙顶部的碑文模糊难辨。

第 58 段　30 米。上部为中型城砖所建，时间大致为 19 世纪；下部建于明朝；有砖文"万历三十二年"。

第 59 段　12 米。建于明朝中期；无砖文。

第 60 段　根据碑文记载，这一长段墙面修复于乾隆七年至八年。

第 61 段　40 米。建于明朝中期；大城砖；无砖文。

安定门至北城墙中部的长马道间的墙面维护良好。后世修复的痕迹不多。墙面的倾斜度很大；层垒的城砖形成台阶，甚至可以拾级而上（这在南面、东面和西面的城墙上几乎是不可能的）。这样缓和的坡度，使北城墙比其他陡峭的城墙看起来低矮一些。

第 62 段　长马道，在不同时期均有所修复，并且修补的痕迹极不均匀，可辨别的至少有十几处，大多数修复于明朝，即嘉靖、万历、崇祯年间，但也有 18 世纪和 19 世纪初的修补。这些修补之处似乎没有一一详述的必要。从这条马道至德胜门之间的城墙，也经历了大范围的整修，尤其是墙面的上部，而下部则大多维持古旧。

第 63 段　12 米。建于明朝晚期；砖文为"万历三十二年"。

第 64 段　12 米。建于 19 世纪早期；中型城砖；无砖文。

第 65 段　12 米。建于明朝晚期；无砖文。

第 66 段　10 米。所造时期和材质同第 64 段。

第 67 段　20 米。所造时期和材质同第 63 段。

第 68 段　45 米。下部建于明朝晚期；上部重建于 19 世纪，使用中型城砖。

第 69 段　12 米。上部建于明朝，下部于乾隆年间修复。

第 70 段　50 米。建于明朝晚期；砖文为"万历三十四年"。

第 71 段　20 米。下部建于明朝，有砖文"嘉靖十七年"；上部为 19 世纪重建，使用中型城砖。

第 72 段　40 米。可能建于 19 世纪初；城墙顶部的碑文记载为道光年间（部分被树枝遮盖）。

第 73 段　35 米。两小段使用中型城砖建造于 19 世纪的墙面。

第 74 段　20 米。两小段建于明朝晚期的墙面；部分有砖文"万历二十九年"。

第 75 段　10 米。所造时期和材质同第 73 段。

第 76 段　德胜门马道和城台，重建于明朝晚期，使用薄砖。根据碑文记载，"部分城门马道"（约 54 米）修复于嘉庆七年。

德胜门至西北角之间的城墙，呈连续且不规则的曲线，衔接处参差不齐。这段十分独特的城墙似乎并没有严格遵守常规的设计。

第 77 段　50 米。根据碑文记载，重建于道光二十年。

第 78 段　40 米。根据碑文记载，重建于嘉庆三年。

第 79 段　30 米。建于 18 世纪末或 19 世纪初；使用乾隆年造大城砖。

第 80 段　75 米。建于明朝晚期；砖文为"万历三十二年"。

第 81 段　40 米。可能建于 19 世纪初；大城砖，城墙顶部有碑记。

第 82 段　20 米。建于 19 世纪末；中型城砖。

第 83 段　25 米。建于明末；城砖与崇祯年间的薄砖相似。

第 84 段　12 米。建于 18 世纪末或 19 世纪初；大城砖，无砖文。

第 85 段　40 米。可能建于清末；中型城砖，无砖文。

第 86 段　40 米。特征同第 85 段。

第 87 段　40 米。建于乾隆年间；砖文为"工部监督萨"。

第 88 段　40 米。建于明末；崇祯年间所制城砖。

第 89 段　30 米。上部建于明朝晚期，薄砖；下部局部采用乾隆年间的城砖进行修复。

第 90 段　20 米。下部建于明朝中期，砖文为"嘉靖十四年"；上部采用崇祯年间制薄砖。

第 91 段　40 米。下部建于明朝中期，砖文为"嘉靖十一年常州府造"；上部采用中型城砖修复。

第 92 段　350 米。十分平整的一段墙面；建于乾隆或嘉庆年间；砖文为"辛巳年造"[①]"福金窑造"。

第 93 段　马道，特征同上段城垣，其上有两处碑记，但都模糊不清。

第 94 段　60 米。根据碑文记载，修复于嘉庆八年。砖文为"大停细砖"。

第 95 段　24 米。可能建于清末；中型城砖。

第 96 段　30 米。建于明朝晚期；砖文为"万历三十一年"。

第 97 段　9 米。建于 19 世纪初；城砖制于嘉庆年间。

第 98 段　12 米。可能建于乾隆年间；无砖文。

第 99 段　40 米。可能建于清末；中型城砖。

第 100 段　材质同上。

第 101 段　100 米。建于明末；城砖为崇祯薄砖。

第 102 段　75 米。建于 18 世纪晚期；砖文为"甲午年广成窑造"[②]。

第 103 段　24 米。建于明朝晚期，薄砖。

第 104 段　两段中型城砖所建墙面。

第 105 段　200 米。根据碑文记载，修复于嘉庆四年。砖文为"永定官窑新大城砖"。

第 106 段　15 米。建于明朝中期；大城砖，无砖文。

[①] 即乾隆二十六年（1761 年）或嘉庆二十五年（1821 年）。
[②] 此处甲午年应为乾隆三十九年（1774 年）。

第 107 段　90 米。根据碑文记载，修复于嘉庆四年。砖文为"停泥新城砖"。
第 108 段　通向西北角楼的马道，修复于 18 世纪，其顶部西端有一块无铭文的石碑。

北城墙最西端的修复痕迹明显多于其他任何部分；可能是由于这一段曲折较多，以致不那么经久耐用。北城墙包括一小段 16 世纪的遗垣和几段稍长的 17 世纪初的墙体，大部分则是 18 世纪和 19 世纪初修筑的。这段城墙，不论从营造技术的角度还是历史的角度，可能都没有前一段城墙有趣（两座北城门之间的墙垣），但这里的自然美景却更具吸引力。如果你想充分探索这一段城墙和与之毗邻的城区的美，最好在十月的清晨，顺着马道登上德胜门去一探究竟。从城门向西眺望，你可以看到不规则的弧形城墙，那里植物茂密，灌木丛生。墙角下的路遮蔽在高大椿树的树荫之下。再往南几步，一些垂柳在"积水潭"岸边招展着柔软的枝条，那是"西海"的延伸部分。举目远望，越过一片开阔的原野，西山成为视野中一座明亮的屏障，尤其是在山顶被薄雪覆盖的夜晚。空气格外清新，天穹像笼罩着一口巨大的透明玻璃钟。你甚至可以想象用一个带魔力的锤子去敲击它，它就会发出空鸣的声响。

西城墙

内城的西北角由于与之相连的两段墙体在这里不成直角，所以显得有些特别。我们之前已经提到，北城墙在西南方向有偏折，因此城角呈钝角。西城墙因而比东城墙短 520 米。这里的角楼已毁；原先坚实的砖结构建筑被一座小型木结构建筑取代，作为俯瞰城市的制高点。角楼至西直门之间的城墙长度不到 300 米，由一系列布满修复的痕迹、且衔接并不整齐的墙体组成，其中许多部分可以追溯到明朝。我们对这一带城墙进行简要记录，大致描述它们的年代和概况；不过需要说明的是，我们不会考查每一寸城墙，而只是关注其显著和特殊的地方。由于重修的部分太多且错综复杂，所以很难详细探查。总体说来，建于乾隆年间的墙面最为坚固细腻，当然，许多建于嘉庆和道光年间的城墙也质量上佳。从嘉靖、万历时期留存下来的明代城墙，虽然在北侧的城墙中随处可见，但在此处却少有发现；不过也存在一些更早的墙体，它们已饱经沧桑。因此，西城墙上那些没有修缮的地方，显得比北城墙古旧许多，也薄了许多，倾斜度也较小，就像东城墙一样。

第 1 段　　角楼墩台，主要使用薄砖砌筑，类似明末的款式。马道及接合处的墙面修复于乾隆年间，砖文为"工部监督桂""工部监督福"。

第 2、3 段　　两段建于明初的墙体，残损严重。

第 4 段　　54 米。根据碑文记载，墙体上部修复于嘉庆二年；下部有砖文"永定官窑造"。

第 5 段　　15 米。可能建于明朝中期；无砖文。

第 6 段　　30 米。似为明初所建；无砖文。

第 7 段　　24 米。建于明朝中期或晚期；无砖文。

第 8 段　　18 米。建于明初；无砖文。

第 9 段　　22 米。建于明朝，后世有修复。

第 10 段　　26 米。同第 8 段。

第 11 段　　24 米。所建时期和材质同第 9 段。

第 12 段　　11 米。建于明初；无砖文。

第 13 段　　20 米。可能建于明朝中期；无砖文。

第 14 段　　西直门的两座马道，用明末款式的薄砖修建。内侧的墙体和城台使用的城砖稍大，建于明朝。

第 15 段　　38 米。建于明朝中期或晚期；无砖文。

第 16 段　　22 米。可能建于 19 世纪中期；中型城砖。

第 17 段　15 米。建于 18 世纪末；使用"停泥城砖"。

第 18 段　15 米。建于明朝中期或晚期；无砖文。

第 19 段　38 米。上部使用薄砖（可能造于崇祯年间）；下部由中型城砖修复。

第 20 段　20 米。建于明初；无砖文。

第 21 段　15 米。似建于明朝晚期；无砖文。

第 22 段　38 米。根据碑文记载，修复于乾隆四年，局部使用明朝城砖，有砖文"嘉靖三十一年"。

第 23 段　24 米。根据两块碑文记载，修复于道光二十一年。城砖是乾隆年制大城砖。

第 24 段　8 米。建于 19 世纪初；砖文为"甲申年造"[①]。

第 25 段　26 米。建于 19 世纪中期；砖文为"同治万万岁"。

第 26 段　20 米。可能建于 19 世纪；中型城砖，无砖文。

第 27、28 段　38 米。两段建于明朝晚期的墙面；无砖文。

第 29 段　22 米。建于明朝晚期；砖文为"万历十九年"。

第 30 段　15 米。建于明初；砖文为"成化十九年高唐州造"。

第 31、32 段　26 米。两段建于明朝的墙面，后世有修缮。

第 33 段　30 米。使用瑞盛窑烧造的城砖重修；碑文模糊不清。可能建于 19 世纪初。

第 34 段　15 米。建于明朝中期；砖文为"嘉靖十六年窑户刘钊造"。

第 35 段　7 米。可能建于 19 世纪初；砖文为"永和窑造停泥城砖"。

第 36 段　15 米。嘉庆年间重修；有砖文"瑞盛窑造城砖""永定官窑造停泥城砖"。

第 37 段　20 米。所建时期和材质同第 36 段。

第 38 段　22 米。可能建于 19 世纪初；城砖为河盛窑烧造。

---

① 应为道光四年（1824 年）。

第 39 段　70 米。修复于乾隆年间；碑文记载模糊不清；有砖文"辛巳年造"。

第 40 段　11 米。建于明朝晚期；砖文为"万历三十二年"。

第 41 段　11 米。可能建于 18 世纪末或 19 世纪初；砖文为"源泉窑造新大城砖"。

第 42 段　38 米。修复于乾隆年间；城砖为通和窑造，也有砖文"德顺窑造大停细砖"。

第 43 段　38 米。可能建于 19 世纪；中型城砖；无砖文。

第 44 段　38 米。根据碑文记载，修复于乾隆二年。

第 45 段　22 米。根据碑文记载，修复于乾隆四十一年。砖文为"工部监督萨"。

第 46 段　马道，保存现状较好；上部墙面受到较多侵蚀；根据碑文记载，修复于乾隆三十一年。有砖文"内务府官办裕成窑造"。

第 47 段　22 米。所建时期和材质同第 43 段。

第 48 段　19 米。建于明朝晚期；城砖造于万历三十二年。

第 49 段　38 米。修复于乾隆年间；碑文模糊不清。有砖文"工部监督萨"。

第 50 段　7 米。建于明朝晚期。砖文为"万历三十二年窑户张九志造"。

第 51 段　22 米。建于明朝中期；有砖文"嘉靖十六年窑户陈举造""嘉靖十六年窑户姜同造"。

第 52 段　7 米。这一小段的墙面历经不同时期重修。

第 53 段　70 米。建于明朝晚期。砖文年代为万历三十年、万历三十一年、万历三十二年。墙体基部有修缮。

第 54 段　60 米。建于明朝中期；无砖文。墙体基部有三段不同的修缮痕迹，时间应为乾隆年间。

第 55 段　40 米。上部使用明朝薄砖重建；下部的修缮城砖包括多种类型。

第 56、57 段　80 米。两段保存较好的明城墙。使用的是无砖文的大城砖。

第 58 段　200 米。建于明末，城砖为崇祯年间的薄砖。

第 59 段　15 米。根据碑文记载，修复于嘉庆二十年。

第 60 段　10 米。乾隆年间修缮；有砖文"通和窑造停泥新城砖""工部监督桂"。

第 61 段　50 米。至平则门的这段墙面明显修复于乾隆年间；有砖文"广盛窑造大城砖"。城台上的城砖砖文为"停泥城砖，工部监督桂"。马道南侧，有一处碑记为乾隆二十七年。

西城墙的北半段尽管经历了从15世纪末到19世纪中叶的不断修复，但很多地方仍然是相当完整的，不仅女墙尚在，并且城墙一侧的三合土便道和架着石板桥的城壕也完好无损。古槐排列在城壕两岸，而枣树和椿树茂密地生长在城墙上，使墙面隆起、开裂。总体而言，西城墙的北段比东城墙的北段更为古旧，乾隆年间及其后的修缮段落的数量和范围也不如后者。

平则门往南，我们很快就发现，沿着城墙底下行走的感受开始变得不那么愉快了；我们正在向这座城市人口稠密的地区靠近，这意味着这里有着更多的污浊和恶臭，以及更多的夜间清洁工、街头顽童、乞丐、懒汉、猪狗，还有更多的小动物。平则门是城市的转折点，它将城北相对宁静萧条的状态引向了嘈杂的交通和半欧化的商业中心。平则门以南的墙体似乎重建于明末。

第 63、64、65 段[①]　120 米。三段连接较好的城墙，城砖是崇祯年间广泛使用的薄砖。无砖文。

第 66 段　56 米。可能建于清初；中型城砖，无砖文。

第 67 段　19 米。所建时期和材质同第 63、64、65 段。

第 68 段　45 米。所建时期和材质同第 66 段。

[①] 无第 62 段，原文序号即如此。——译者

第 69 段　22 米。建于明朝中期（可能为嘉靖年间）；无砖文。

第 70 段　15 米。建于明朝晚期；砖文为"万历三十二年"。

第 71 段　45 米。建于明朝中期；有砖文"嘉靖二十九年窑户陆造""嘉靖二十四年"。

第 72 段　25 米。同上段。

第 73、74 段　50 米两段墙面使用中型城砖所建；大概建于清初；无砖文。

第 75 段　20 米。根据碑文记载，修复于乾隆三十年，局部使用旧城砖，有砖文"万历三十年窑户孙宝造"。

第 76 段　38 米。建于明朝中期（可能为嘉靖年间）；无砖文。

第 77 段　平则门以南的第一条马道，建于明朝，由三个部分组成。第一部分的城砖为嘉靖二十九年造；第二部分的城砖为正德三年造；第三部分（最早的部分）有成化年间所制城砖。

第 78 段　80 米。建于明朝中期；砖文为"嘉靖三十一年窑户张钦造"。

第 79 段　175 米。建于明朝晚期。砖文上有多位窑户的名字，烧造于万历二十三年、万历二十九年、万历三十二年。

第 80 段　一长段(将近 100 米)墙面，根据碑文记载，修复于乾隆二十八年。

第 81 段　40 米。可能建于清初；中型城砖；无砖文。

第 82 段　10 米。建于明朝晚期；有砖文"万历三十二年""万历三十三年"。

第 83 段　50 米。建于明朝中期；砖文上有多名窑户的名字，烧造于嘉靖三十一年、嘉靖三十三年、嘉靖三十六年和嘉靖三十九年。

第 84 段　一小段中型城砖的墙面；可能建于清初。

第 85 段　60 米。根据碑文记载，修复于乾隆三十二年。砖文为"工部监督永"。

第 86 段　一小段建于明朝的墙面，城砖烧造于嘉靖二十四年、嘉靖二十七年。

第87段　一小段修复后的墙面，城砖制于乾隆辛巳年和壬午年①。

第88段　平则门以南的第二条马道，主体建于明朝不同时期。其北端及与之连接的墙面的城砖年款包括正德二年、嘉靖二十二年、嘉靖二十三年。马道中部及南部的墙面建于明末或更晚，使用薄砖。

第89段　8米。建于明朝晚期；砖文为"万历三十二年"。

第90段　15米。建于明朝中期；无砖文。

第91段　根据碑文记载，修复于乾隆三十年；城砖为甲午年工顺窑造。

第92段　22米。建于明初；砖文年款为成化十九年。

第93段　一小段修复于18世纪末或19世纪初的墙面；有砖文"大停细砖""嘉庆二年"。

第94段　一长段（60—70米）建于明初的墙面；城砖风化严重，无砖文。

第95段　一段建于明朝中期的墙面；有砖文"嘉靖三十二年窑户林永寿造""嘉靖二十二年窑户张钦造""嘉靖二十六年永义兴窑窑户王瑞造"。

第96段　一小段可能建于明朝晚期的墙面；无砖文。

第97段　一小段（10—12米）墙面。建于明朝中期；无砖文。

第98段　一小段墙面，根据碑文记载，修复于乾隆十九年；砖文为"丙申年间造"。

第99段　非常小的一段，有砖文"万历三十二年"。

第100段　一小段墙面，修复于乾隆年间；城砖为兴泰窑造。

第101段　一小段建于明朝中期的墙面，有砖文"嘉靖二十六年"。

第102段　西南城角的北侧墙面，似修复于乾隆年间，但使用了大量旧城砖，有砖文"嘉靖二十六年""嘉靖三十二年"。这种在后世使用旧城砖进行修复的情况，并不是少数；因此砖文上的年代并不

---

① 应为乾隆二十七年（1762年）。

能代表城墙的实际建造时间，但至少它们能提供一个可靠的时间上限。

西城墙的南段比北段更为统一。它从开阔平坦的地面拔地而起，形成了壮观的视觉效果。墙体表面相对平整，不像北城墙那样可以容易地攀缘而上。角楼的主体得以保留，但古老的琉璃瓦屋顶却没能幸存，大部分以瓦垅铁替代！使得这座壁垒般的角楼从正面看去相当沉闷乏味，但从侧面看，建筑被分为四个层次，逐步升高，形成了十分有趣的画面。今天南城墙上仅剩的这两座角楼，其形制同城门的箭楼一样，尽管角楼建在两段转折的城台上。在建筑的内侧，采用退台的形式将其分成不同的小部分，从而逐渐搭建到城墙外部。

城市西部靠近西南角的地方十分的幽静。主要建筑是一座古老的王府，被称为"老七爷府"[①]，后来逐渐废弃。王府外有一个著名的湖，叫"太平湖"，现在看起来更像一个大池塘，而非一个湖，但仍可容纳肥鸭戏水，水中倒映着老柳树的影子。这里似乎远离了城市，无人居住，无人走动，空气中弥漫着孤寂的气息，沉浸在往昔胜景的迷梦之中。

[①] 即醇亲王府南府，是清道光帝第七子醇亲王奕譞的王府。因同治帝无嗣，奕譞之子载湉过继于咸丰帝，登基为帝，年号光绪。因此，醇亲王府作为光绪帝的出生地，成为"潜龙邸"，而不再作府邸。于是醇亲王府迁往什刹海，称为北府，而旧府称为南府。

图5 西南角楼平面图

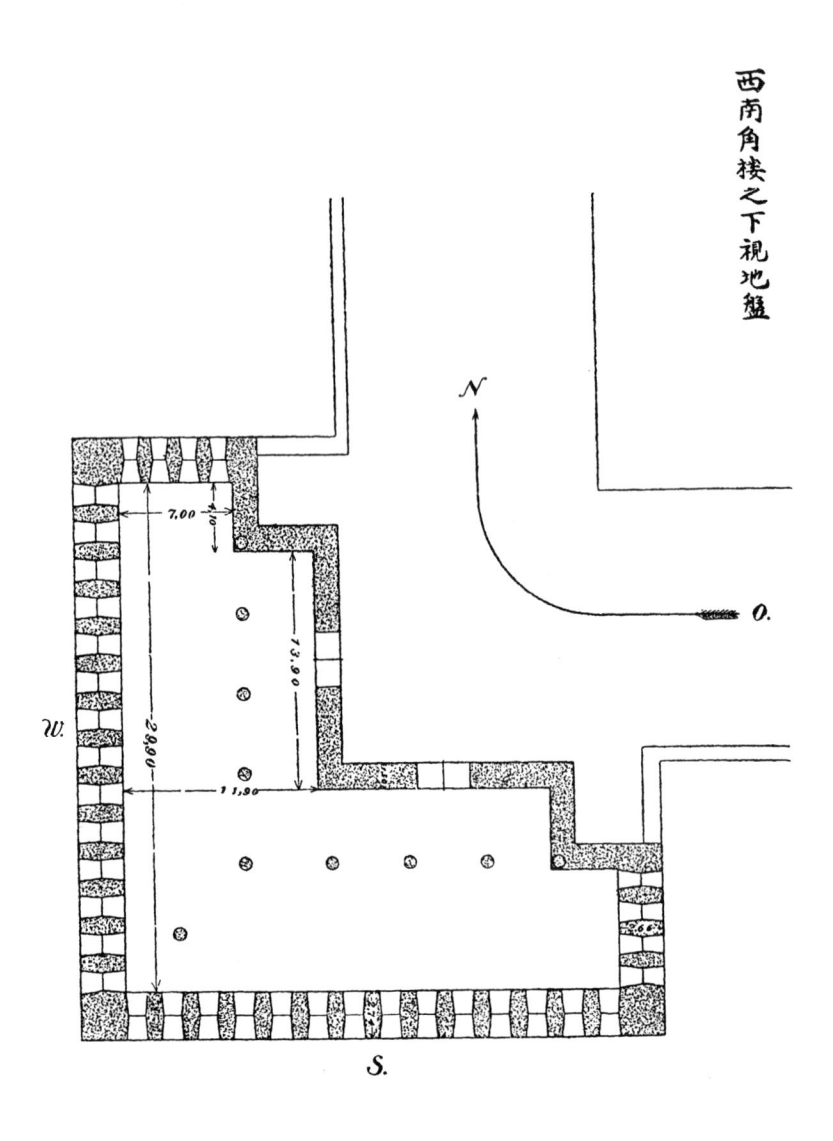

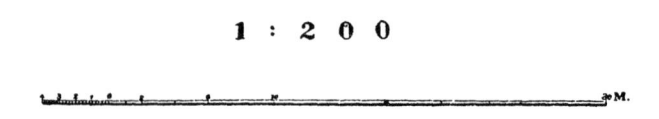

第五章　北京内城城墙的外侧壁

北京城墙的外侧壁整体上比内侧壁要统一平整得多。由于外侧壁对于城市防御来说更为重要（这也是这一构筑物的主要目的），所以得到了历代皇帝和官员的尽心维护。然而近二十年来，外侧壁的局部已经开始坍塌，尤其在西城墙上，可以看到一些由于城砖逐渐剥落而形成的大洞。不过，即使在这些部位，毁坏的程度也不及内侧壁那样严重，而其中的主要原因之一，毫无疑问是因为雨水总是朝向内侧壁排出，而不是城墙的外侧壁。此外，外侧壁要比内侧壁陡峭得多，因此生长的灌木树丛也不像在我们之前在南城墙和东城墙的内壁上看到的那么繁盛。

必须承认，外侧壁的美感和历史感不如内侧壁，但作为独特的建筑而言，它的确更加有趣且令人印象深刻。城墙外壁显得更高耸，更陡峭，墙根下的地面也不像内侧壁那样被各种建筑和堆积物塞满；由于它的斜坡面向护城河，从而加强了这座高耸壁垒的宏伟形象。然而不幸的是，这般壮美的画面往往被各种肮脏的建筑、煤棚、堆栈、作坊打破，它们挤在城墙与护城河之间，沿着铁路线分布，这种情况尤其在东城墙和南城墙最为普遍。

建筑外观上给人印象最深的，莫过于凸出城墙、分布均匀的墩台。无论从哪个角度看，它们都赋予城墙极其宏伟和庄严的形象。尤其是从城楼上顺着城墙俯瞰过去，你会发现远处墩台的间距逐渐收小，直至除了城楼和城门，所有的建筑都难以分辨。过去，在墩台上筑有卡房①，以及存放武器和弹药的储火药房，但这些现在都被毁掉了，只有一些零星的砖房供看守人员使用。某些城段甚至连雉堞也残缺不全了，这虽说不至于使城墙看起来断头缺尾，却也形成了不完整的印象。

墩台的布局及尺寸前文略有提及。平面近似正方形，宽度大致等同于城墙的厚度。但除了这些常规尺寸的墩台之外，还有一些更宽大的，它们主要位于城楼和角楼两侧，以及城墙内侧的登城马道顶部。显然在马道处建造大型墩台是有必要的，因为这样不仅方便步兵和骑兵上下，也利于马车在这里卸下武器和弹药。南城墙上有六条马道和六座宽墩台，东城墙各四，而西城墙和北城墙各三。另外值得注意的是，这些宽墩台的尺寸并不统一；由于整面北城墙都是后来重修的，因此北城墙上的墩台与其他的差异更大。

我们对城墙外侧壁进行的记录将以一种比内侧壁更简略的形式呈现。通过标注城门之间或角楼之间的墩台的序号，以指明可能有碑文或砖文的地点。如此一来，大量碑记的位置，便可以简单地通过对墩台或墩台间隙进行计数来表示。然而不幸的是，所有碑记都不早于乾隆时期，乾隆后的也只有两三块嘉庆年间的。根据城砖的特点，我们也会介绍城墙修复的情况，但不会对砖文进行过于细致的考察。事实上，外侧壁的许多地方都难以靠近，因为挡在它们面前的建筑太多了；不过即使如此，只要我们熟悉不同时代的特征以及建筑工艺的基本风格，还是可以在一定的距离之外判断出它们的建筑年代。

---

① 亦称敌楼或谯楼，用于城墙上军队驻扎的建筑。——译者

东城墙

从东南城角出发，最先看到城墙外壁最古老的一段。东城墙的前六座墩台，其中一座对应观象台马道，从它们风化的城砖上可判断出建于15世纪末。只有第1座墩台的北侧在近年有修复。需要提醒的是，这一段城墙的内侧壁也建于相当早期，并且没有任何清代修复的迹象。从第6座墩台之后便开始出现大量乾隆时期的修复痕迹；第6与第7座墩台之间有一块无字石碑，应该是乾隆年间的。第7座墩台经重修，但没有碑记。其后的城壁进行过修复，根据碑文记载，时间为乾隆三十三年。

第8座墩台　　经重建，根据碑文记载，为乾隆四十六年。

第9座墩台　　经修缮，碑文记载模糊不清；毗邻城壁亦经修葺。

第10座墩台与邻壁　　均修复于乾隆三十六年。

第11座墩台　　局部比较老旧，根据碑文记载，部分墙体连同城壁修复于乾隆三十一年。

第12座墩台与邻壁　　均修复于乾隆三十六年。

第13座墩台　　修复于乾隆三十六年。

第14座墩台　　修复于乾隆三十一年（？）；邻壁修复于乾隆三十六年。

第15座墩台与邻壁　　均修复于乾隆三十六年。

第16座墩台与邻壁　　同上。

第17座墩台与邻壁　　均经修复，但无碑文记载。

第18座墩台　　修复于乾隆三十六年；据碑文记载，邻壁修复于同年。

第19座墩台　　修复于乾隆三十六年；邻壁可能修复于乾隆三十七年。（碑文几乎无法分辨）。

第20座墩台　　修复于乾隆三十七年（？）；邻壁上嵌有碑记。

第21座墩台　　经修复，尽管没有碑文记载；邻壁亦如此。

第 22 座墩台　经修复，无碑文。

第 23 座墩台　在修建齐化门火车站时被拆除。根据齐化门城台上的碑文记载，邻壁修复于乾隆三十一年。

齐化门以北：

第 1 座墩台　已被毁。

第 2 座墩台　修复于乾隆十八年；邻壁年代久远，风化严重，树木丛生。

第 3 座墩台　修复于乾隆十八年；而邻壁只有一半曾修葺，另一半维持旧貌。

第 4 座墩台　修复于乾隆三十六年；邻壁老旧但有局部修复的痕迹。

第 5 座墩台　曾修复，但没有碑文记载；邻壁有部分修复，根据碑文记载，为乾隆三十六年。

第 6 座墩台　年代久远；墙面多处有局部修复的痕迹；邻壁特征相同。

第 7 座墩台　外形古老，第 8、第 9 座墩台以及它们之间的墙体特征相同。

第 10 座墩台　修复于乾隆三十二年；邻壁古旧，只有北部与第 11 座墩台在乾隆三十二年经历重修；邻壁亦有修复。

第 12 座墩台　修复于乾隆二十八年；邻壁修复于乾隆三十一年。

第 13 座墩台　古朴沧桑但保存完好；邻壁修复于乾隆三十六年。

第 14 座墩台　仅仅其南部修复于乾隆四十九年；邻壁修复于乾隆三十六年。

第 15 座墩台　有修复，但没有碑文；邻壁修复于乾隆三十一年。

第 16 座墩台　修复于乾隆三十一年；邻壁也有修复。

第 17 座墩台　有修复，但没有碑文；邻壁局部修复于乾隆二十八年。与东直门相连。城门的石碑上无文字。城门以北的墙面修复于乾隆三十二年。

东直门以北：

第 1 座墩台　　修复于乾隆三十一年；邻壁修复于乾隆三十六年。
第 2 座墩台　　修复于乾隆三十年；邻壁修复于乾隆三十一年。
第 3 座墩台　　有修复，但碑文不清；邻壁修复于更早时期。
第 4 座墩台　　修复于乾隆三十年。
第 5 座墩台　　修复于乾隆三十一年；邻壁年代相同。
第 6 座墩台　　外观古旧，但保存完好；邻壁修复于乾隆五十一年。
第 7 座墩台　　由于环城铁路的修建被拆毁；邻壁修复于乾隆三十一年。东北角的大型墩台用明末广泛使用的薄砖精心砌筑。

上述结果毫无疑问地表明，东城墙上仅有很小一部分是乾隆以前的遗存；这面墙今天的主体部分可以追溯到乾隆三十年至三十六年（1765—1771）。当时的工程质量很高，以至于比后世任何修复都经久耐用。墩台及其邻壁的年代，可以通过城砖的砖文得知；不过这些枯燥无味的记录，并没有为城墙的修建史及确定各部分的年代提供任何重要信息，因此我们似乎没有必要花更多精力去引述。

沿东城墙行走的感受相当愉快轻松，尤其是沿着城墙与护城河间的铁道漫步；不过若贴近城墙，你就得穿越密集的槐树和合欢树林，它们是近年来新种上的。在城墙的南段，观象台的墩台与齐化门之间，依然留存着一些帝国时用来囤积谷物和大米的旧粮仓——简易、低矮的房子，几乎建在墩台之间——但这些历史上的"太平仓"，现已大多数被更复杂精良的弹药库和兵营取代了。往北走，运河般的护城河变得宽阔美丽。齐化门至东直门间种植着成排的杨柳，一群大白鸭也为画面增添了些许生气。偶尔，四角撑起遮阳篷的方头平底船在护城河深色的水波中被竹篙推动，缓缓前行；不过比起几十年前，交通的繁忙程度已经无法相提并论了，过去大部分运到北京的粮食和其他供给品都依靠运河，从北边和东边送达城市。然而，这仍是城墙附近最美的风景，就像东直门的景象那样。

北城墙

北城墙墩台的数量少于其他三面城墙，但尺寸较大。墩台的间距大约在200米至350米不等，而其他墙面上墩台之间的平均距离不超过90米，有的只有65—70米。我们从最靠近东北角的地方出发，这里的墩台之间的距离最短，墙面的外观也最为整齐。

角楼与第1座墩台之间的墙面以及墩台局部在乾隆五十六年有修复。第2、3、4、5座墩台及其邻壁，明显是明朝中叶修筑的。大量城砖已风化，墙面上植物生长茂盛。唯一经历整修的部分是雉堞。

第6座墩台　　修复于乾隆四十七年；邻壁的时期更早。

第7座墩台　　年代久远，为明朝所建；连接着安定门的邻壁修复于乾隆二十八年。

第8座墩台及安定门以西的城壁　　古朴沧桑，为明朝中期所建，风化程度相当严重。

第8和第9座墩台之间的城壁　　据两处碑文记载，分为两部分重修，分别为乾隆四十二年和五十一年。

第9座墩台　　修复于乾隆五十一年。

第10、11、12座墩台及其邻壁　　主体古旧，但后世进行过补丁式的修复。

第12和第13座墩台之间城壁　　根据三块碑文记载，分为三部分修缮，均在乾隆五十一年。

第13座墩台　　修复于乾隆四十七年。该墩台至德胜门之间的墙面已残破不堪，显然为明朝中期之前所建，墩台的情形类似，但转

　　　　　　　　角处曾修缮。

　　　　　　　　德胜门以西的墙面修复于乾隆三十七年。

第 14 座墩台　　局部有修复，碑文模糊。邻壁分三部分重修；其中两部分的碑文记载为乾隆五十二年；另一处碑文不清。

第 15 座墩台　　修复年代明显早于乾隆时期；而形成长长的弧线的邻壁修复于乾隆五十一年。

第 16 座墩台及其邻壁　　极为沧桑。

第 17 座墩台　　两侧壁均修复于乾隆四十八年。弯曲的邻壁也有所整修，但碑文未注明时期。

第 18 座墩台及邻壁　　修缮良好，根据三处碑文记载，分别修复于乾隆四十七年、五十一年和五十六年。

第 19 座墩台　　年代久远，但连接角楼的城壁修复于乾隆五十六年。

　　　　　　　　角楼的城台用明代的薄砖精心砌筑。

　　总的来看，北城墙的外侧壁比起其他城墙，最令人印象深刻，也最坚实不朽。因为它墩台更大，垛口更高，墙体本身也更庞大。同时，城砖由于沙尘的侵袭显得灰暗，加上岁月冲刷而剥蚀残破，随处长着树丛和灌木，所以显得颇为沧桑。

　　城墙边上栽植着一些小树，铁路铺在护城河内侧，但火车经过不是很频繁，一般来说，往来的车辆行人并不多，除了城门附近，才会看到主要道路两边的商店夹杂在住宅区之间。而乡野则荒凉寂寥，开阔的沙地上仅有几间房子和稀疏的植被，每当有风刮来，便尘土飞扬。然而，从北城墙向北 5 里以内的这片土地，曾经是元大都的一部分。

西城墙

让我们从西北城角继续向南走。虽然这面城墙比其他三面长度较短，但墩台却有四十四座，其中大部分重建于乾隆末期。西北角楼与第1座墩台之间的墙体有修复，但其石碑上没有文字。

第1座墩台　　年代久远，筑于明朝中期，邻壁修复于乾隆五十年。

第2座墩台及其邻壁　　外观沧桑，除了临近西直门的部分在1895年得到修缮。

第3座墩台　　古旧，显然建于明朝。

第4座墩台　　修复于乾隆四十七年；邻壁可能建于同一时期。

第5座墩台　　有修复，但碑文不清。邻壁修复于乾隆四十七年。

第6座墩台及其邻壁　　有修复，但石碑上无铭文。

第7座墩台　　外观古旧，剥蚀严重。邻壁分两段重修，各有一石碑，但无铭文。

第8座墩台　　修复于乾隆四十六年。邻壁古旧且有损毁；有一段垛口已坍塌。

第9座墩台　　修复于乾隆五十二年；邻壁部分有修复。

第10座墩台　　上部有修复，但下部古旧；邻壁大部分损毁严重。

第11座墩台　　两侧修复于乾隆四十七年（但正面并未修复）。

第12座墩台　　年代久远，保存状况不好。

第13座墩台　　修复于乾隆二十九年。邻壁同。

第14座墩台　　多处有修复；其中一处根据碑文记载为乾隆四十七年。

第15座墩台　　主体重建于乾隆五十二年；邻壁也有一些早期的修复。

第16座墩台　　北侧有修复，但无铭文；邻壁已残破，且无垛口。

第17座墩台　　部分有修复，但垛口已损毁；邻壁主体经过修缮，石碑铭文不清晰。

平则门城台古朴沧桑。其南面的墙体修复于乾隆五十二年。
平则门以南：

第1、2、3座墩台及其邻壁　　年代久远，为明朝中期所建。

第4座墩台　　可能修复于光绪年间，但并无碑文记载。邻壁修复于乾隆五十二年。

第5座墩台　　两侧有修复；北面有一块无字碑。邻壁一半修复于嘉庆四年，另一半十分古旧。

第6、7座墩台　　明朝所建。第7与第8座墩台之间的墙体，于乾隆三十九年部分修缮。

第8座墩台　　为宽墩台，使用明代薄砖，保存现状较差。邻壁修复于乾隆四十六年。

第9座墩台　　主体古旧，但北侧转角处曾于乾隆四十六年重修。

第10座墩台　　古朴沧桑，但邻壁修复于乾隆三十七年。

第11座墩台　　部分修复，但无碑文。

第12座墩台　　部分修复，但碑文模糊不清。

第13、14、15座墩台及其邻壁　　外观古旧。第14与第15座墩台之间的城壁上很多城砖已经错位。第15与第16座墩台间的墙体修复于嘉庆二年。

第16座墩台　　年代久远；邻壁两段重修，分别在乾隆五十一年和嘉庆二年。

第17座墩台　　修复于乾隆四十七年。邻壁保存现状极差，大量城砖已经剥落。

第18座墩台　　主体古旧，保护状况不佳，垛口已损毁；其北侧有修复，但石碑无铭文。

第 19 至第 22 座墩台　　都极古朴沧桑，可能建于明朝中期，只有少量修复痕迹。

第 23 座墩台　　修复于乾隆三十六年，邻壁主体较古老。

第 24 座墩台　　年代久远。紧邻它的是一座宽大的墩台，其上建有方形的城楼，连接内城墙与外城墙。这座墩台有修复，根据碑文记载，时间在乾隆四十九年。

西城墙上的修复状况与东城墙的极其接近。包含六座墩台的最南段，是最原始、修复最少的部分（如东城墙的最南段）。这里看上去似乎比北部的墙体更加坚固，可能是由于这段城墙在 15 世纪时新建的，而西城墙的其余部分则是在元大都土城基础上扩建的。虽然西城墙上 18 世纪的修复痕迹不如东城墙那样密布，但仍然构成了现存城墙的主体，并且在时段上通常晚一些，主要修复于乾隆四十七年和五十二年，甚至嘉庆二年。在一些没有精心修复的地方，城墙砖层的维持情况比内城其余三面墙体都糟糕；很多部位已经出现大面积剥落，如果不采取措施阻止，毫无疑问这一趋势还将继续发展下去。

南城墙

南城墙外侧壁的建筑布局和规模，与东城墙和西城墙非常相似，但由于保护得最好，因而修缮最少。原因在于它并不构成这座都城的城市外轮廓，而仅仅是内城和外城之间的城中界墙；而且应当说明，在中国北方，任何建筑朝南的一面总是比其他方向较少受到风吹雨打。因此理所当然，南城墙外侧壁的明朝遗迹要远多于其他方向的城墙。乾隆时期修复的墙体要比年代更早的墙垣短得多；只有四处碑文记载为 18 世纪，而更晚近的修复不过两三处。

从西南城角至顺治门的所有墩台都显得古朴沧桑；没有任何注明后世修复记录的碑文。

第 4 和第 5 座墩台之间的城墙顶部，有一处小巧的大理石浮雕，底座上盛开一朵莲花，被云朵笼罩着。位于同一面城墙的偏东方向，另有四处与之大同小异的浮雕，它们最初可能是八幅，从而组成一套完整的"八宝"，这是佛教寺庙经常使用的象征性装饰，也是佛教徒和喇嘛的随身饰物。（感谢居住在北京的荷尔斯泰因男爵［Stael van Holstein］给予的宝贵帮助，让我们了解浮雕的实际个数及其象征意义。）它们可能作为一种保佑的符号被用在城墙上，以象征神的力量，这可能与乾隆时期喇嘛教的强劲复兴有关。

顺治门至前门之间有十九座墩台，主要为明朝所建。第 9 和第 10 座墩台之间的城壁有修复，碑文提示时间在嘉庆四年。然而，我们无法对这段墙体进行更细致的考察，因为墙根的空间里挤满了煤棚和类似的障碍物。紧挨前门的是京汉铁路车站的大片建筑；而在前门的另一侧，则是更大的京奉铁路车站，几乎占据了这座雄伟的中央之门与水关之间的全部地盘。这座新开辟的城墙通道东侧壁上，有碑文记载乾隆五十一年曾修复。前门至哈德门之间有十五座墩台；其中一座（水关以西）已被拆除，其他的或多或少都有修复，但大多数的墩台仍然十分沧桑。

从哈德门往西，步行开始变得轻松愉快起来；铁路路基与城墙之间没有了建筑，只有一片茂密的小树林。第 1 座墩台看起来颇新，明显为光绪时期所建；邻壁则显得古旧且剥蚀严重。从第 2 到第 9 座墩台的墙面有许多细微的修复；墩台的转角处和垛口进行过彻底的重修；但它的主体部分仍为明朝所建。第 10 座墩台有修复，根据碑文记载，时间在乾隆四十六年。东便门火车站旁的第 11 座墩台亦被大面积修复。而最后一座墩台由于环城铁路的修筑而被拆毁，因为需要在这里开洞。穿过铁路通道往前的墙面上有一块石碑，据碑文可知这里曾在乾隆三十四年重修。

相比于其他三面城墙，要探查南城墙外侧壁的砖层情况是更困难的，因为墙根前的大片空间已被各种建筑物占据；有车站、弹药库、铁路车间，前门以西还有北京最大的煤市。这些建设无疑与古老的城墙极不协调；它们作为新时代的产物，标志着城墙已失去了防卫的功能，转而逐渐成为一种阻碍。

总的来看，我们必须承认，无论从城墙和城门的特征还是美感上，铁路及其各种附属建筑对其的破坏要远大于对这些古迹的忽视和维护不周所造成的残缺。

第六章　外城的城墙

这座伟大的中国都城不仅包括前两章介绍到的内城，还包括紧临内城南部的"外城"。外城俗称"汉人城"，这已经表明，清朝军队占领这座城市之后，将大多数汉人居民迁往郊区，特别是早已筑起城墙的南郊。中国人称这部分城区为"外城"或"帽子城"，因为它的位置和形状就像主城的一顶帽子。

整体来看，外城十分混杂，这里有拥挤的集市、宽广的乡野和巨大的庙宇；只有在它的北部才有城市的感觉。从内城的三座城门向南延伸出三条主要街道，它们之间的地区人群熙熙攘攘，充斥着现代商业中心的喧闹。

不过，只要你稍微往南走，来到天坛和先农坛之间，或往东、西城墙偏一点，你就会从闹市一下子进入乡村，那里的空气中沉淀着安静的气息，也不受任何嘈杂交通的干扰。如果再往西南或东南方向走下去，房子会越来越少，而旷野越来越多。外城的建筑覆盖不超过总面积的三分之一，且很多是不起眼的民房。奇怪的是，为什么外城的南城墙要修得这么远？唯一合理的解释恐怕是为了把天坛和先农坛这两处祭祀区囊括在城墙之内。至于外城东西侧墙建设成如今模样，可能是因为原本计划仿照外城南城墙包围南城的形式，从内城的东、西两侧将内城包围起来；但这个工程并未完成，而是东端与内城东南角抱接，西端同内城西南角抱接，并在抱接处形成直角。外城计划最初是如何酝酿、如何根据上谕实施，最后又是如何因财力匮乏不得已放弃的，这些都在《顺天府志》中有所记载。即使其中的数据并不是特别精确，但却完整记录了外城城墙的兴建过程，值得参考。

《顺天府志》在内城的城墙和城门的记载之后，紧接着介绍外城：

> 嘉靖二十一年，掌都察院毛伯温等言，宜筑外城。二十九年，命筑正阳、崇文、宣武三关厢外城，既而停止。

这段简短的描述之后，还有进一步的补充：

> （嘉靖）三十二年，给事中朱伯辰言："城外居民繁夥，不宜无以围之。臣尝履行四郊，咸有土城故址，环绕如规，周可百二十余里。若仍其旧贯，增卑补薄，培缺续断，可事半而功倍。"乃命相度兴工。闰月丙辰，兵部尚书聂豹等上言："臣等于本月六日会同掌锦衣卫都督陆炳总督京营戎政，平江伯陈圭协理戎政，侍郎许论督同钦天监监正杨纬等相度。京城外四面宜筑外城约七十余里。自正阳门外东马道口起，经天坛南墙外及李兴王金箔等园地，至荫水巷墙东止，约计九里。转北经神木厂、獐鹿房、小窑口等处，斜接土城旧广禧门基止，约计一十八里。自广禧门起，转北而西至土城小西门旧基，约计一十九里。自小西门起，经三虎桥村东马家庙等处，接土城旧基，包过彰仪门至西南直对新堡北墙止，约计一十五里。自西南旧土城转东，由新堡及黑窑厂经神祇坛南墙外，至正阳门外西马道口止，约计九里。大约南一面计一十八里，东一面计一十七里，北一面势如椅屏，计一十八里，西一面计一十七里，周围共计七十余里。内有旧址堪因者约二十二里，无旧址应新筑者约四十八里。其规制，臣等议得，外城墙基应厚二丈，收顶一丈二尺，高一丈八尺，上用砖为腰。墙基应垛口五尺，共高二

丈三尺。城外取土筑城，因以为濠。"①

根据上述记载，原先计划修筑的外城城墙应该是非常庞大的。如果记载的数据是准确的，那么计划的南城墙将比现在的南城墙东西各再延伸近3里（现在的南城墙长仅为13里）；而西城墙将与金中都的城墙重合；北城墙将沿用元大都土城墙，但西北角将被截成钝角。因此外城墙与内城墙之间的距离，在北边和南边约5里，在西边和东边约4里；不过由于它们需要利用旧土墙作为基础，完成后的城墙可能相当的不规则。我们现在很难精确地绘制出规划中的外城墙平面图，毕竟一些地名已然消失，加之中国的测量单位"里"似乎具有一定的弹性。不过这无疑是一个非常大胆的计划，如果能够全面实施，那么这座都城将由三重同心城墙所组成，形成对紫禁城的重重包围。这项工程对于帝国的财政来说，无疑过于庞大和昂贵。《顺天府志》记载了这项工程是如何被缩减的：

> （嘉靖三十二年闰月）乙丑，建京师外城兴工，遣成国公朱希忠告太庙，赖谕陈圭、陆炳、许论及工部左侍郎陶尚德、内官监右少监郭晖提督工程，锦衣卫都指挥使朱希孝、指挥佥事刘鲸监督工程，又命吏科左给事中秦梁、浙江道御史董威巡视工程。四月，上又虑工费重大，成功不易，以问嵩等。嵩等乃自诣工所视之，还言宜先筑南面，俟财力裕时再因地计度，以成四面之制。所以南面横阔凡二十里，今既止筑一面，第用十二三里便当收结，庶不虚费财力。令拟将见筑正南一面城基，东折转北，接城东南角，西折转北，接城西南角，并力坚筑，可以刻期完报。其东西北三面，候再计度以闻报允。重城包京城南一面转抱东西角楼止，长二十八里。②

---

① 光绪《顺天府志》卷一《京师志一·明故城考》。
② 光绪《顺天府志》卷一《京师志一·明故城考》。

我们注意到，在最后一段的描述中，外城墙的长度不同于之前所述：前文为 18—19 里，而此处为四面各长 20 里，这将使城墙周长达到 80 里，而不是 73 或 74 里。而较大的长度更接近于我们前面所推测的城墙的位置（即如果将 1 里换算为 640 米）。

它同时表明，在这个时期即嘉靖末年，南城墙被修筑到今天的长度，约 13 里，侧墙也直接从南城墙的东、西两端向北修筑——这一切都证明最初的庞大计划已经被大幅缩减，当时（1565 年）从外城墙直接通过两段垂直的短墙分别连接主城墙，从而最终完成这一工程。连接段的城墙长度，西侧为 1 里，东侧为 1.5 里。这样一来，外城墙看上去像主城上一顶方形帽子，所以中国人所称其为"帽子城"。如今外墙全长略大于 27 里，和之前引文中的长度大致相同。

至于城墙的高度和厚度，记载如下：

> 各高二丈，垛口四尺，基厚二丈，顶收一丈四尺。[①]

这些数据不是特别准确。例如，城墙的高度与墙基的厚度显然不可能相等；事实上，在许多地方，底部的宽度都达到了高度的两倍。当然，如同内城城墙一样，外城城墙的实际高度和宽度在不同的部位不尽相同，虽然宽度的差异要小于高度。我们只需要对三四处墙体进行测量就足以反映出城墙的大致尺寸：

> 东北城角附近的北段：外侧高 7.15 米（约 26 尺），内侧高 5.80 米（约 20 尺）。顶宽 10.40 米（约 36 尺）；基厚 13.30 米（约 47 尺）。垛口高 1.72 米，内侧女墙高 1 米。东南城角附近的东段：内外侧均高

[①] 光绪《顺天府志》卷一《京师志一·明故城考》。

5.80 米（约 20 尺），顶宽 10.30 米，基厚 12.40 米。垛口与女墙的高度各处相等。

东城角附近南墙：外侧高 5.80 米；内侧高 5.05 米。顶宽 9.82 米，基厚 12.20 米。

正中的永定门附近的南墙：外侧高 6.18 米，内侧高 5.62 米。顶宽 9.90 米，基厚 11.80 米。

西城墙的尺寸几乎与东城墙相同。

高度是通过基座边缘进行测量的，北侧城墙的墙基大部分可见，但在其他方向上，基座则被沙子所完全或部分掩埋。因此，地面高度的变化并没有对测量结果造成较大影响。东、西、南三面城墙平均高度约为 20 尺，与《顺天府志》记载相同，但北侧的两段短墙则要高出许多。

基厚为 41—47 尺不等，顶宽为 34—36 尺，而我们无法解释中国地方志里对城墙宽度的记载（20 尺和 14 尺），除非它们是印刷错误。

《顺天府志》记载：

> 内外两城计垛口二万零七百七十二，垛下炮眼共一万二千六百有二。①

这些数字大体上是准确的，尽管我们没有具体去数它们的个数。

据记载，外城城墙修筑完成于万历四十三年（1615 年）六月，但外城的城壕仍未整修完成，其泥土已被用于城墙的修筑。这项工作在五年之后竣工；地方志中记载：

---

① 光绪《顺天府志》卷一《京师志一·明故城考》。

天启元年十月，给事中魏大中报，京城浚濠工竣。……

崇祯己卯二月，内监曹化淳议京城外开河，以通漕粮。自是年三月十九日起至辛巳六月，所开河自土城广渠门起至大通桥。……命内监于跃为河工总理，而以兵部司官轮督班军。共用班军二十三万二千余名，五城两县募夫二万九百余名。兵部侍郎吴甡视工以为劳费无益，且伤地脉，抗疏止之。[①]

不过，这项大型灌溉工程究竟是否实施过仍有疑问；今天看得见的遗迹并不多，除了一段连接东河的沟渠；东河在铁路建成以前，一直发挥着连接大运河与北京城间交通运输的重要功能。

外城城墙的内侧壁

史籍、砖文和碑记共同表明，外城城墙的内侧壁始建于嘉靖（1522—1566）末期，但主体于崇祯年间（1623—1643）重修。内侧壁在这两个时期的建造中都只使用了薄砖（平均尺寸：长30厘米，宽15厘米，厚5厘米）；但在后来18—19世纪的修复中使用了我们曾经在内城城墙上见到的大城砖。乾隆和嘉庆年间所制的城砖在南城墙上使用十分普遍，而东城墙和西城墙上则几乎完全是16世纪末至17世纪初所生产的薄砖。

我们的考察从东城墙开始，首先经过从主城墙上垂直连接到外城东北角楼的这一小段城墙。墙面几乎完全由薄砖砌成，没有砖文，除了在东便门城台的内侧，有标注为嘉靖年间所制的大城砖。在东便门与东北角之间的墙体上镶嵌有三块大石碑；其中一块的碑文早已风化，但另外两块尚可部分辨识。根据这些文字，主持修复的是一位礼部的曹姓监督，时间为崇

[①] 光绪《顺天府志》卷一《京师志一·明故城考》。

祯八年（1635年）。而这并不是这位官员监督下唯一的修复之处，我们在东城墙和西城墙上还发现了大量相同名字和时期的修缮记载，共计三十余处，这足以证明他的大公无私和奉献精神。而按照中国的常理，他一定受到了政府的大力褒奖，要么就是受到了法律的惩处而赎罪。用作修缮的城砖与最初修筑城墙的薄砖相同，修复的质量也相当好。事实上，东城墙上只有极少数的地方没有使用这种薄砖；它们是在18—19世纪初新添的。

东北角的马道下部使用的城砖为明朝中期所制的大城砖，但上部使用的是后来的薄砖。马道和城台保留完好，但角楼已然不存。

城角以南的墙面与前一段墙面相同。一直到沙窝门（即广渠门）的这段墙体上，有五处记载为崇祯八年的碑文，经过后世修缮的只有两三段墙体。沙窝门门楼城台内侧和瓮城有嘉靖年间所制大城砖，但其外侧为乾隆年间重修。

沙窝门至东南角之间的城墙凹凸不平，修复痕迹较多。至少有13块石碑提示重修时间为崇祯八年；此外，还有大量使用不同城砖的近期修复，至于那些亟须修缮的地方就不一一详述了。沙窝门以南约1公里的墙体现状堪忧，垛口已毁，城墙饱受着风雨的冲刷和战争的破坏。因此这一段城墙上的累累弹痕，见证了近年来在北京城门附近发生的战斗。再往南一些，城墙又变得完整，不过有些不规则，在华美的18世纪城楼之下的马道与南城墙相接。

西城墙的情况几乎对应于东城墙，虽然它稍长一点，因为南城墙在西端向南偏斜了。内侧壁的砖层使用的是普通薄砖，且在崇祯八年大范围使用了同样的城砖进行修复。不过墙体上也有后世修葺的痕迹，但很少有标明时间的石碑。第一块石碑在距西南角约200米的地方被发现，记载修复完成于嘉庆八年，即1803年，使用的是18世纪的大城砖。相隔不远处，另有两段特征类似的墙面，但并无碑记。除此之外，西城墙上的其他位置在材料和工艺上差异较小，大部分都建于明朝晚期。

西城墙中间的城门——彰义门（即广安门），有两段修复于乾隆三十一年，但与之相连的墙体年代更早。这座城门与西北角之间，至少有八块普通样式的石碑，记载那位曹姓监督在崇祯八年进行的修复。在京汉铁路的铁道豁口附近，可以发现一个小段建于乾隆四十一年（1776年）、由大城砖砌筑的墙面，但这是个罕见的例外；这段城墙主体建于明朝晚期，且外观上比东城墙更加规整。总的来说，西城墙的保存状况较好，尽管有的部分垛口已经缺失。西北角楼显然在后世有修缮，时间大概在18世纪末。

西城墙北端的一小段短墙有四五处修复，其中两处使用的是18世纪所制的大城砖。后世的修复中，最长的一段位于西便门与内城城墙之间，横跨在沟通西城壕与南城壕的沟渠之上。这里的水量与东侧的相比小了许多，城墙下方的通水口几乎不能供任何船只通行，但在城墙内侧建有一座高高的驼峰桥。内外城墙的连接处建有一座方形的箭楼。

外城南城墙的修复痕迹比东城墙或西城墙要多得多。这段城墙，特别是靠近两个城角的部分，重建于乾隆三十年和三十一年；而天坛和先农坛南侧的中段墙体，则保留着较多明朝的遗迹。

我们发现，从东南角至天坛东墙的这一小段城墙（不超过1800米），至少有32块石碑记载了18世纪末的整修，其中7块为乾隆三十年（1766年），22块为乾隆三十一年，2块为乾隆四十七年（1782年），1块嘉庆六年（1801年）。除此之外，还有3块指向年代更早的崇祯八年。这些砂岩制成的古老石碑已严重风化，以致难辨碑文。建于明朝的城墙只在南城墙的最东端还保留着很短一段。

在天坛围墙附近的城墙上，可以找到更多的早期遗存。这里的墙面类似东城墙和西城墙，用深色的薄砖砌成，砖缝中灰浆不多，并受到岁月和恶劣天气的双重侵袭。不过也有一些显著的修复；有一长段和一小段（共约500米）重建于嘉庆四年（1799年），而其他部位的修复可能进行于乾隆年间。有四块石碑，其中两块难以辨认，而另外两块似乎记载为乾隆三十年。

　　天坛背后，可以说是北京城内最荒僻的地方之一了。这条细沙铺成的道路四处凹陷，很少有车辆驶过。道路两侧一到雨季便会积水，导致枣树、蓟、野草旺盛地生长。城墙表面覆盖着绒毛般柔软的苔藓和灰尘，这是岁月和沙尘的共同产物。除此之外，墙面上四处点缀着一丛丛野草，塌陷的城砖之间钻出了茂盛的灌木。垛口大多已经消失；整座城墙散发着腐朽而迷人的气息，与这里的孤寂相得益彰。

　　走近永定门，这里的城墙的保存现状不佳，且修复的地方更多。有几段重修的墙垣，但都没有碑记。根据墙体表面的碑文，得知城楼的城台重建于乾隆三十一年。

　　永定门以西的墙体状况也十分糟糕。垛口已无存，城墙的基石被土所覆，这使城墙看上去矮小不少。距离城门100米内的墙面重建于光绪十八年（1892年），紧接着的一小段修复于乾隆五十一年。与之紧邻的墙体几乎已经完全毁坏；部分墙基饱受雨水冲刷，城砖也已经开始剥落。事实上，这段墙体（先农坛背后）基本没有经历后世修复，仅有一段重修于崇祯八年，其他部分都是更早的明朝遗迹。过了先农坛西南角之后，乾隆年间的修复就又多了起来，正如最东端的墙面。从这里一直到西南城角共有30块石碑；只有1块碑文显示为明末（崇祯八年），其他多属于18世纪末：10块为乾隆三十年，14块为乾隆三十一年，1块为乾隆三十六年，1块为乾隆五十六年，还有3块嘉庆八年（1803年）。似乎南城墙东端和西端的大部分修缮是同时进行的，但奇怪的是，那些修复于乾隆三十年的墙面完全不同于次年修复的：前者只使用最大的城砖，而后者便已停用（可能是为了用于内城城墙而留存起来），而开始使用小型城砖，砌筑工艺与乾隆时期的其他城墙同样坚固。所有修复于18世纪的墙体仍然保存较好，而由明朝的曹姓官员主持重修的薄砖已经开始部分风化或脱落，亟须再次修缮。在南城墙的最西端，南西门（即右安门）与西南角之间的墙体主体重建于乾隆三十一年，而这最后 1 公里的墙体也是南城墙上保存最好的一段。

外城城墙的外侧壁

外城墙的外侧壁显然从一开始就比内侧壁更加坚固。此外，城墙外壁之所以保存较好，也因为正如内城墙一样，雨水是通过城墙的内侧壁排走的。外侧壁的砖层不同于内侧壁所使用的薄砖，而是我们之前在主城墙上所看到的那种明代普遍使用的大城砖。墙体的整体做工出色；大部分为最初所建，修复过的墙面相对较短，大多修复于 18 世纪末，除了两三段是在光绪年间。

在外城城墙西北段与内城墙的连接处，有一座简易的矩形箭楼拱卫着。这座箭楼不是很高，但处于一个有利的位置上，向下可以控制较低的外城城墙，并有效地阻止来自其顶部对内城城墙的进攻。在与这座箭楼对称的位置上，即东北边的内外城墙的连接处曾经也有一座类似的箭楼，但现在已经损毁。这一东一西两段内外城墙的连接部分，为考察城墙建筑材料和工艺差异提供了绝好的机会；这样的考察，也必然令人对内城城墙的营造技术和用料印象深刻。

外侧壁的墙面同内城一样，被墩台分隔成段，所有墩台的尺寸几乎相同，间距约为 200 米。因此，外城墩台的疏密程度与内城的北城墙（它也是完全新建的）十分相似，而在内城的南城墙、东城墙和西城墙上，墩台的间距不及这里的一半。由于墩台的间距很大，外城南墙上的墩台一共只有 30 座，尽管它是北京的城墙中最长的一段；而东城墙和西城墙上也分别只有 14 和 13 座墩台，其中不包括角楼和城门的城台。

我们的考察从西侧的西便门开始。西便门城台正面的墙面修复于乾隆年间，但城台两侧的墙面古老且剥蚀严重。根据碑文记载，西便门以西的墩台修复于乾隆四十一年。邻壁重建于稍晚时期，大概在光绪年间。角楼墩台的北面墙体古旧，包括大量有砖文的城砖："嘉靖三十年窑户李裕宝造""嘉靖三十年窑户刘金造""嘉靖三十年窑户楚祝造""嘉靖二十年窑户孙馨造"。不过根据碑文记载，城台的南侧重建于嘉庆二年（1797年）。

从这座角楼向南至西城墙中间的彰义门，墙体没有任何后世修复。许多墙面已经严重风化损毁了，从城砖的砖文中可知，主要建于嘉靖年间。如："嘉靖三十六年窑户楚琛造""嘉靖三十六年窑户吴济荣造""嘉靖二十二年造""嘉靖三十六年窑户张钦造""新城砖""特制城砖"。后两类显示的年代稍晚，大概为乾隆年间重修。又有明朝砖文："嘉靖二十三年窑户杨佩造""嘉靖二十年窑户杨玉造""嘉靖二十二年窑户牛七造""嘉靖二十年窑户王兴造""嘉靖三十年窑户吴济荣造""嘉靖三十二年窑户张楼造""嘉靖二十八年窑户梁章造""嘉靖三十二年窑户周雪造"。

彰义门箭楼外侧城台重建于乾隆三十一年（1766年）；有碑记两块，年代相同。从彰义门往南，墙体的状况如同北段。那些大城砖上有许多嘉靖年间的砖文，比如："嘉靖二十年窑户梁栋造""嘉靖二十三年窑户周钧造""嘉靖三十三年窑户周新卢造""嘉靖三十二年窑户傅典造"。除了这些明朝城砖，还有一些是乾隆年间的砖，表明这段墙体后世有修复；砖文为"新城砖"和"停泥城砖"。

彰义门以南：

第1座墩台　　可能修复于乾隆年间；嵌有一块字迹不清的石碑。

第2座墩台　　根据碑文记载，修复于嘉庆四年。

第3座墩台　　建于明朝中期，有砖文："嘉靖二十二年窑户杨金造""嘉靖二十九年窑户曹荣造"。

第4座墩台　　年代久远，仅南侧有修复，但无碑记。在这座墩台及其邻壁上有许多砖文，如："嘉靖二十年窑户侯六造""嘉靖

	二十年窑户常孟阳造""嘉靖十八年窑户杜充造""嘉靖二十年窑户常世荣造""嘉靖二十六年窑户谭德政造""嘉靖二十四年窑户刘茂造""万历戊申年窑户蒋大顺造"。还发现一些制于18世纪的"新城砖"和"停泥细砖"。
第5座墩台	重建于嘉庆二年。邻壁古旧且严重风化,但在下一座墩台之前又有一小段重修于嘉庆二年的墙面。
第6座墩台	外观古旧,有嘉靖年间砖文,如:"嘉靖二十六年窑户李充造"。
第7座墩台	年代久远,城砖同上;如:"嘉靖十四年窑户李仁造"。根据碑文记载,其后的邻壁部分修复于乾隆五十一年。
第8座墩台	年代久远,但邻壁的南侧修复于嘉庆二年。

西南角楼城台的北面和西面古旧,但其南面和东面经过修复。北面的明朝城砖上砖文众多:"嘉靖二十八年窑户王瑞造";其他窑户的名字还包括:张增盛、胡永正、赵德辅和陆明阳。时间为嘉靖二十八年和二十九年(1549—1550)。

西南城角与南城墙第1座墩台之间的墙体,部分修复于乾隆五十三年。

城角与南西门之间的4座墩台古旧且破损严重,其中包含不同时期的砖文:"嘉靖二十六年窑户牛充造""嘉靖二十一年窑户张九造",另有同一人制于嘉靖二十九年的城砖。墩台间城壁的主体特征和年代基本相同,除了第2与第3座墩台间(水闸上方)有一小段修复过的墙面,年代为嘉庆二年。

南西门箭楼城台经历重建,在西侧和东侧壁各发现一块标记为乾隆五十一年的石碑。瓮城内部的修筑时间更早。

南西门以东大约1.5公里内(包含6座墩台)的墙体上部大部分有修复的痕迹,下部的墙体则比较古旧,包含明朝的城砖,如"崇祯□年窑户朱文造""嘉靖二十六年窑户李尚贵造"。第3座墩台嵌有一块乾隆三十一年的碑记，城砖为乾隆年间所制，砖文有"工部桂""工部永""工部高"等字样。走过第 6 座墩台，可以看见几段古旧的城墙，其中夹杂着一些短小的重修部分，有两块碑记为嘉庆二年。总的来说，这一带的城墙与中门不太协调。第 7 座墩台主体较为古旧，其中包含嘉靖年间的城砖。根据碑文记载，邻壁修复于嘉庆二年。第 8 座墩台年代也较为久远；墩台与邻壁之上有许多嘉靖年间的城砖；如："嘉靖三十二年窑户冯大昭造""嘉靖三十二年窑户林永寿造"。

在经过第 9 座墩台之后，我们发现几处后世的修复，其中一块石碑记载为嘉庆二年。其后是明代所建的墙面，有砖文："嘉靖三十二年窑户畅纶造""嘉靖三十二年窑户林永寿造"。

接着又是一小段建于 18 世纪的墙垣，碑文所记为嘉庆二年。根据碑文记载，第 10 座墩台的修复时间与前一段墙体相同。邻壁及第 11 座墩台古朴沧桑。城砖的状况不佳，有嘉靖时期砖文："嘉靖二十二年窑户孙标造""嘉靖三十一年窑户宋义造""嘉靖二十九年窑户陈福造"。临近永定门的墙体曾被修复。

永定门箭楼的外侧城墙和城台重建于乾隆三十一年；其中嵌有两块石碑，记载亦为同一时期。邻壁修复于乾隆四十七年，情况类似城楼西侧的墙面。

永定门以东：

第 1 座墩台　　外观古旧。有砖文："嘉靖三十二年窑户傅和造""嘉靖三十二年窑户赵丰玉造"。
第 2 座墩台　　特征同上。有砖文："嘉靖二十三年通和窑窑户吴矩造"。
第 3 座墩台　　特征同上。砖文记载为同一时期，如："嘉靖二十二年通和窑窑户李经造"。
第 4 座墩台　　特征同上。砖文类似："嘉靖三十二年通和窑窑户李林造"。

第 5 座墩台　根据碑文记载，修复于乾隆四十七年，但从其中发现的嘉靖砖文看来，主体还是采用旧城砖。

第 6 座墩台　年代久远；墙体由普通的嘉靖城砖筑成，有砖文："嘉靖二十二年窑户高尚义造"。

第 7 座墩台　特征同上。有砖文："嘉靖三十六年窑户张钦造""嘉靖二十九年窑户薛香造""万历三十五年窑户陈昌造"。最后这条砖文表明，这段城墙直到万历末年才修好，或者在那个时期曾重修。我们认为后一种可能性似乎更容易接受。

第 8 座墩台　古朴沧桑，使用普通大城砖，有砖文："嘉靖三十二年窑户陆明阳造"。

第 9 座墩台　由于京津铁路在此穿过而被拆毁。邻壁的东部年代久远，风化严重。一直走到东南门（礓磜门①），我们没有发现这段城墙有后世修复的痕迹。这段墙体的城砖都为嘉靖年间所制；有砖文："嘉靖三十一年窑户常增造""嘉靖二十三年窑户吴昌培造""嘉靖三十二年通和窑窑户陈贵造""嘉靖二十一年窑户李林造""嘉靖三十年窑户张孟昭造"。

　　铁路通道至礓磜门的这段墙面有 5 座墩台，但城门至角楼之间只有 1 座，因此永定门以东一共有 15 座墩台，与永定门以西的墩台数量相等。外城南墙是北京城最长的一段城墙；它的长度超过 7800 米，如果不是因为东城墙的南段向内弯折，致使城墙在东南方向上被切掉了一个角，南城墙还会再长二三百米。东南门与东南角楼之间的距离非常近。城门城墙和箭楼城台在乾隆三十一年重建，但城门至角楼的这段墙体年代久远，其中包含一座墩台；有砖文为"嘉靖二十四年"的城砖。

---

① 正式名称为左安门。——译者

角楼城台年久失修，风化严重。发现大量砖文，如："嘉靖二十四年窑户万瑞造""嘉靖二十六年窑户吴鲦造""嘉靖十五年工顺窑窑户任经造""嘉靖十八年窑户孙龙造"。可以看出，这里的砖文标明的时间多数早于城墙上的，这似乎表明城墙的修筑是从角楼开始的。

与西城墙类似，东城墙的修复比南城墙少。除了几段短墙（下文将说明），墙体使用的均为嘉靖年间的大城砖，有大量砖文："嘉靖三十二年窑户张钦造""嘉靖三十一年窑户孙文葛造""嘉靖二十四年窑户吴良培造""嘉靖二十四年窑户杨中矩造""嘉靖二十二年窑户林永寿造""嘉靖三十四年窑户赵义造""嘉靖三十三年窑户蒋月造""嘉靖三十二年窑户吴矩造"。

显然，嘉靖年间不乏"窑户"，而城砖的烧造很可能比后来更被视为一项个人技艺。没有哪个时期能够呈现这么多造砖者的姓名，而中国自嘉靖之后是否生产过更好的城砖，颇值得怀疑。

连接第6座墩台两端的两小段墙体，并非嘉庆时期所建，根据碑文记载，为乾隆三十一年重建。这些城砖都没有标明造砖者的姓名，仅记载了督造官，即工部永和工部桂。看来在这两个世纪之中，造砖在某种程度上失去了个体特征，而更多地体现着帝国的权力。

走过这段城墙，嘉靖时重修的城壁又开始出现了，不过在第7座墩台附近又一次出现了18世纪的修复，根据碑文记载，时间为嘉庆二年。紧跟其后的又是一小段明朝墙垣。第7座墩台为重建，碑记字迹难辨（乾隆或嘉庆年间）。邻壁修复于嘉庆七年。第8座墩台年代久远，使用的是嘉靖城砖，有砖文："嘉靖三十六年窑户楚吴滨造"。从这里至沙窝门的墙段，包括第9和第10座墩台都古朴沧桑，使用嘉靖城砖，其中大多数砖文如前所述。

瓮城外侧墙壁和沙窝门城台，如同外城其他城门的相同部位，重建于乾隆三十一年。这一部分墙面砖砌较新，与城门两侧备受侵蚀的墙面形成了鲜明对比。

沙窝门以北的前两座墩台及其邻壁为明朝所建，但第3座墩台重建于乾隆三十一年。邻壁似乎于同一时期修复；嵌有无字石碑。第4座墩台年代久远，顶部毁坏。角楼墩台也残破不堪，角楼已无存。

从角楼至东便门之间的城墙，包含两座墩台，重建于乾隆三十一年。同一时期的石碑镶嵌在城门附近；城砖为乾隆年间广泛使用的款式，砖文有"工部监督桂""工部监督永"的字样。瓮城墙垣建于同一时期，但另一侧的墙面上保留着早期的材料和工艺。

外城近郊与城内非常相似——开阔而平坦的沙地上散布着粮田、环绕着树木的小房子和寺庙。你甚至会怀疑，为什么城墙会建在现在这个地方？事实上，城墙之外（城门关厢附近）比城墙以内聚集了更多的房屋，拥有更密集的交通以及更多的城市活动。也许是因为这里的生活更经济、更自由吧。外城东南角有几处水源充足的地方，池塘和运河的岸边生长着茂密的芦苇和垂柳，风景如画。往西去，郊野中水渐渐变少，但在一些地方较好地保留着柏树和椿树，总体而言，比起城北的苍凉荒芜，这里给人的感觉要好得多。

第七章　内城的城门

引　言

  城门就像城墙的嘴；承载着超过 50 万生命体的城市仿佛一个巨大的身躯，呼吸和说话都离不开这张巨人的嘴。整座城市的生活都集中在城门一带；进出城市的生灵万物都必须穿过这些狭窄的门洞。而由此通过的，不仅仅是汽车、动物和行人，还有伴随着思想与愿望、希望与失望、死亡与新生的婚礼和葬礼仪仗队。在城门那里，你可以感受到整座城市的脉搏，似乎全城的生命与意志都通过狭窄的门洞奔涌着——这座名叫北京的城市，它每一次跳动的脉搏，都彰显着这个有机体的生命节奏。

  夜幕降临之时，城门变得微弱而悄无声息；每到夜晚城门就会紧闭，或者说曾经会紧闭。而黎明时分，厚重的木门慢慢地打开，就像巨人在睡意蒙眬之中打着哈欠，而清晨的第一支车队或骡队就从这里开始了他们新的征程。渐渐地，城外的人推着手推车，或挑着上下晃动、装满农产品的扁担陆陆续续地向这里赶来。当太阳再升高一些，城门的交通和活动便开始变得拥挤杂乱。匆忙的挑夫、手推车和驴车之间，混杂着人力车和不断鸣笛却无济于事的汽车。集中于这些狭窄通道的人流的强大节奏，从来不会因为任何威胁的声音而被打乱。车马人流越来越大股而流速并没有加快；有时太多的手推车和人力车从对面涌来，可能导致交通暂时停滞。正午时分是主要城门最拥挤的时候，那时每个人都要出去吃午饭。到了傍晚，汹涌的人流逐渐变为涓涓细流，随着暮色加深，车马行人更加稀少。（虽然如今北京的城门已经不再像过去那样实行严格的关闭措施，但在中国其他大部分的城镇依然如此。）

活跃在城门附近的生活节奏，不仅随着一天中的时间变化，还取决于城门在城市中的不同方位以及城外关厢的特点。在南城墙上，城市的正面开有三座恢宏的城门，这里有最繁忙的交通和商业。中间的是正阳门（国门），比其他城门更高大；这座曾经仅供皇帝使用的大门，现在也被称为"国家之门"，尽管它雄伟的建筑和周边古色古香的环境已经受到很严重的破坏，但它依旧是帝都生生不息的生活中心。在正阳门东、西方向的一定距离，分别矗立着哈德门和顺治门，尽管这并不是它们的正式名称，但人们还是习惯这样称呼它们。这两座城门成为沟通南北的主要街道的出入口。哈德门有时也被称作"景门"，光明与荣盛之门；上至天子，下至百姓，谁都可以进出这座城门。在其西面的顺治门则恰好相反，它被视为不幸和衰落之门，也就是"死门"，即"死亡之门"，至今还可以看到大多数的葬礼仪仗从这座城门经过。南城墙上的这三座城门是调控内城与外城人流的闸门，与其他直接通向郊区的城门在特征上有所不同。尤其是当双轨铁路穿过哈德门并绕过了顺治门的瓮城之后，这两座城门的许多原有特征都消失了，箭楼也都被拆除。

北城墙的正中没有城门，只在两侧开有城门，且这两座城门与南城墙上的城门并不对应，而与城市的中轴线相距较近。城门外的近郊如今已经变成了村庄的模样，但在元代，这一带曾是元大都城市以内的部分。北门一直被视为北京城防御最重要的城门，因为对都城的进攻多是来自这个方向。军队从这两座城门出入也最为频繁，因为北京城最大的兵营就坐落在城北。德胜门，根据字面意思，即品德高尚之意，也被称为"修门"①（修饰之门）；而安定门则是"生门"（丰裕之门），皇帝每年都要从这里经过一次，去往地坛祭祀，以祈求一年的好收成。城门外观雄伟，瓮城（因修建铁路，部分被毁）和城楼高耸在完全裸露的原野上，没有任何房屋或树木遮挡。

东面的两座城门，由于环城铁路的修建，被粗暴地改建了，瓮城几乎被全部拆毁。但向城外远眺，护城河两岸成排的垂柳掩映着宏伟的城楼，画面美不胜收。在铁路建成以前，护城河（或运河）一直发挥着向城市内部运送大米的重要功能，这是城里居民们的主食，被贮藏在东城墙沿线的粮仓内。东直门被称为"商门"②（交易之门），人们在这附近做买卖，而皇帝从来不去那里。齐化门，又被称为"杜门"（休憩之门），这是由于东直门的市场而自然形成的。

西墙上的西直门和平则门，是仅存的没有因铁路建设而受到破坏的两座城门。它们还保留着北京城门原有的特征：不仅有两座供防御和瞭望的门楼，更有瓮城形成的完整庭院，其间庇护着的小寺庙和各式各样的小摊。从瓮城月墙上开出的路从外侧环绕着瓮城，道路两旁林立着粮店和餐馆。城门就这样以自然而完美的方式将城市和郊区连接起来。从这些城门附近拥挤的人群中，我们可以窥见在中国北方的村店中所看到的逍遥自在、无忧无虑的生活，与现代文明中那些拥挤忙碌的汽车和机动车形成了鲜明的对比。平则门意为安静和规则之门，据说这里的居民被皇帝的诏令惊扰，因此这座城门又被称作"惊门"。而西直门又被称为"开门"（开放之门），即晓谕之门，象征着充分领悟皇帝诏令的英明。

我们无从考证这些或多或少有着象征意义的城门别称是如何起源的，

---

① 应为"休门"。上下文提及的"景门""死门""休门""生门""伤门""杜门""惊门""开门"对应的是古代奇门遁甲中所述的八门。作者的阐述多仅基于字面含义。
② 应为"伤门"。

但它们仍然值得去了解，因为这些名字至今还活在老北京人的记忆中，有时从这些别称中折射出的是城门的使用传统和古老特征。

内城的城门都是经过统一规划的，尽管不同的城门在大小和细节上有所出入。它们最突出的特征是双重城楼。城楼建在城墙被扩大形成的城台上，如同一座巨大的楼阁或殿堂，是有着三重屋檐和开放式柱廊的双层楼阁。长长的马道伸向城台上方，便于人们上下城楼。箭楼为砖砌，墙面向外倾斜，看上去没有太多传统建筑的特征，除了双重屋檐和四排箭窗。它矗立在U形瓮城顶端向外凸出的宽阔城台上。

城门的布局完全是古老的形式，它们无法适应火器时代。它们与元大都的城门在本质上是相同的，并没有因为新式武器的引进而增强抵御炮火的能力。尤其是城楼，其开放式的木结构和薄薄的砖墙在现代战争中显然更加脆弱。不过幸运的是，除了德胜门城楼，其余的城楼都保存了下来。也许当这些城楼都消失的时候，北京也就失去了它全部建筑中最具特色且最迷人的部分。

从军事的意义上看，由于现代战争技术的改变，城门已经失去了实际用途，但它们作为征税关卡的功能却被保留了下来。城门的入市税对今天的北京政府来说，仍然是主要收入来源之一；而城墙和城门的防御作用已然消失。

西城墙上的城门

平则门，正式名称为阜成门，位于西城墙南端。瓮城修复于乾隆五十二年，但城楼下的城台显然年代更久远，大约可以追溯到明朝晚期；它们都用薄砖精心砌筑而成。城楼显得饱经沧桑；木柱用铁箍加固；二层的栏杆已不存，其下的雕饰栏板已经破洞；下层屋檐摇摇欲坠，而屋檐的西北角已彻底坍塌。城楼的油漆和装饰几乎都已剥落，并覆盖着一层厚厚

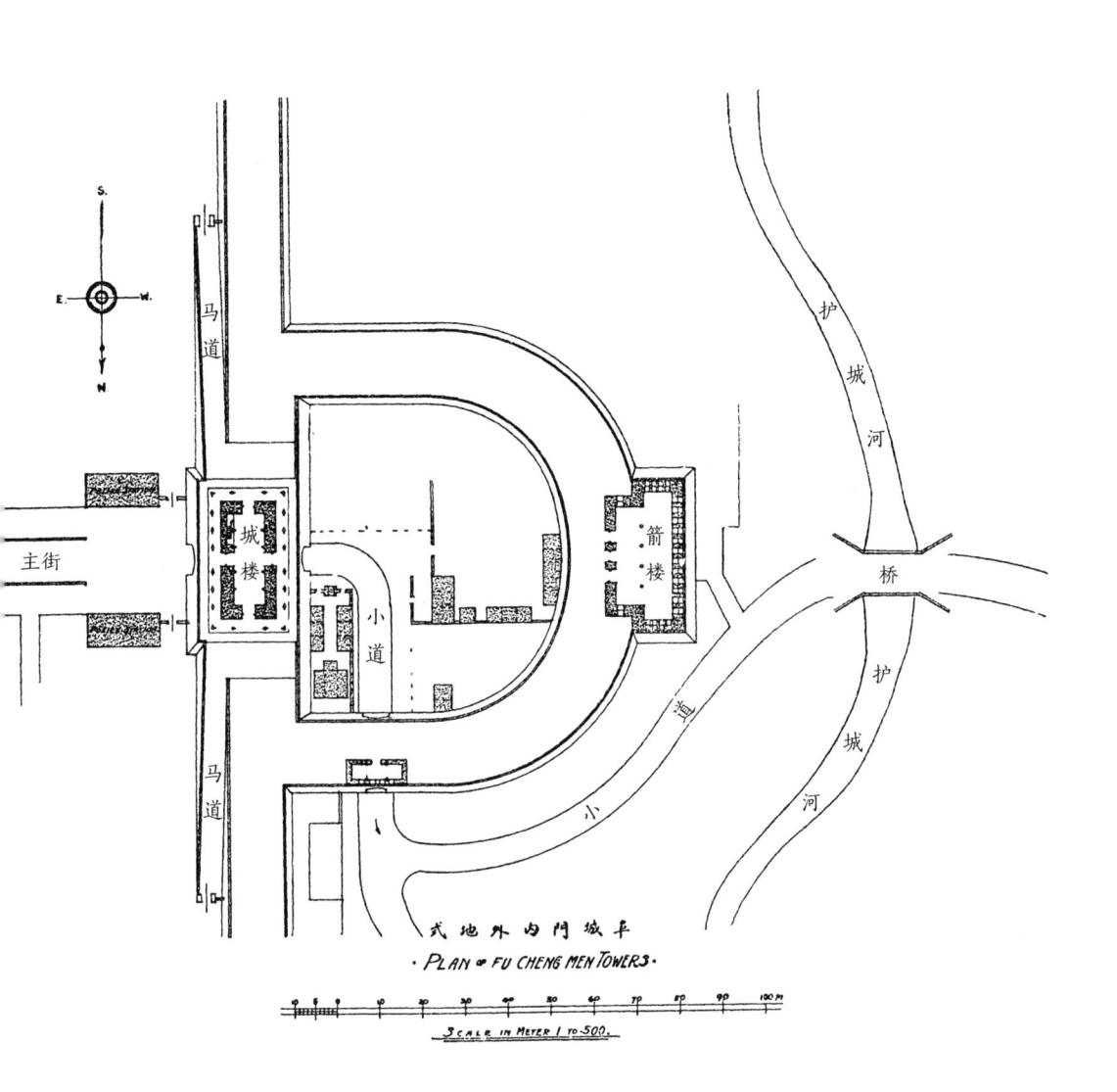

图 6 阜成门（平则门）箭楼、城楼及周边平面图

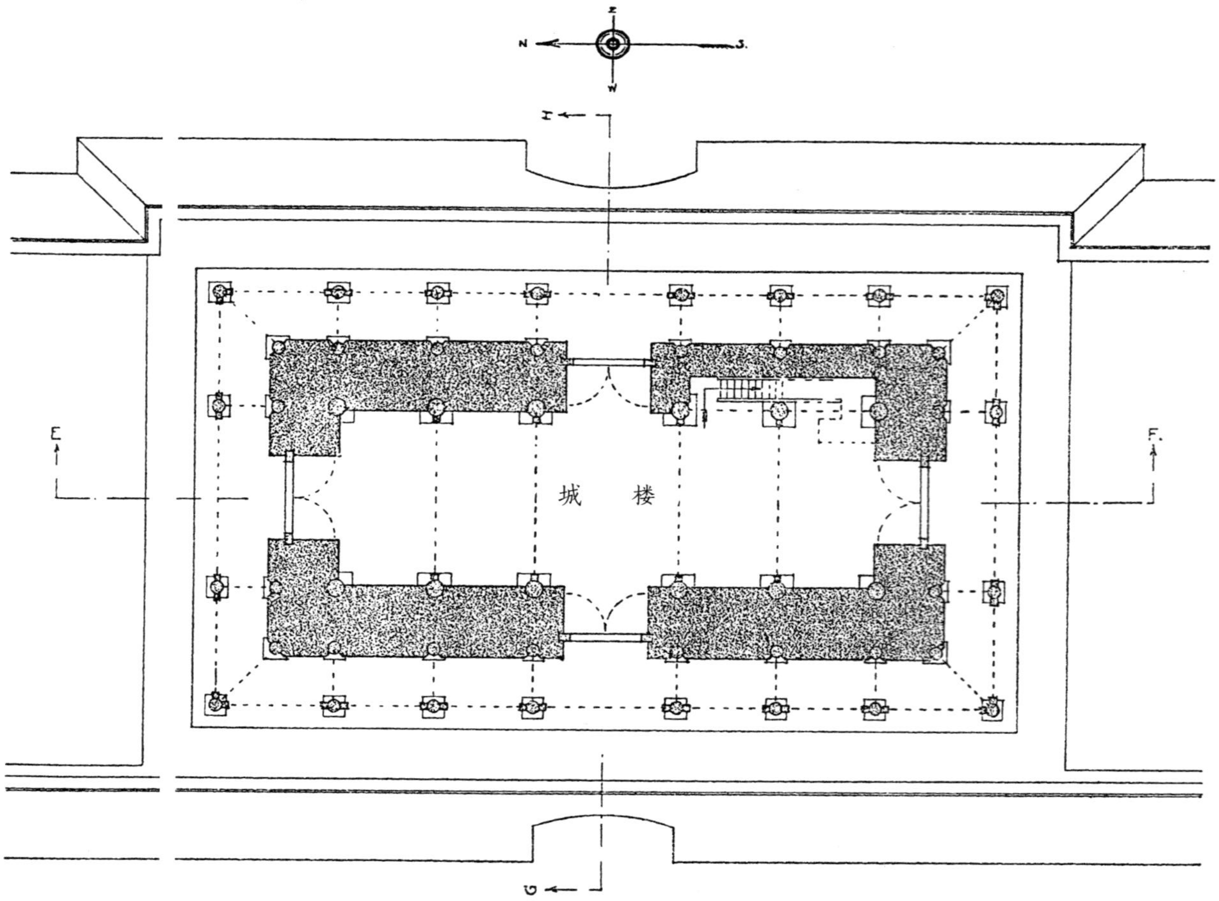

阜城門內樓地盤
PLAN.
SCALE IN METER 1 to 100

的灰尘。如果不立即对损毁的结构进行修复，这座城楼极有可能倒塌。城楼主体建于明朝，但经历了多次修复，尽管每次都相隔数十年。

城楼坐落在比城墙稍微高一些的城台上，面阔 33 米，进深 18.8 米，纵墙长 27 米，山墙宽 13 米。面阔七间，进深三间，中间的开间跨度为最大，因为它们分别对应城楼的东南西北的四扇门。立柱由几部分包裹着中间的实心铸铁构成，直径约 0.5 米；它们立在方形的柱础上，但没有基座。立柱由方形的扶壁加固。

墙体依然为木结构承重体系；木柱在墙体周围排列成内外两圈；它们之间砌以砖块，并几乎包围了立柱的四分之三。连同外廊，这内外三圈立柱之间的距离完全相等，当然在转角处为斜向排列。

需要指出的是，像阜成门这样将两圈立柱半嵌入砖墙内部的结构，并不是城门的普遍做法；在其他主要城门的城楼内部，内圈的柱廊通常与砖墙分离，是楼阁内部独立的立柱，这在某种程度上表明，阜成门的修筑年代较早。

内圈的立柱高约 9 米，并作为二层横梁的支撑。外圈的柱廊仅为 5 米高，相互之间由嵌在其顶部的额枋连接，并通过抱头梁与砖墙相搭接。这些立柱没有主次之分。额枋挑出三铺斗拱，支撑起两排圆形檩条（直径约 0.30 米），檩条上搭着上翘的椽条，其上为屋檐。搭接墙面与柱廊的上部横梁的外端，雕刻有花卉图案并施以漆饰。

城楼二层柱廊与一层的布置相似，尽管这里没有排列立柱的空间，只有梁枋穿插在承托斗拱的砖墙上。二层内部的开间和进深与一层相同，但墙壁的厚度只有一层的一半，从而增加了外廊的空间。由此，从一层屋顶的梁枋上挑出了二层的平坐。二层的立柱高约 7.4 米，纵向和横向分别由三层处在不同水平面上的梁枋连接。第三层横梁与屋檐齐平，但没有楼板。屋顶结构完全露明可见，由两层纵向和横向的梁搭接而成，而在上层的横梁构成三角形的山墙面（山花），从而将横梁与屋顶之间封闭起来。

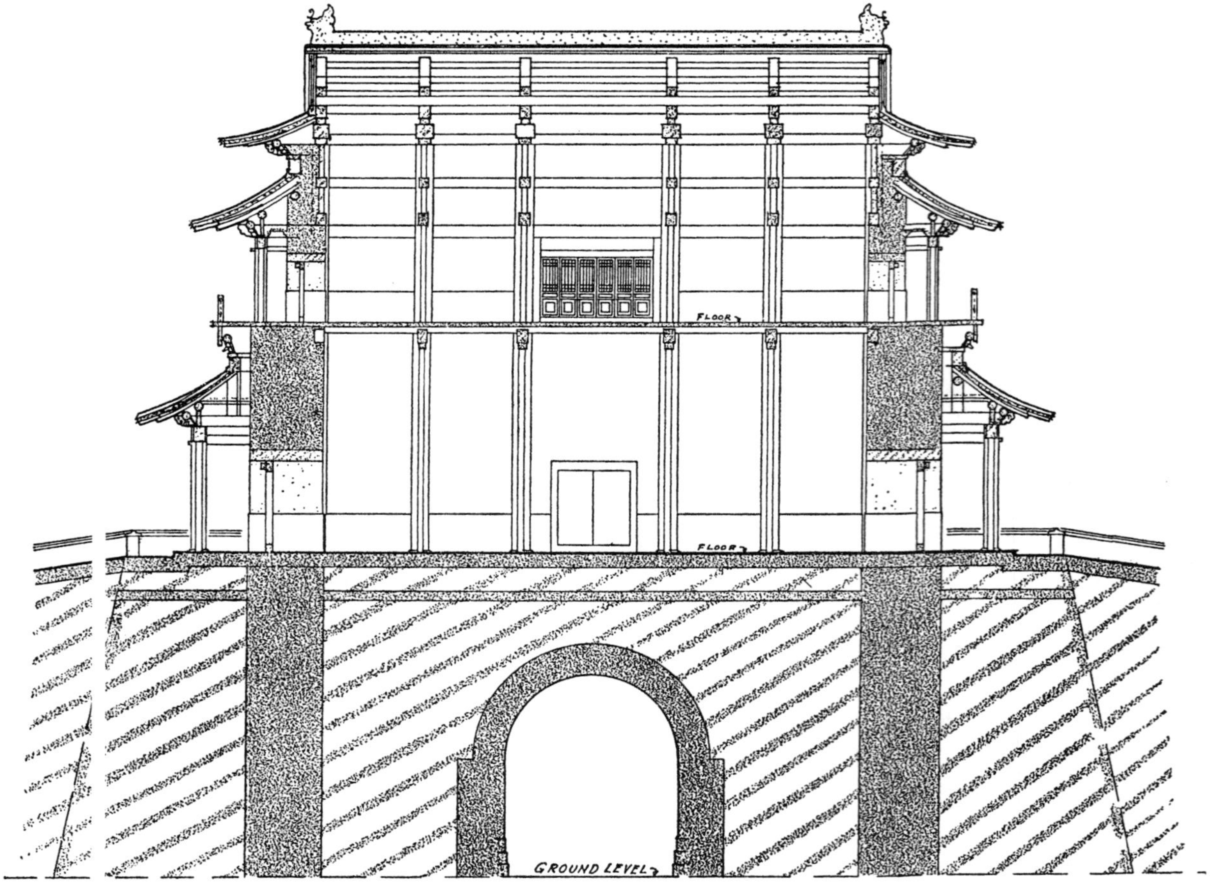

阜城門内樓刮式

LONG-SECTION
ON E--F.

SCALE IN METER 1 m 100.

GROUND LEVEL

FLOOR

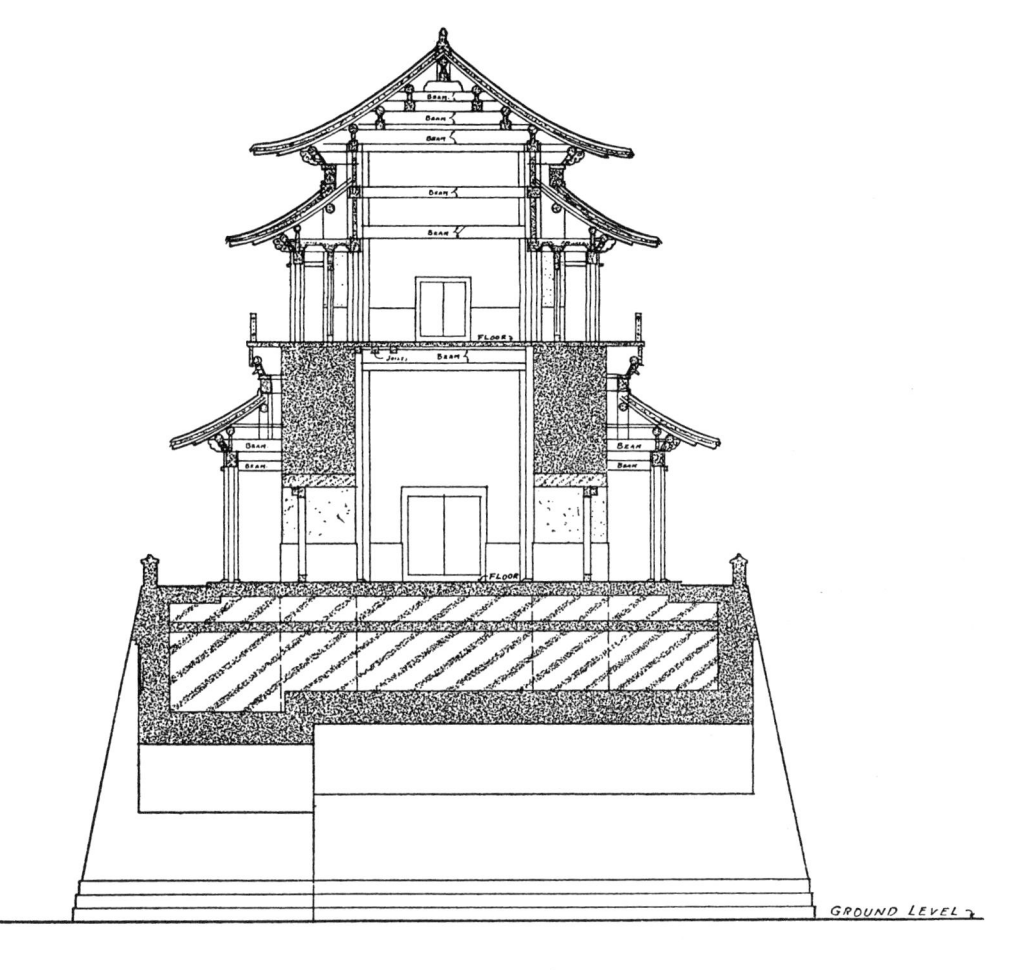

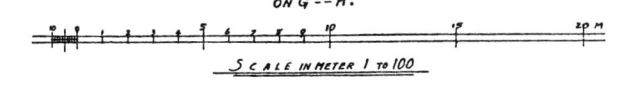

图 9　阜成门城楼剖面图（侧面）

北上門切城車

FRONT ELEVATION.

SCALE IN METER 1 TO 100

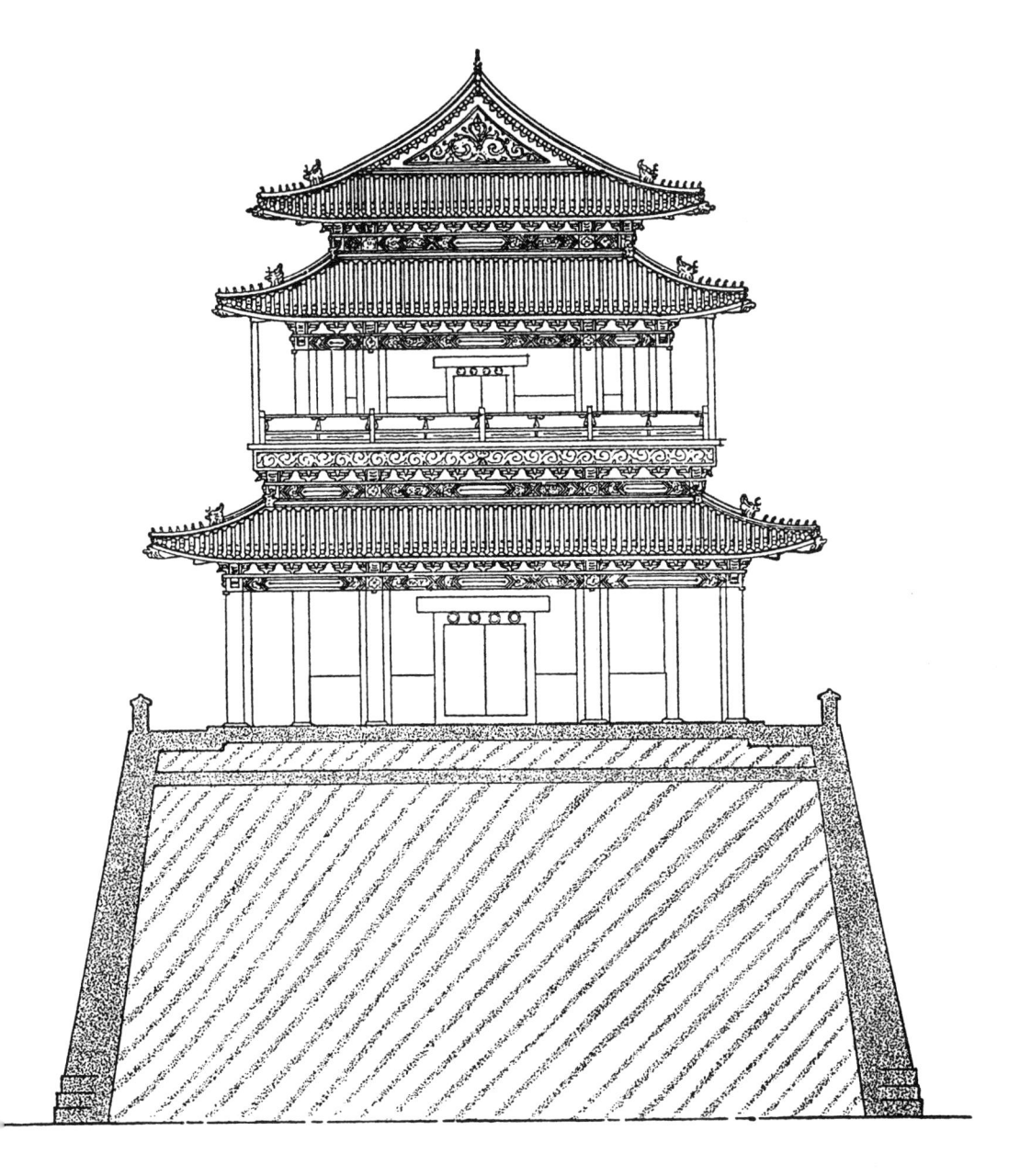

阜成門內城樓旁面
· SIDE ELEVATION ·

SCALE IN METER 1. TO 100.

图 11 阜成门城楼侧立面

这种常见的屋顶类型被称作歇山顶，也就是带有山墙的斜脊屋顶，而山墙向下延伸至屋檐的一半处。垂直于屋脊的椽条搁在三排平行于屋脊的方形枋条上，而顶部的脊檩由最上部的横梁上的瓜柱支撑，搭在屋脊之下。这里的梁数目众多；而后来建造的城楼中，已经对这种复杂的形式有所简化，不过结构的原理是相同的。城楼的高度从城台到屋脊为21.2米，最宽处为31.2米。

城楼上用得最多的颜色是红色，但由于长年风吹日晒，褪色严重。所有的砖墙被涂以朱砂色的灰泥，而门和立柱都被漆成红色。外部的梁枋和斗拱被饰以绿色和蓝色，而平坐滴珠板有时会漆金。这是城门的传统色彩搭配。屋顶上凹凸相间的筒瓦起初可能为绿色琉璃瓦，但现在只有屋顶边缘的琉璃瓦还能看见绿色，而其余的瓦片都脱釉了。正脊和戗脊挑得很高，覆盖着盖脊瓦和琉璃瓦。它们的端部伫立着长着翅膀和角的望兽，此外，在戗脊上还有长相怪异的脊兽，无疑是为了辟邪。

外侧的门楼，即箭楼的形制比城楼简洁，它更像是一座厚实的堡垒，但并不具备真正的结构作用，而是简单地通过包裹内部的木结构来承重。尽管外观看上去很不一样，箭楼的内部结构与城门基本相同，也有曲线优美的高挑飞檐。箭楼的城砖看上去不算古旧；应该不早于瓮城的建筑年代，根据碑文记载，瓮城重建于乾隆五十二年。

箭楼由两部分组成，凸出于瓮城的主体建筑正对着城门桥，另一个部分为箭楼主体后面矮小的抱厦，建在瓮城的墙体上，并伸入主体内部。主体建筑基部宽约40米，城台上楼的基部宽为35米，而顶部（屋脊之下）宽不到32米。正面通高30米，其中城台高13米，箭楼净高17米。箭楼主体两侧的山墙仅21米宽，其后的抱厦宽6.8米；二者侧面的墙壁是连接的，在每侧各形成一个宽约3.5米的拐角。抱厦宽约25米，高约12米，形成了主体建筑的玄关；它与主体建筑的墙面相连，但有着独立的屋顶。

箭楼与城楼相同，都是木结构的梁柱体系。高达12米的六根大立柱（直径 80 厘米）在箭楼内部的中心一字排开，柱头上有横梁相连。立柱的间距为 3.80 米。在箭楼四壁与大立柱对应的位置上有较细的立柱，它们嵌在砖墙内部。独立而内嵌的立柱被纵横相交的横梁相互连接，并支撑起现已毁坏的主层楼板。

在这些之上，有四层梁枋分别支撑着檩条，而屋顶则搁在压着檩条的椽条上。同样，出挑而弯曲的屋檐搭在桁木上，而支撑桁木的三铺斗拱是从部分埋砌在砖墙内的坐斗枋上挑出的。墙壁非常厚，基部厚度在 2.5 米以上，而向上由于墙体收窄，墙体顶部的厚度为 1.20 米。下层屋檐与三层楼板齐平，从四周包围着整座箭楼及抱厦，而抱厦只有三面歇山顶，因为第四面与主体建筑相连。箭楼上层的屋檐在结构和装饰上同城楼一致，其外挑的椽条符合通常情况，比下层屋檐的短一些。

箭楼正面和侧面的箭窗分布对应于箭楼内部的空间划分。因此，在下层屋檐之下有三排箭窗，下层屋檐之上有一排；每一排的箭窗数量，正面 12 个，侧面 4 个。箭窗内外的开口平面呈纺锤状，这种布局的实用意义在于扩大箭楼内守军对敌人放箭的角度。但这种形式对于火炮的进攻来说毫无作用，除了第一层可能架设过重炮，我们怀疑其他楼层并未安装。不过，封闭的箭窗装上画有大炮口的窗板——这种发明从装饰的角度上看来还不错，又大致与想象中城门的防御价值相得益彰。

箭楼的外观古朴。由于年代久远且满布尘土，灰色的城砖显得暗淡无光，瓦片也褪去了色彩；经过涂漆和装饰的只有木质额枋、斗拱和山墙，现在也近乎失色。但箭窗上带有炮口的窗板还在时刻提醒着人们对敌人保持警惕！

瓮城门上有一座谯楼，比垛口略高，而不凸出于城体墙面。谯楼表面平整，砖砌四坡顶，并开有两排箭窗。它并不引人注目，几乎与垛墙和女墙融为一体。

在城楼北侧的城墙上，有一座相当破旧的哨所，而在城楼前的两座马道前，还各有一座掩映在古树下的值房，供值守城墙的巡警和士兵栖身之用。

平则门的瓮城并不是所有城门中最大的。它的宽度只有74米，深度65米。场地里充斥着煤栈和缸瓦铺，然而在瓮城的东北角，道路和城墙之间，还有一座圈在围墙里的小关帝庙。这座寺庙似乎是出于宗教目的建造的，但在我造访的时候，这座建筑似乎已经废弃了，里面堆满了陶罐和各种垃圾。相反，在瓮城的东南角，却有成堆的鲜艳的陶器，色彩斑斓；而瓮城的其他地方，则挤满了又脏又黑的煤棚，出售用煤面和黄土混合后晒干制成的煤球和煤坯。但当春天来临时，靠近内壁的老桑树葱郁了起来，在黑色的地面上播撒着新绿，而一些新生的椿树也为堆满陶器的角落增添了一丝色彩。然而，最具活力的还是赶驴人，当行人走进瓮城，等候在那里的驴夫会及时上前，告诉他城门外的路不好走，并不遗余力地劝他骑驴，往往这时很少有人会拒绝此番邀请。

老式的道路从瓮门穿出，绕过瓮城的北月墙，小商铺和小饭馆林立路旁。没有什么能比这幅画面更加生动了。村民们赶着大车，推着独轮车，用长扁担挑着颤悠悠箩筐，这种场景比其他城门那些新加宽或新铺就的碎石路更让人感到温馨。店铺鳞次栉比的街道衬托着瓮城和城楼；这是建筑交响曲的前奏，让我们仿佛回到百年之前，带着美好的心情走进深深的城门拱券之中。

西直门是西城墙北端的城门，它与平则门在许多方面都很类似，虽然它的瓮城更大且呈直角。这座城门从各个方向看，都十分壮观。沿着通向城门的宽阔街道慢慢地走近这座城门，你会发现城楼从低矮的建筑天际线上拔地而起——带花格门窗的老式房屋将城楼衬托得更加高大雄伟。从城门穿过，方形的瓮城连同箭楼，矗立在裸露的原野上，形成了强烈的对比。瓮城笔直的前墙为箭楼提供了有力的支撑，比弧形的瓮城显得更加强大坚固。从侧面，尤其是从南侧向城门看过去，是观察整座城门

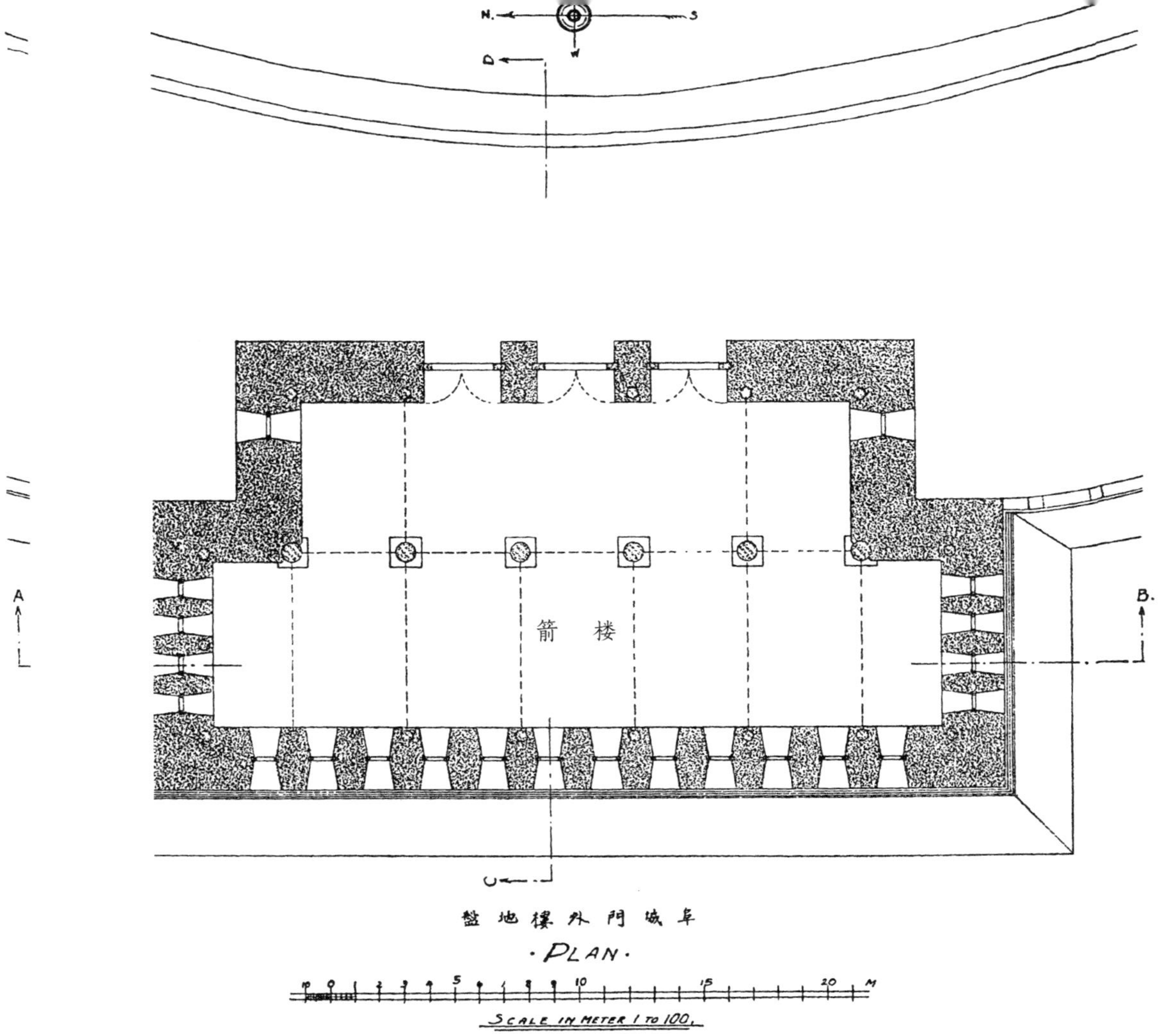

图 12 阜成门箭楼平面图

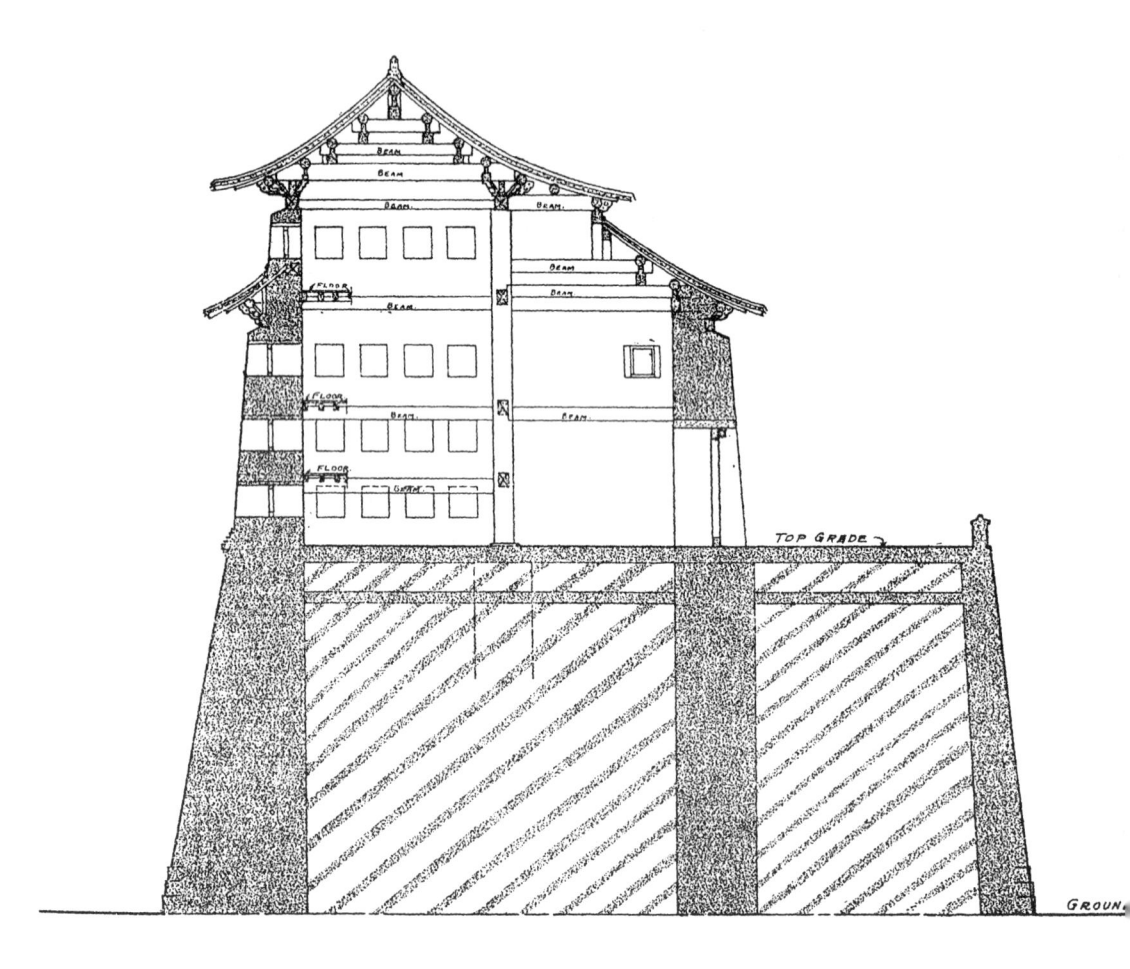

图 13　阜成门箭楼剖面图（侧面）

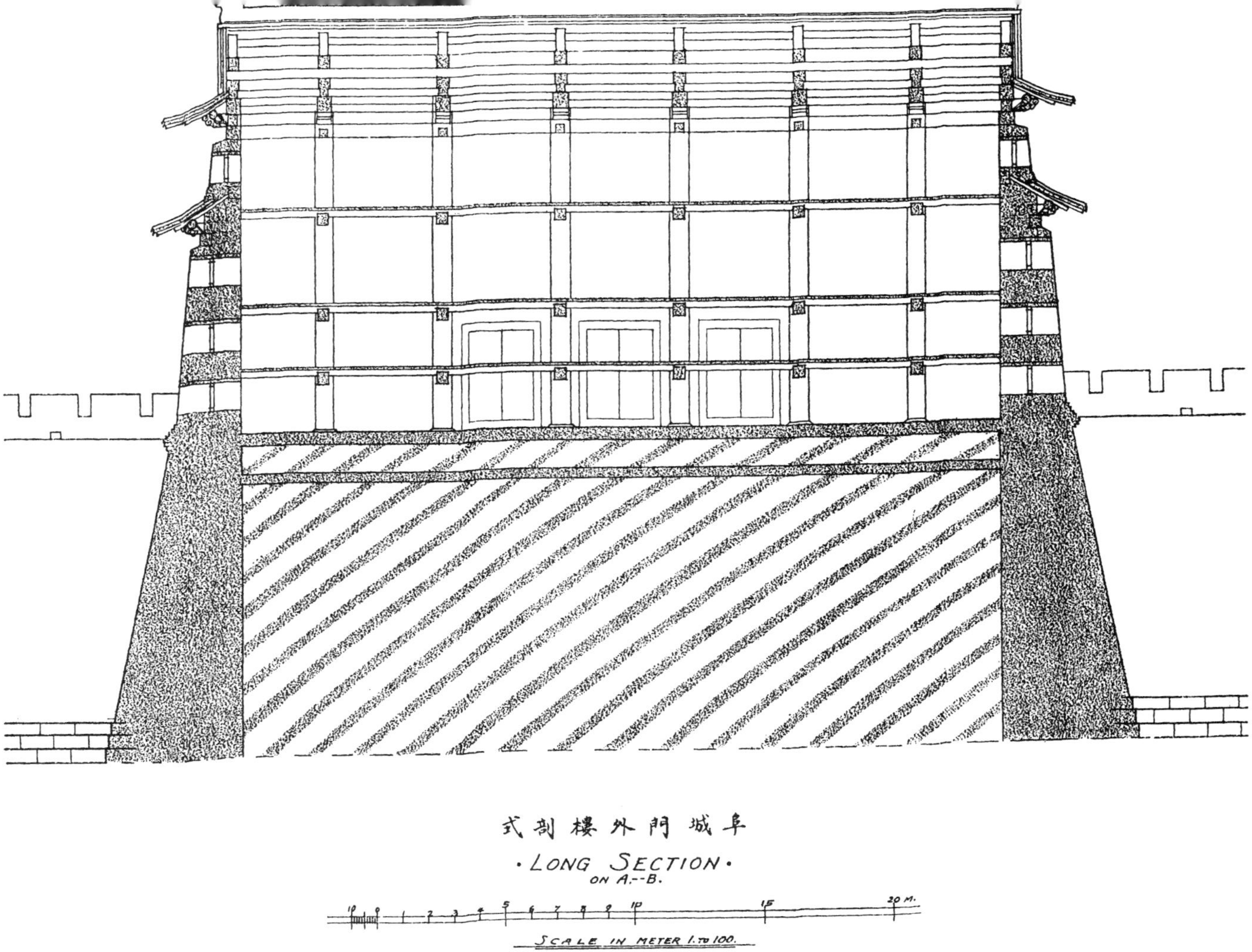

图 14 阜成门箭楼剖面图

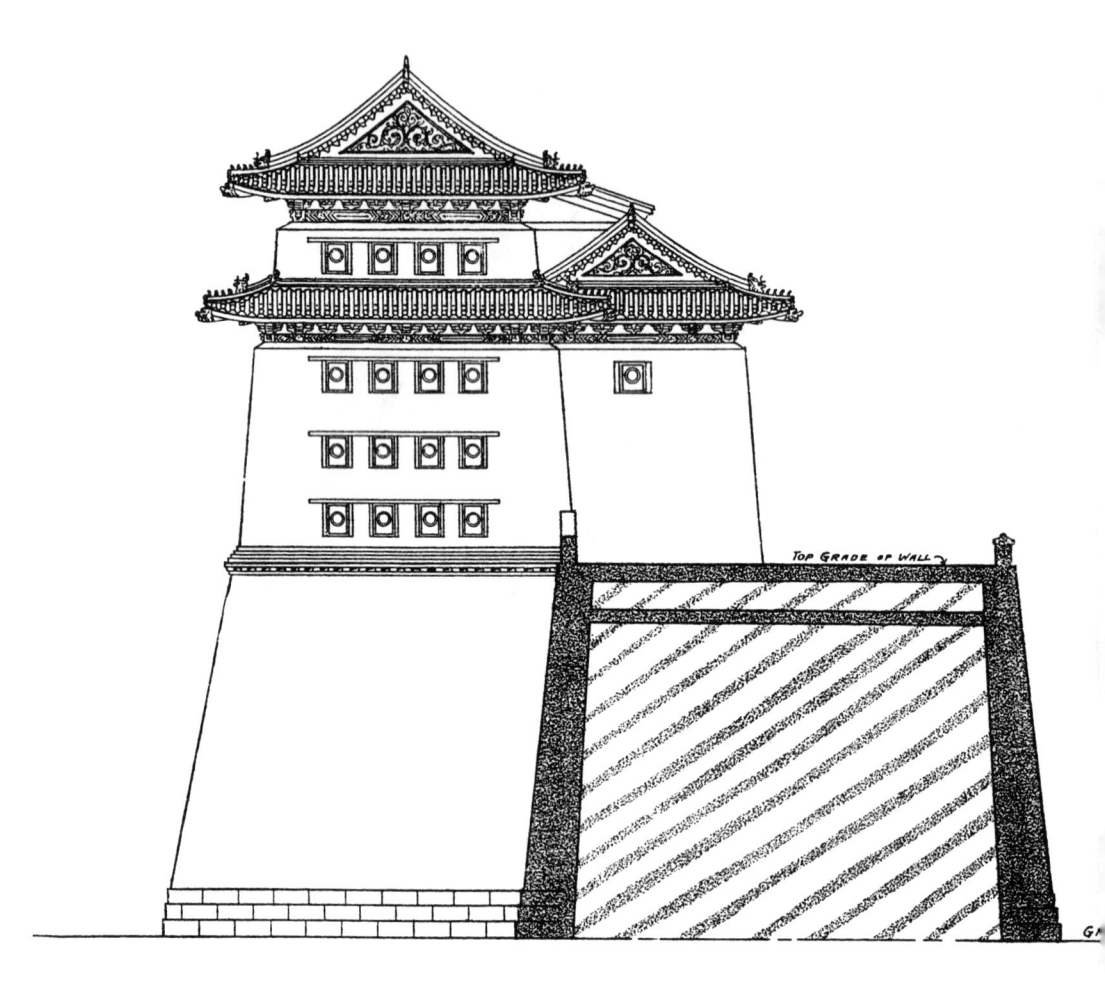

图 15　阜成门箭楼侧立面

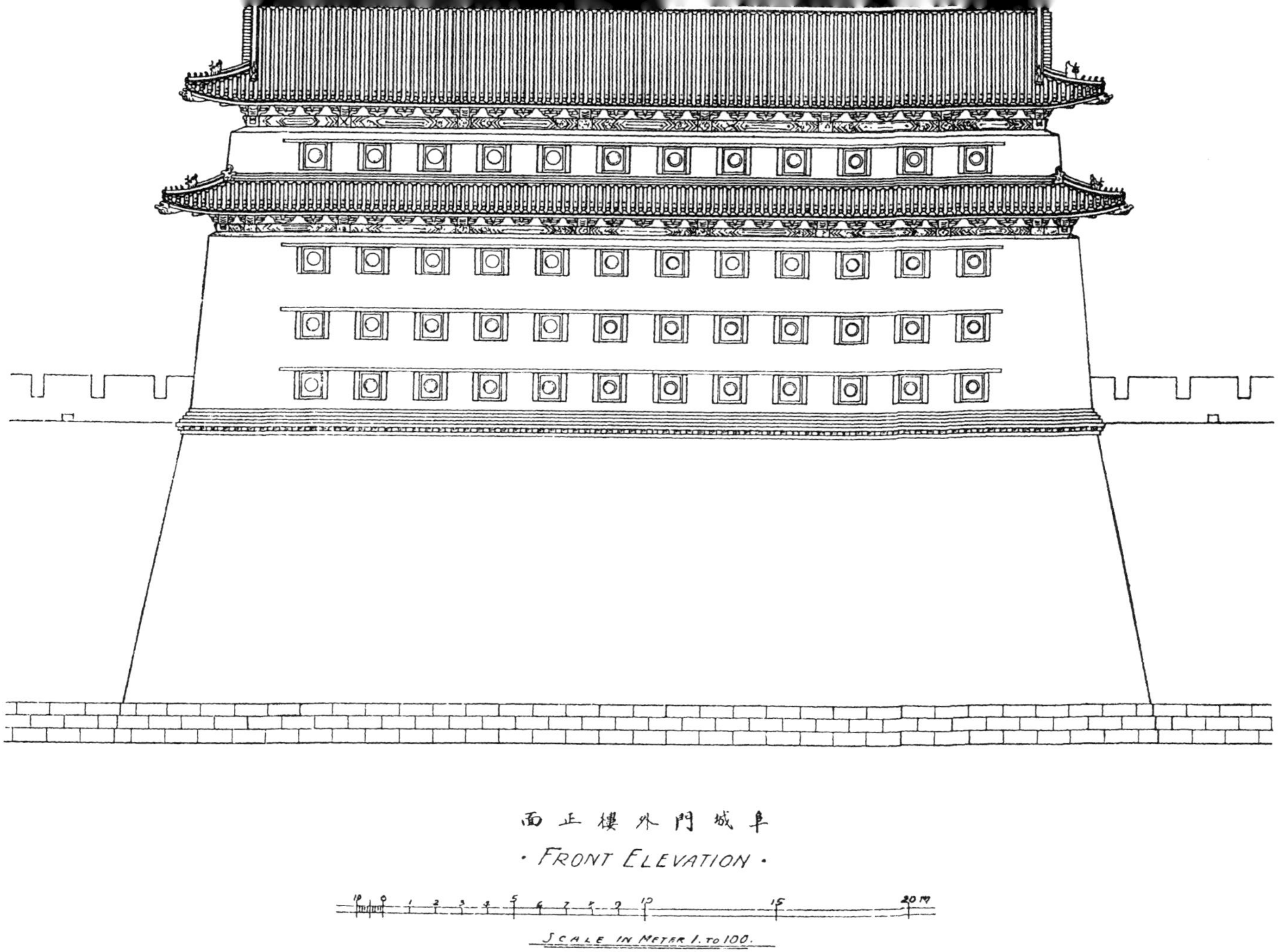

阜成门外楼正面．FRONT ELEVATION．

SCALE IN METER 1. TO 100.

图16 阜成门箭楼正面

的最佳视角。城楼与箭楼的比例十分协调，箭楼略低于城楼，笔直尖锐的轮廓使城门看起来强劲有力；倒映在城墙下的水塘里，这座高耸的城门显得更加宏伟。

西直门的主体建筑保存情况较好。1894年重建颐和园及其连接道路时，西直门曾得到大规模修缮。但在修缮完工之前，中国与日本之间爆发了战争（中日甲午战争），由于资金紧缺导致工程不得不中止。当时城楼的修缮基本完工，而箭楼却几乎没有任何修葺。城楼的平面布局同平则门城楼一样，虽然比例上有所不同；立面的总长度也相同，面阔32米，城台以上楼高27米有余。不过西直门城楼楼身较窄，柱廊15.8米，楼高11.2米。城楼通高22.2米，刚好比平则门城楼高1米。因此，相比而言，西直门城楼更加修长，这使它在外观上产生了更高大的效果，特别是从侧面仰眺的时候。虽然山墙比较窄，但其进深五间，不同于（平则门城楼的）三间，而面阔仍旧为七间。檐柱排列有序，间距越往转角处越小；中间的开间最大，分别对应城楼的四扇门。第二圈立柱全部嵌入墙体，而最内侧的立柱左右各四根，单独立在城楼内部。这些粗壮的立柱（直径80厘米）支撑着屋顶，不过并没有贯通整个楼体，而是被二层楼板分成上下两截。嵌入墙内的那些立柱也同样如此，上面的立柱并不是正对着下面的立柱，而是更向中间聚拢，从而缩短了横梁的跨度。椽条架在圆形檩条上，三层屋檐搭在之上，并由斗拱支撑。然而，这些斗拱明显比平则门的轻巧，这是后期城门的建筑特点之一。随着时代的发展，斗拱的结构功能渐趋退化，而装饰性越来越强，与此同时，梁架结构开始扮演越来越重要的角色，并不断简化着建筑结构，这是中国建筑发展的一个总体趋势。另一个与传统形制的不同之处在于，城楼第二层的平坐不再由梁枋上的斗拱支撑，而是由一层柱廊上的横梁撑起并穿过屋顶的短柱支撑。这样的结构可能更牢固，但它与整体的关系并不如传统的结构那么和谐。第二层弯曲的屋檐挑出很远，由城楼四角细长的擎檐柱支撑。主屋顶两侧有两根枋木，不同于平则门的四根，同时，横梁的数量也减少了。城楼的结构被最大限度地简化了，但它的牢固程度却加强了。早期的城门形制必然需要更多的劳力和物力，但这并不意味着能给建筑带去更坚实的保障。

西直门城楼的外部装饰和色彩至今仍清晰可见，虽然已经蒙上了一层沙尘。立柱、门窗被漆成朱红色，而城砖间的灰浆也呈暖红色。屋檐和平坐下的梁枋被饰以蓝色和绿色的几何图案。屋顶上覆盖着绿色琉璃瓦，与平则门一样，还装饰着奇异的望兽和脊兽。由于城楼较窄而屋顶的挑幅很大，这使得城楼看上去比通常情况下更加轻盈优雅。

西直门箭楼并不像城楼那样被精心修复过，整体显得很古旧，而后部的屋顶已经开始脱落。筒瓦被大部分已更新，但墙体上的城砖可能为几百年前所筑。这座箭楼在规模、平面布局和高度上几乎就是城楼的翻版，因此我们不必过多说明。我们的插图足以反映出它的形态和巨大体量。

瓮城相当大，同时也是一处妙趣横生的地方；这里就像一个活跃的市场，鳞次栉比的小摊以及混杂着动物和车辆的人群随处可见，喧嚣声此起彼伏，好不热闹。瓮城的后部同平则门的情况相似，主要被煤栈占据，但从城门向南转向侧墙瓮门道路的两侧，遍布着陶商们的货物和摊位，还有等客的人力车夫。瓮城的东北部被一面独立的墙隔开，里面是一座环境宜人的寺庙，内有房屋若干、繁盛的树木及精心培植的花园。寺庙本来是供奉关帝的，但现在似乎已经被废弃了，尽管建筑本身在1894年得到修缮之后保存完好。寺庙院子的前部现在是商业性花园，而这里过去曾是道士的住所。几株高大的椿树和柏树荫庇着这个角落，即使盛夏时节也凉爽怡人，使这里远离瓮城里的忙碌与喧闹。

穿过瓮城南侧墙谯楼下的门洞，我们来到了一条真正古老的街道上，这里不仅与其他大多数城门外一样，林立着商店和临时摊位，还排列着永久性的老房子。一连串低矮的房屋倚瓮城而建，从城门一路绵延，绕过瓮城西南角，直到箭楼城台；宛如一个在连续长屋檐下的集市，尽管它由不

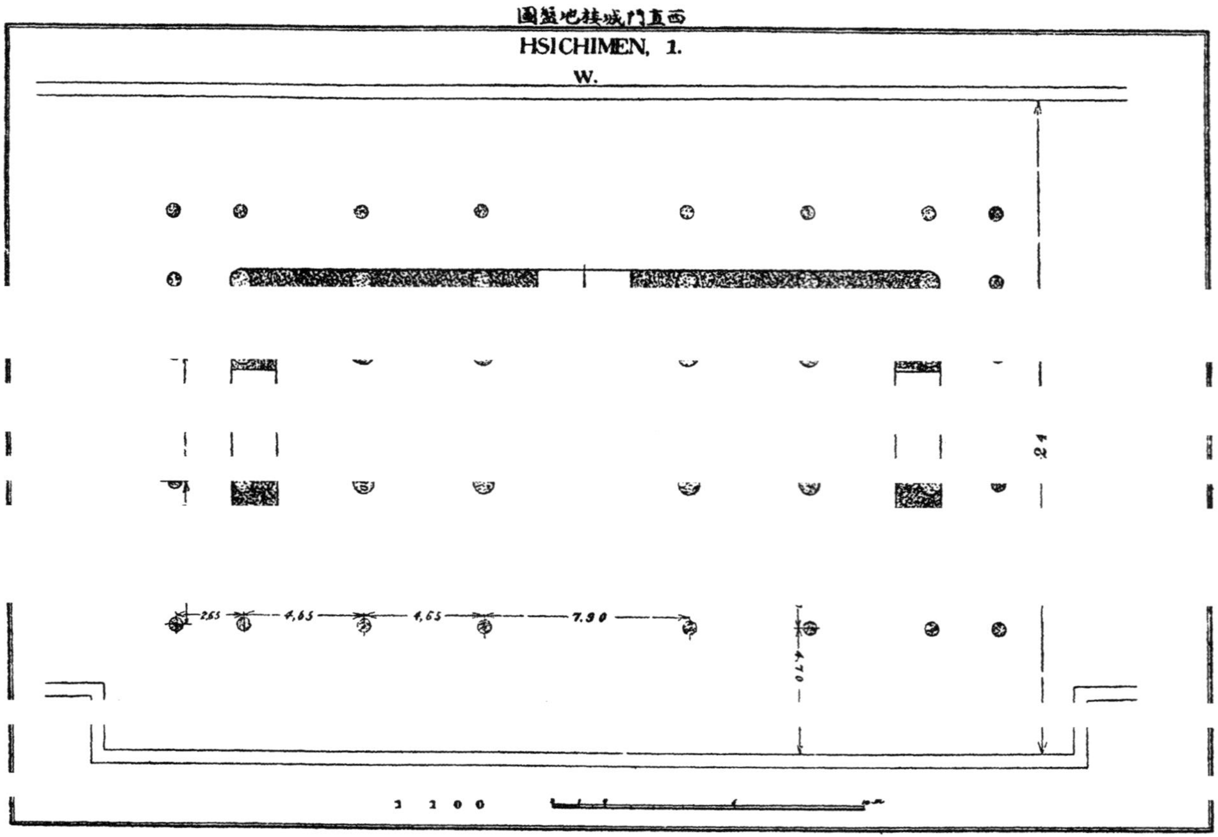

图17 西直门城楼平面图

同的店铺组成，而店铺的老板们总是在石阶上陈列他们的商品，或把吃食摆在门前的桌椅上。而在道路的另一侧，几乎全是乡下人熙来攘往的旅馆和客栈；排列也十分整齐，建筑风貌一致，但高度在一二层之间变化。因此，这一侧的建筑天际线十分破碎，这是中国传统街道的独具特色之处，它并不是出于任何审美考虑，而是受到风水观念的影响。这些建筑的立面为木质立柱和花格门窗；如果建筑是两层的，则一层上方还会有一条雕饰漆金的腰线。显然，这里是按中国传统的街道布局原则修建的，在老北京风貌迅速消失的今天，仍然保持着最具特色的如画般景致。如今，载着去颐和园和西山游客的汽车从西直门穿过的时候，都要慢下来，驶过这些脆弱古老的门面，毕竟，这里向世人呈现的是比颐和园或卧佛寺更真实的传统中国的日常生活场景。

东城墙上的城门

东城墙上的两座城门，齐化门和东直门，保存状况不佳，因此相比于西城墙上的城门，从建筑的意义上来说，没那么有趣。由于新修建的环城铁路从这两座城门的瓮城中穿过，因此几乎毁坏殆尽，而不像南城墙外京奉铁路所穿过的哈德门，仅仅在瓮城上开了两个火车券洞。因此在瓮城里，几乎没有留下美好的遗存；城外关厢的道路也没有了，只有一条沿着铁道旁低矮的砖墙蜿蜒向前的小路，而新建火车站台占据着过去瓮城以里的范围。这样的改建，简直是对古老城门之美和特色的极端漠视，并且显现出鉴赏力和建筑美学观念的极端贫乏，尤其是在我们接近它们之后，这种感受更加强烈。

齐化门可能是北京城门中修复规模最大的一座。城楼和箭楼都在20年前（1902年）有所修复，因为它们曾在义和团运动中毁于俄罗斯和日本军队的枪炮之下。城楼尚未糟朽，不过彩绘已经有些褪色，局部干裂的漆

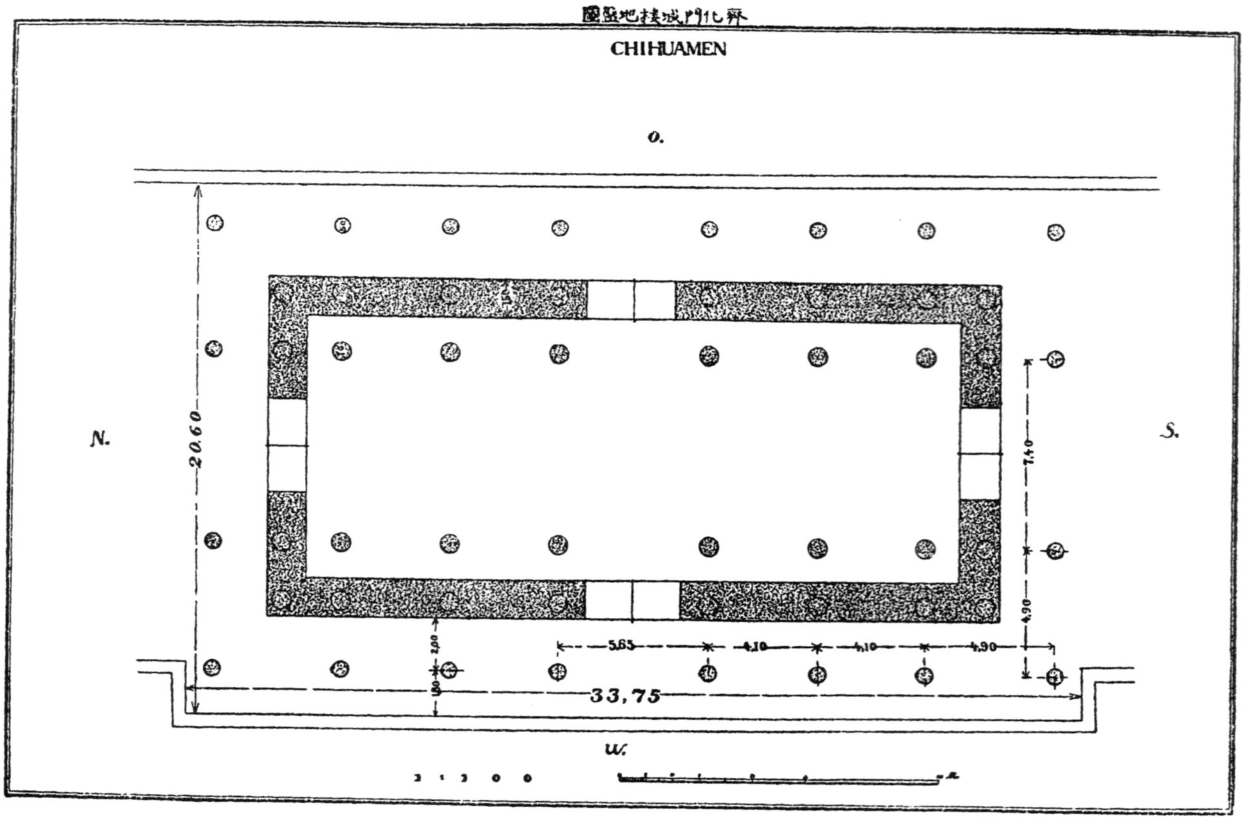

图 18 齐化门城楼平面图

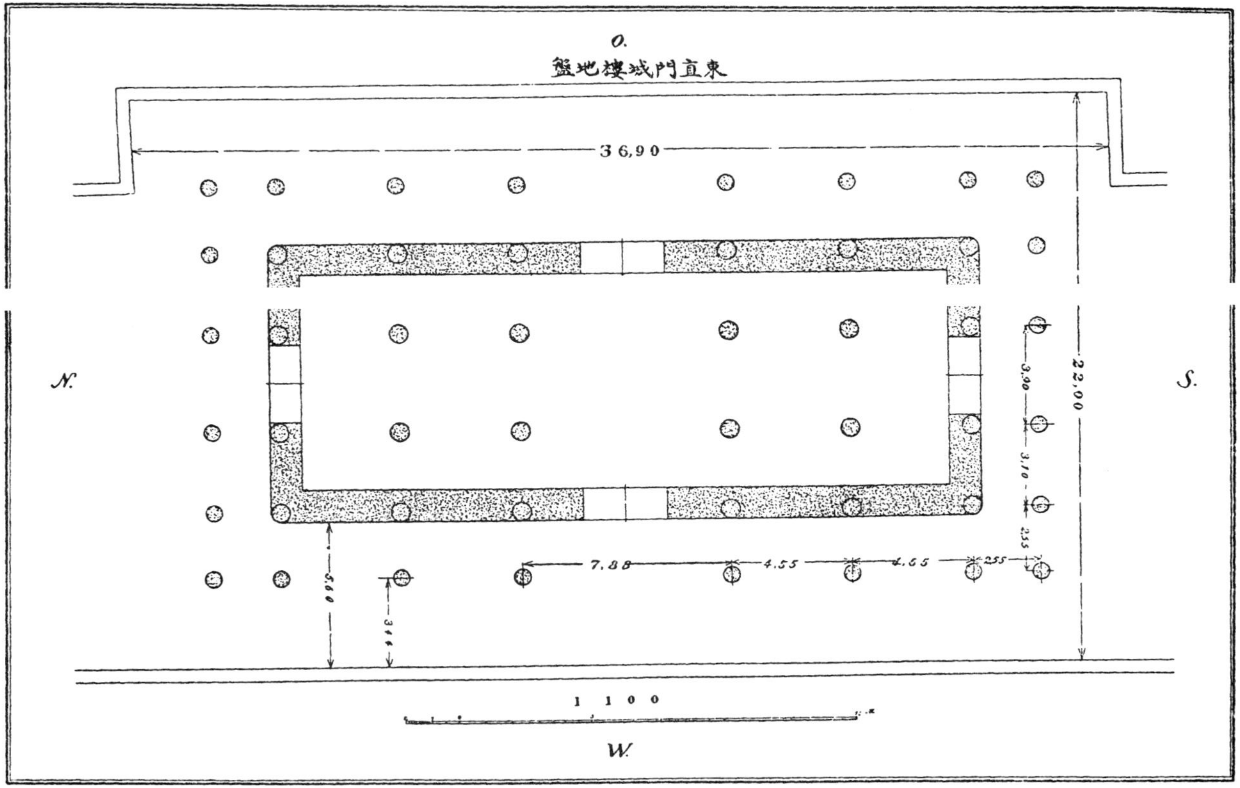

图 19 东直门城楼平面图

层开始剥落。屋顶上的绿色琉璃瓦保存完好，为城楼增添了一抹亮色。从远处的街道上望向城楼，葱郁的树木装饰着城楼的景致，令人赏心悦目。

城楼的结构为常规类型。共三层，高和宽由下至上逐渐收窄，面阔七间，进深三间。形制与平则门城楼（在西城墙上与之对应）相同，但在结构上却有所不同，而类似于西直门城楼以及其他重建的城楼。这座城楼与其他城楼的不同之处在于其不寻常的宽度比。山墙宽13米，纵墙长27.5米，城楼整体进深17米，面阔32米，分别比平则门的对应尺寸要大一些，但是墙体的厚度却薄得多，只有中间一圈立柱是嵌入墙体的。由此看来，齐化门城楼与平则门最初几乎相同，而它们在结构和细节上的差异则是后世修复的结果。

这两座城门的箭楼在平面和尺寸上也十分相似，因此对平则门的描述也完全适用于齐化门。但齐化门箭楼的保存状况更好一些。浅灰色的城墙十分平整，城砖较新，与凹凸不平、饱经风雨的城台墙面形成鲜明对比。城台确实古旧，尽管在乾隆三十一年曾有修复（根据一块碑文记载）。

瓮城残存的两段月墙很短，它们从箭楼的城台向两侧延伸，并在端部形成颇具异域风格的台地，装有栏杆的回转式楼梯盘旋而上。完全可以说，这些繁复的线条——大概是受到一些图画中所展现的中世纪城堡的启发——与古老城墙和城门的庄重气质格格不入。不过，这种改建瓮城的方式被重复运用于其他受到铁路建设影响的城门中，只有些许细微的变化。

瓮城中唯一保留的建筑是城楼旁边的一座小关帝庙。它显得十分不起眼，但院内种着几棵树，在单调乏味的铁路占据了瓮城主体的情况下，却也是一处亮点，而火车站正处于关帝庙对面。向城外望去，景色乏善可陈，狭窄的护城河上架着一座造型平庸的石桥，在高大箭楼的衬托下，几座毫不起眼的小房子更是不值详述。

面朝正东的东直门与面朝正西的西直门遥相呼应，只是朝向完全相反。这两座城门的城楼在形制和尺寸上几乎完全相同，这与其南侧的两个旁门情形不同。不过，东直门的保存状况不如西直门那样完整；瓮城墙已经被拆除，里面的一切荡然无存；而两座城楼亦现状堪忧。不过我觉得，它们的年代不过百余年。根据碑文记载，通向城楼的马道为嘉庆八年重建，而箭楼很可能也在同一时期有修缮。城楼墙体很薄，应该不是早期所建。箭楼的局部建造年代可能稍早，但也不会早于乾隆后期；瓮城墙面上有石碑，可惜没有铭文。

东直门的平面尺寸略小于与其对应的西直门：纵墙长26.7米，山墙宽10.7米；墙体厚度为1.2米；城楼整体进深15.3米，面阔31.5米。城楼的结构为通常的三圈立柱，中间一圈嵌入砖墙，而外圈和内圈的立柱被方形抱柱加固。东直门的木结构明显比西直门的年代久远；楼台的栏杆几乎完全损坏，而滴珠板上全是孔洞。屋顶已经开始糟朽断裂，你可以看到上面的绿色，但那绝对不是琉璃瓦的颜色，而来自生长的茵茵青草。北京的尘土在城楼上堆积了几十年，以致立柱最初的色彩和装饰物的彩绘都难以辨识。整座城楼展现出一种时代赋予的沧桑与调和之美。

东直门城楼与箭楼之间的距离远远大于齐化门。从侧面看过去，其范围与西直门差不多——多么雄健壮观的建筑群，尽管两楼间的连接部分已经被毁。瓮城墙垣的平面布局显然与西直门类似，但除了箭楼城台侧面仅剩的几根木桩，已全部被拆毁。幸运的是，这些残垣比齐化门的长一些，其与城墙主体之间不像齐化门那样空旷——其中一部分原因是植被生长茂盛；而残垣的断头处显得不那么令人难以接受，尽管事实上这里也有与齐化门一样的台地和盘旋的楼梯。与在贫瘠和单调环境中孤零零的齐化门箭楼相比，东直门箭楼则掩映在枝繁叶茂的绿色中。

因此，瓮城的一些初始特征还没有彻底消失，尽管前部被包围着低矮砖墙和木栅栏的铁路穿过。这座古老瓮城的后部，还保留着一座别致的小关帝庙，庙内供着的几尊精美的塑像已逐渐残朽，一些无家可归的人把这里当作庇护所。寺庙的院墙内外种植着许多刺槐、榆树和椿树，而在古老瓮城的月墙上，散发着幽香的枣树交织成节庆的花环。尽管箭楼不甚古旧，但檐角已经开始脱落，与装点在四周恣意生长的草木和谐共存。

不过，瓮城里残存的这一半自然之美，仅仅是城门之外更加美丽的景象的序曲——这样的景象在其他城门中是绝无仅有的。春末夏初是观赏这座城门的最佳时节，杨柳吐露嫩叶，护城河中的芦苇充满新绿。如运河般宽阔的护城河是整个景观的动脉；周围的一切无论从实用还是美学的角度，都沿着水面伸展开来。在护城河高高的岸上，黑猪用嘴拱着肥沃的土地；在堤岸的近处，孩童们像小青蛙一样在芦苇丛中玩耍，水里的白鸭拨弄着水花，发出嘎嘎的叫声回应着主人的呼唤。取水的人来到水边，蹲下身子用铁桶打水时，往往会若有所思地注视着这田园诗般的风光。向南几步，一艘渡船横在水面上，为往返于对岸和火车站之间的行人提供了便利；不时能看见一只方形平底船满载身着白色夏装的乘客，穿梭在条条垂柳之间。所有这些生动却又宁静的细节都倒映在水中，为平静的护城河平添了几分无形的美感；在火车和汽车闯入这座城市之前，这般悠闲的意境随处可见。

南城墙上的城门

我们已经知道，南城墙上的三座城门构成了联系内外城之间的交通要道。由于它们地处城市的中心而广为人知，初到北京的人往往都会被它们的宏伟华丽所震撼；但是从历史和建筑的角度来看，它们是所有城门中最无趣的。这三座城门的破败程度和近代以来的重建次数远远多于其他城门。其中改动最大的是中间的正门——前门，而两边的侧门也经过大力修缮。

这两座城门，哈德门和顺治门是对称的城门；它们无论在形制、特征还是保存状况上都很一致。两座城门都于近年重建（1920—1921），或者也可以说是被拆除了，因为只有城楼得到了修复，而箭楼已然被拆毁。至于箭楼被拆除的原因，据说是年久失修造成安全隐患，尤其是考虑到铁路的安全因素。从城台上可以看见顺治门城楼的横梁，看上去崭新而稳固。哈德门城楼的保存状况稍差，檐角已经开始脱落，但毫无疑问，两座城楼还是有望修复的，只要政府投入更多的关注和资金。不过，拆掉城楼并把部件材料卖了，静待经济状况转好、政局稳定之后再重建，这样要比上述方案便利得多，花费也便宜得多！因此，现在只有从城门的内侧或内城才能看到城楼威武的全貌。而从城门之外看则显得非常单调，因为空荡的城台上再也没有一个可以统领视线的制高点。

哈德门是外国人最为熟悉的一道城门，因为它临近使馆区和城市中最繁忙的商业街——哈德门大街。夏日的黄昏，当夕阳暖黄色的余晖洒在红色的立柱和绿色的琉璃瓦上时，这座新修复的城门熠熠生辉。在城门庞大的身躯上，调和而温暖的光影和色彩早已令人心旷神怡，没有人会再去挑剔装饰或工艺细节。城楼上的一切部件，包括滴珠板、斗拱、栏杆、脊兽均保存完好；没有任何建筑细节受损或被沙尘所毁。

哈德门城楼的尺寸比之前考察过的任何一座都大。纵墙长28.7米，山墙宽14.4米，城楼整体面阔33.4米，进深18.8米。从城台到屋脊的高度为25米；如果算上城台的高度，城楼通高近40米。面阔七间，进深三间。斗拱为三层，尽管它们并不起太多的结构作用，同时梁枋粗大且装饰华丽。结构框架如通常一样，由内外三圈圆形立柱的柱网所构成，纵梁和横梁支撑着檩条和椽条，直达屋顶。与早期的城楼建筑相比，整体有所简化，屋顶梁的数目比平则门的少，但这座巨大的城楼仍然是按照旧形制营造的。

一条街道穿过城门高耸的拱券（大概是在后来扩大的），并没有在瓮城内转弯，而是径直从宽阔瓮城中央穿过箭楼城台上相似的城洞。与这条大街相垂直、穿过瓮城侧墙闸门的就是双轨铁路，被两道低矮的砖墙夹在中间。往来于这条铁路干线上的火车十分频繁，每当火车通过，城门口的铁路道口就会放下栅栏，阻止人们通行，有时会造成严重的交通拥堵，汽车和人力车争相抢道。然而，道路两侧有充足的空间，因为瓮城内实际是

· FRONT ELEVATION ·

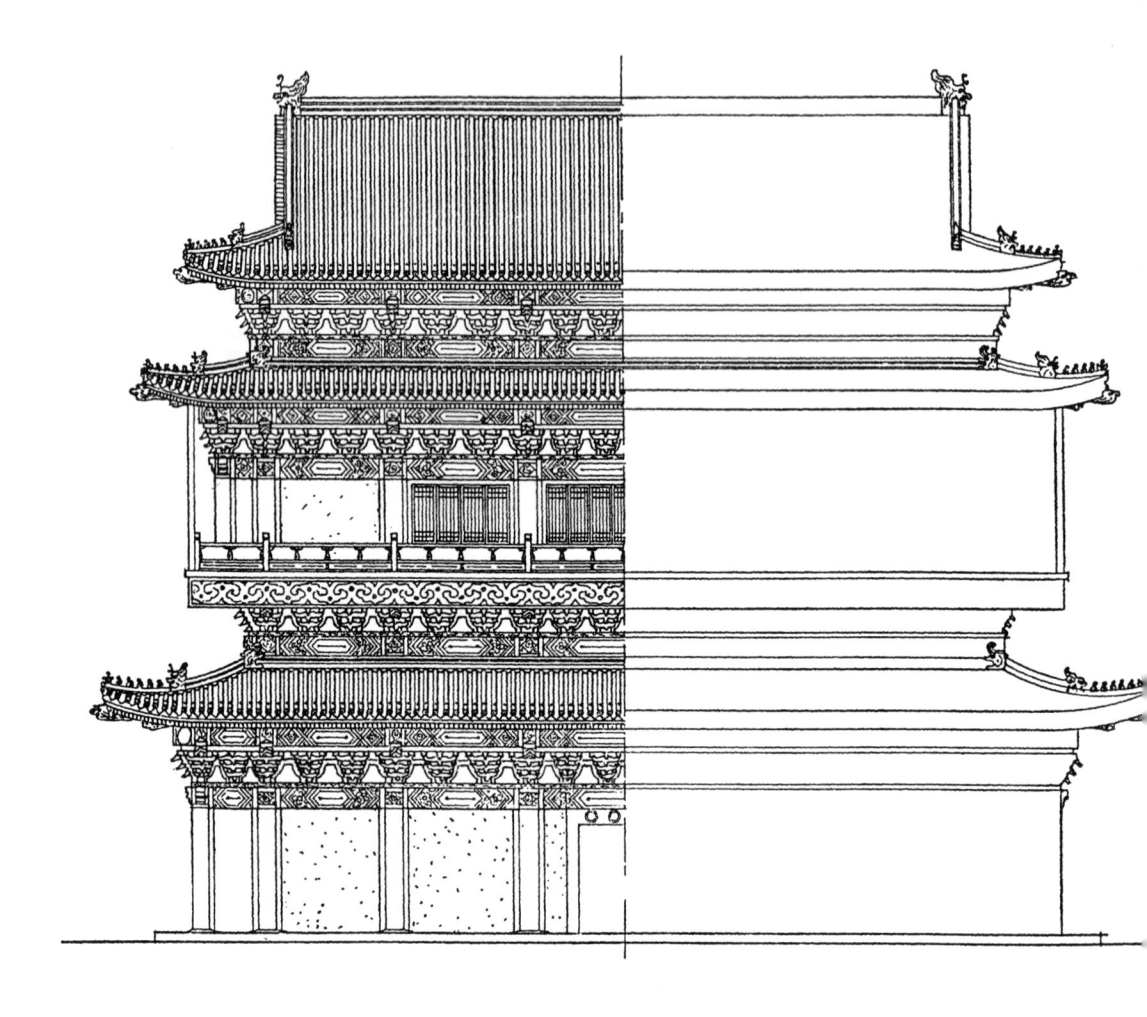

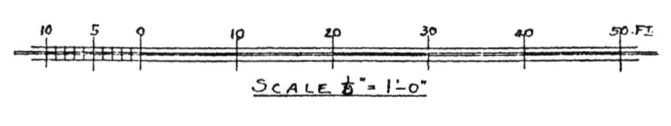

SCALE 1/8"=1'-0"

图 20　哈德门城楼

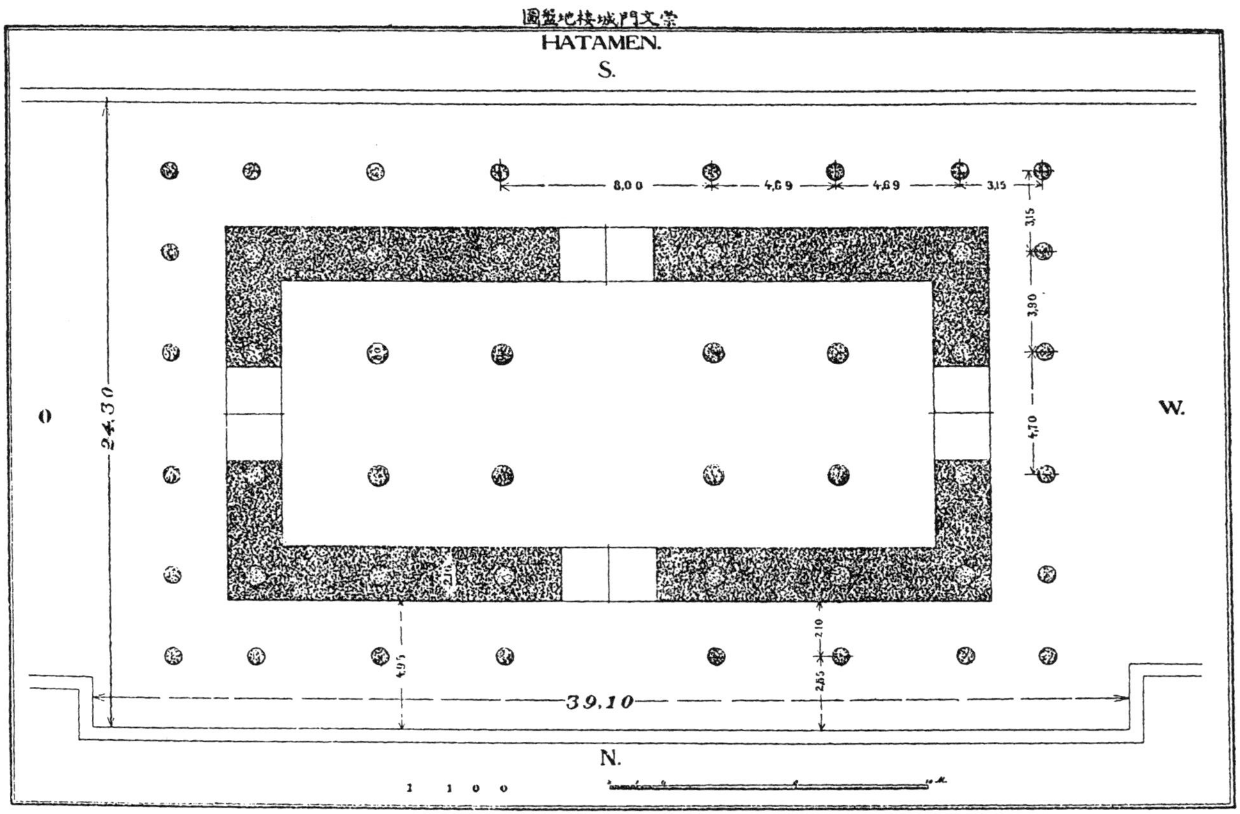

图 21 崇文门（哈德门）城楼平面图

空空荡荡的。这里唯一的建筑是铁路旁一座低矮的值房，及其对面的一座小平房。城门的寺庙已经消失，只留下了几棵树。在箭楼的城台和瓮城的月墙上，植被十分茂盛。这里有大量新生的刺槐和枣树，在雨季过后形成一片郁郁葱葱的丛林。

由于箭楼的缺失，城门外景显得低矮而单调。肮脏的河水在狭窄的护城河道中缓缓流淌，护城河石桥的形制十分普通，而这附近最引人注目的建筑是铁路的煤仓。只有沿着哈德门大街稍微往南走一点，才有一些带雕花和漆金装饰的老式店铺进入视线，看上去十分漂亮。

欣赏城门的最佳角度是从主街上正面仰望，或者从墙街[①]侧面看去，周围茂盛的树木就像是为马道插上了翅膀。

顺治门的外观与哈德门几乎没有区别。它的瓮城墙面形成一道巨大而平缓的曲线，箭楼已无存；只残存有立柱的石柱础和一些大块木料。除此之外，箭楼城台上还有五座生锈的大型轮式铁炮，其中三四座的炮身上镌刻着铸造官的姓名；一人是崇祯时官员，其余都是康熙时期的。它们作为历史遗存和法国耶稣会士在火炮铸造技术的见证，应该被更妥善地保存。

修饰一新的顺治门几乎与哈德门相同，只是稍微窄一些、低一些。因此，对其装饰和结构，我们就不再进行进一步说明了。

然而，尽管顺治门和哈德门有许多相似之处，但并不代表这两座城门就一模一样；事实上，它们之间的一大差异在于，顺治门的瓮城至今保留完整。经过城门的铁路并没有直穿瓮城，而是从箭楼的城台前绕过。穿过城楼门洞下的道路在城楼前戛然而止，并直角转向东，从瓮城侧墙上的闸门穿出，与我们之前所考察的西城墙上保存较好的那两座城门的情况一样。因此，瓮城被很好地与外界隔离开来，形成了独具特色的空间。

瓮城内的主要建筑当然还是关帝庙，它处在城墙与道路之间葱郁树木

[①] 即崇文门西顺城街。——译者

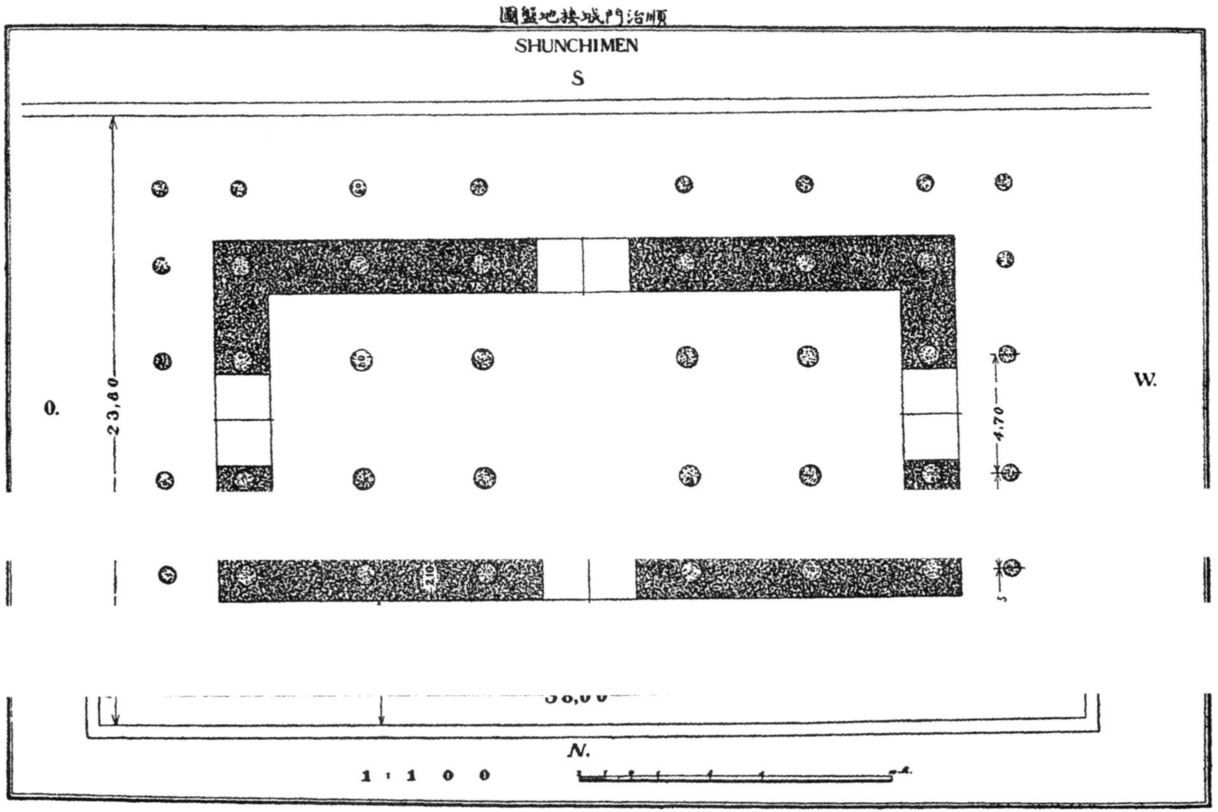

图22 顺治门城楼平面图

的环抱之中。一些算命先生在寺庙附近摆摊设点，他们收取一小笔费用，为人们解决生活难题提供指引，这比寺庙起的作用大多了。在瓮城内的另一侧，有一些世俗且实用的小建筑，大部分的空间堆满了家用陶制品，有些彩釉在白色屋顶和绿树的映衬下显得流光溢彩。瓮城后部并没有像平则门那样大片显眼的煤栈，那里被木板、陶器和大树遮掩，所以并不影响这里环境。这种古雅的色彩与天然的植物交融在一起，使这座瓮城充满了无穷的魅力。

一旦你穿过了瓮城，这种景象便立刻消失了。瓮城内恬静和谐的氛围被中国现代都市的嘈杂所取代——宽阔繁忙的街道、用砖和灰泥建筑的半中半洋的房屋、铁路和煤栈，以及一些在驼队和黄包车之间强行穿梭的福特汽车。

前门，即正阳门，是南城墙的中央大门，也是迄今为止北京城最重要的城门。它坐落在皇宫的正前方，非凡的规模使其成为这座都城中最重要的历史和建筑地标。有关这座城门及与之相连的历史事件可以写就厚厚的一本书，但是在这里，我们只能简要地介绍它的建筑特征及最近几年的改建。事实上，这座宏伟的古城门曾作为进出皇城的主要通道，是帝王与世隔绝的宫殿和平民生活的市井之间的不朽连接，而如今却是残缺不全的临时替代品。

这座城门最初有一座巨大的U形瓮城，瓮城的四面各有一道门洞。北门位于城楼下方，正对着宫城的正门大清门（现在的中华门）①，并通过一道长方形围墙与之相连。与北门正对的是南门，位于箭楼城台中部，面朝护城河桥和前门大街，这是外城最主要的街道。这道门供皇帝专用；其他人都必须通过瓮城两侧的旁门进出。瓮城长108米，宽85米，四面墙

---

① 北京皇城的正南门，明代称大明门，清代称大清门，民国时期改名为中华门，原址在正阳门北侧。1952年扩建天安门广场时拆除，1976年在其原址修建毛主席纪念堂。

体基厚 20 米，形成皇城的前庭，并通过墙垣和城门与皇城相连。当然，这里主要作为集市，但厚重的瓮城连同敦实的箭楼一道，无疑构成了都城最重要的防线。然而，由于这座城门恰好处于城市的中心，并作为连接内外城的枢纽，因此这座伟大的建筑逐渐成为现代化的制约，尤其阻碍了城市交通的发展。

让我们首先从火车站讲起。在瓮城的东西两侧各有一座火车站，它们给这里带来了相当大的交通压力。民国政府希望将这处曾经的皇家禁地向公众开放。对前门来说，意味着这座过去只有皇帝才能走的中央之门，现在成为寻常百姓来往的通道。随之而来的是迅猛增长的交通量，所有进出内城的人都拥挤在城楼唯一的拱券门洞之下，很快，这里的空间就显得相当局促，人们怨声载道。为了消除这种交通压力，北京政府委托德国建筑师罗斯凯格尔（Rothkegel）制订前门的改建方案，以调节前门及其周边的交通。

对前门进行现代化改造的计划价值非凡、意义深远，它开始于 1915 年，并逐步实施，最终在 1916 年，这座城门的面貌定格了。那些有幸见过前门的最初模样，并对其巨大瓮城、瓮城门及生动的瓮城空场念念不忘的人们，无不反对当局以这种粗暴的方式改造前门，并对旧结构造成大量破坏，但同时他们也不得不承认，原先的状况不论是从卫生还是交通的角度来看，都是无法持续下去的。由于这位改造前门及其街道系统的欧洲建筑师受到了太多谴责，我想有必要在这里引用他自己对于这件事情的解释：他最初的设计并没有得到政府的严格遵循，而是在很多细节上随意修改。然而，这些修改大多在建筑装饰和改建箭楼的细节方面，而不涉及任何规划要点。这从罗斯凯格尔先生本人的设计图中可以清楚看出。我们在得到了他的许可后，在这里呈现前门改造计划的总平面图，通过改造前后的直观对比，读者可以自行评判；我仅主要介绍前门最主要的新特征。

瓮城月墙被全部拆除，原本封闭的场地变成了开放的空间，箭楼孑然耸立在这块长方形广场的南端。城门两侧的城墙上各新开了两座门洞，并新修了宽阔的道路，便利了通向城门东西两侧火车站的交通。两条街道绕瓮城围墙外侧而过，在箭楼前宽阔的护城河桥上交汇。瓮城内外以及城墙附近所有的小房子和小商店都被拆除了，仅有瓮城东北角和西北角[①]的两座分别供奉着观音和关帝的小寺庙还得以保留。它们的外墙没有改动，往南不远处，立有一对大石狮。瓮城的余下场地十分空旷；只有两条宽阔的道路在此交汇，一条南北向，另一条东西向，路的两旁有石柱铁链的围栏，类似的围栏也被用在部分围绕瓮城的边界上。

此外，城门与中华门之间的北广场也用石板铺就并重新布局。过去坐落在北端的值房挪到了城墙脚下，并用链条栏杆围了起来，又在值房的北边布置了装饰喷泉。广场的更北边直至中华门的范围内，种上了成排的树木，并用铁链围起来，颇具欧洲风格。

这项改造计划的根本出发点是改善内外城之间的交通条件，通过开辟两条南北向的宽阔街道，并在城门两侧分别打通两座门洞，无疑带来了可观的效果。为此，牺牲了整座瓮城墙垣，旧瓮城场地荡然无存。这项工程是在中国政府的直接指导和监督下完成的，他们显然没有意识到城门的美学价值和历史价值，而且并没有受到当时海外思潮的影响。

如今，从任何一个角度看这座城门无疑都是令人失望的。尽管城楼还保留着它过去的模样，但通往城台的马道被两侧的门洞所打破（看上去似乎削弱了它们的坚固性），而北面欧洲风格的广场也与这座城楼不相协调。当然，从南边看，情况更为糟糕，那里从前是瓮城的所在，现在则多少显得有些荒凉。箭楼的情况也是如此，它被重新装饰，从某种程度上来说已经成为一座西洋式建筑，丧失了其原有特性。它孤零零地站在那儿，两侧

[①] 原文中为"south-east and south-west comers"，根据插图所展现的平面格局，此处可能为笔误。——译者

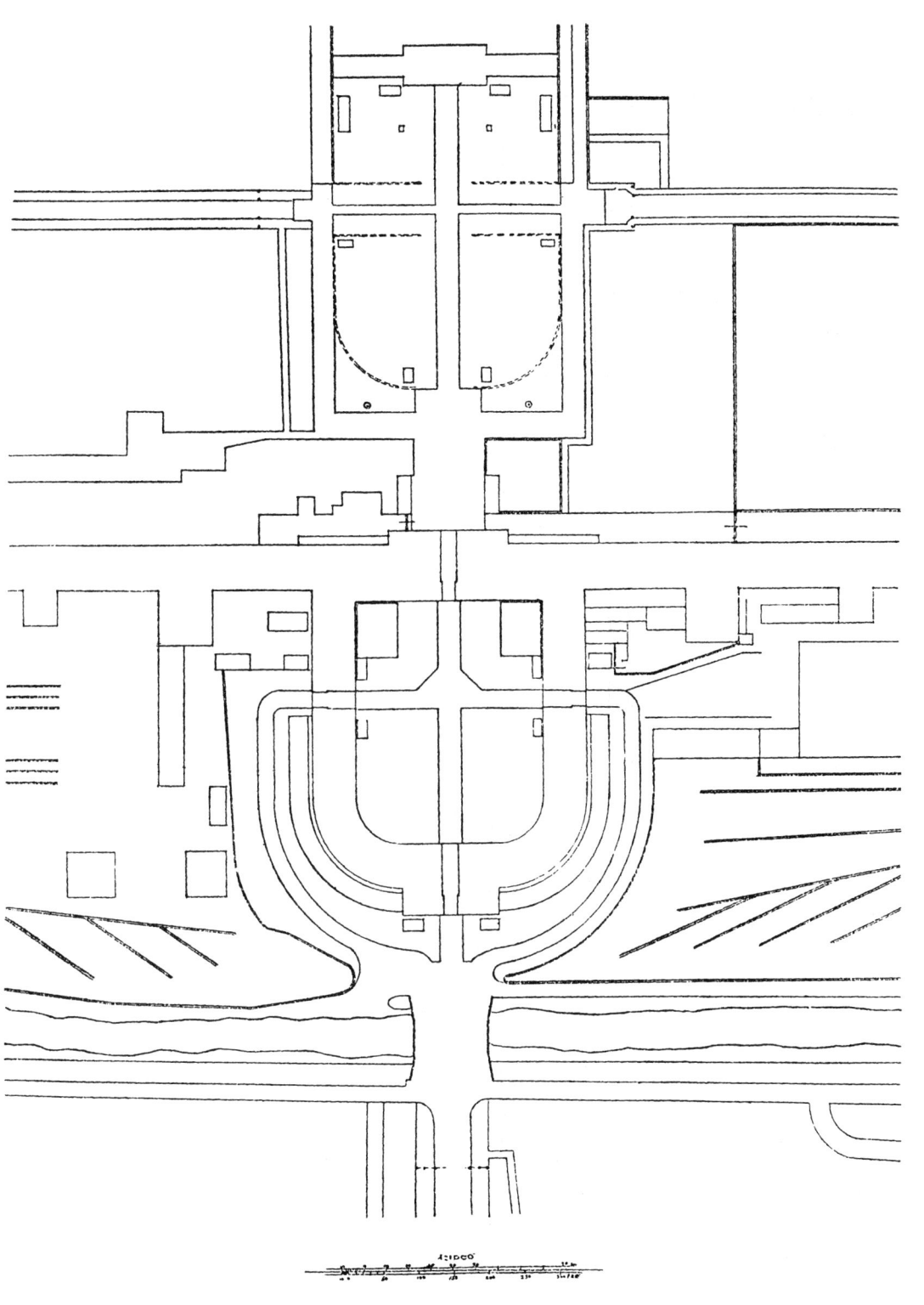

图 23　改建前的前门平面图

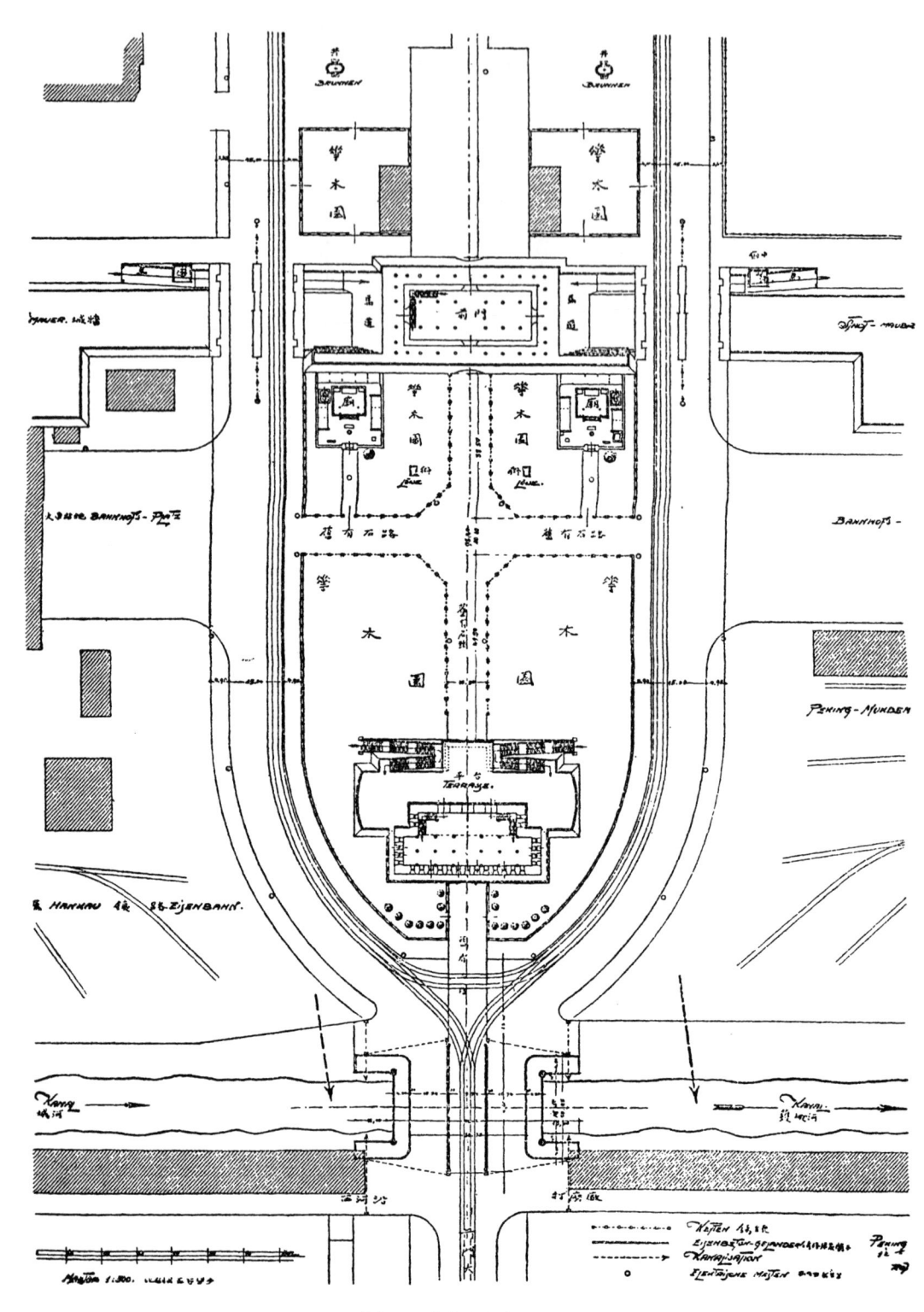

图 24 改建后的前门平面图

的瓮城月墙已荡然无存。城台上有两条"之"字形马道，隔有数层装饰着大理石栏杆的悬挑式平台。除此之外，在箭窗上方增添了弧形华盖，笨拙地模仿宫殿窗楣的式样。在整个前门改造工程中，箭楼的改建可以说是最糟糕，并很难找到这样做的实际意义或缘由。

箭楼的形制与其他城门的箭楼相同，但体量相当大。城台朝南的主立面宽近 50 米；最大厚度为 24 米，通高 38 米。因此，箭楼的结构部分得到了增强；倾斜的墙面在城台上的厚度为 2.5 米，三排大立柱支撑着屋顶。外部如常规一样，为重檐；上层为歇山式，其弯曲的屋檐向建筑的四角伸展开去，而下层屋檐建在第三层箭窗之上。两重屋檐都覆盖着明亮的绿色琉璃瓦。

整座建筑落成不超过二十年。它是在义和团运动中被大火烧毁之后重建的；当时因瓮城内有销售外国商品的店铺，遭到狂热分子纵火焚烧，大火随即引燃了箭楼。它的墙体和屋顶很明显都是当时重建的，但正如我们已经指出的，建筑的装饰却是最近几年才增添上去的。

同箭楼一样，城楼也经历了类似的命运，尽管它的重建是在义和团运动后不久。在这里，我们引用布雷登夫人（Mme. Bredon）的书中对北京城的描述："在经历了几个月后的包围之后，城楼也不慎起火，据说是由于印度军队的疏忽所致。中国人害怕厄运波及全城，匆忙开始重建，这实际上自乾隆以来（？）北京城中修复的唯一一处古建筑。城楼的重建历时近五年，场面颇为壮观。它的竹制脚手架足有八层之多，这令西方的建筑师们惊叹不已。搭建脚手架不用钉子、锯子，也不用锤子，竹竿交叠地绑在一起，从而使脚手架达到任何高度，既不损伤或浪费木材，又最大限度地减少了搭建与拆除所需的劳力。"

这种脚手架在中国和日本都十分常用。在日本，我曾目睹一座木塔的建造过程，这样的脚手架被搭到令人眩晕的高度。那里的传统工艺比中国保存得更好，木构建筑仍然流行，保持着纯粹的形式和坚固的结构。可惜

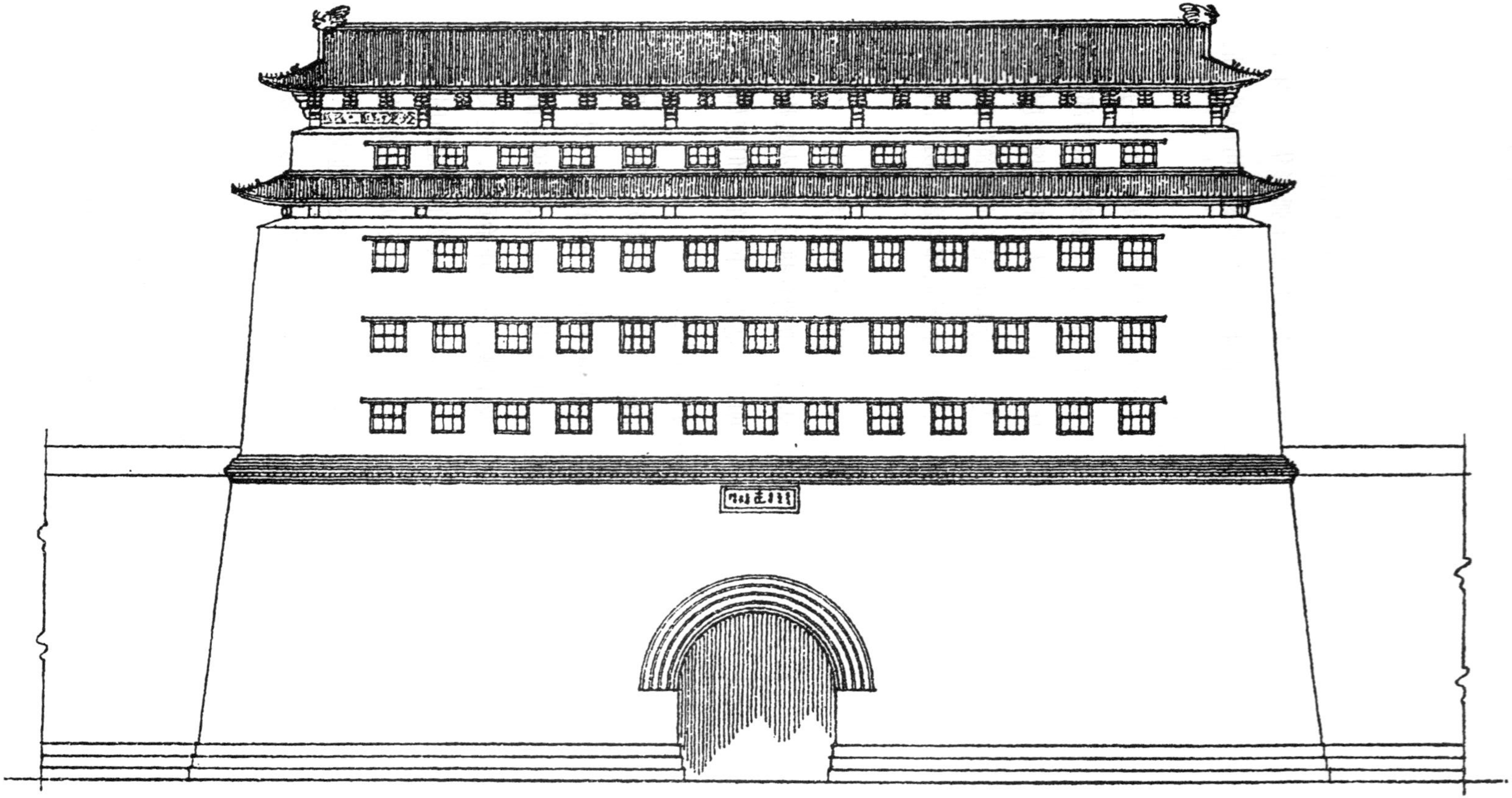

图 25 改建前的前门箭楼正面

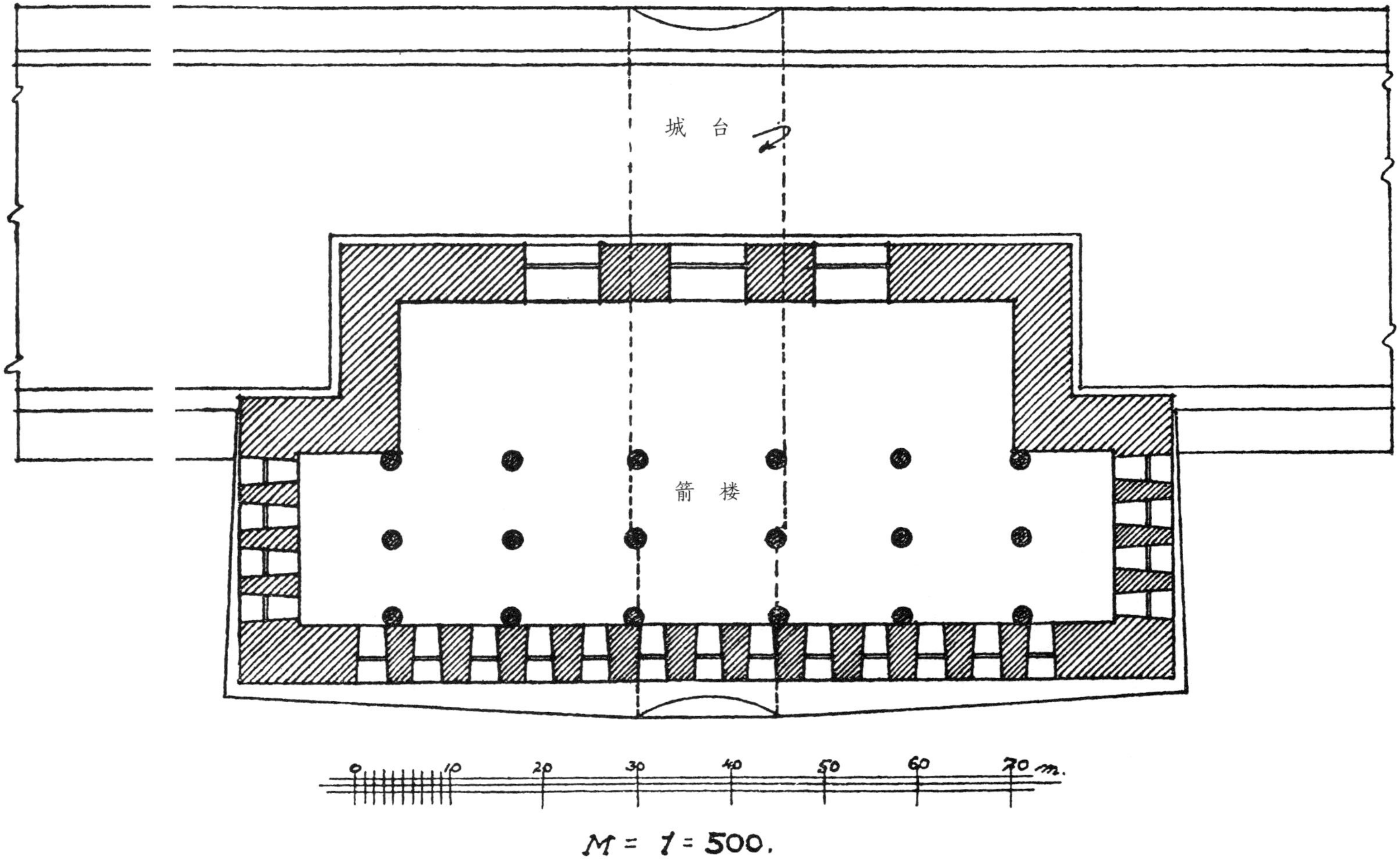

$M = 1 : 500$

图 26 改建前的前门箭楼平面图

图 27　改建前的前门箭楼侧面

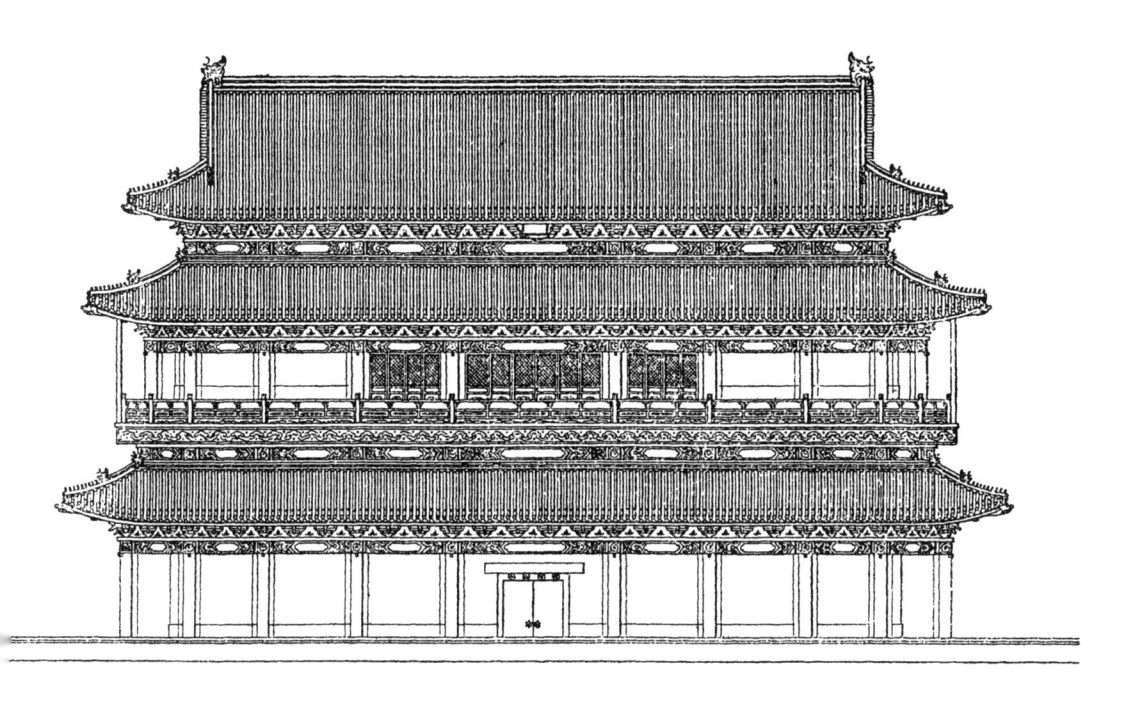

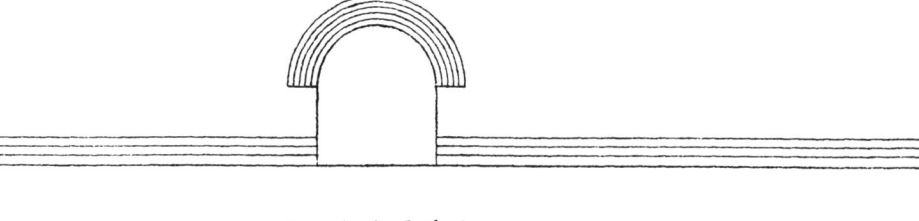

由正楼内间阳正
·FRONT ELEVATION·
OF CHENG YANG MEN TOWER·
·SCALE IN METER 1 TO 100·

图 28 正阳门城楼正面

PLAN OF CHENG YANG MEN TOWER.
SCALE IN METER 1. TO 100.

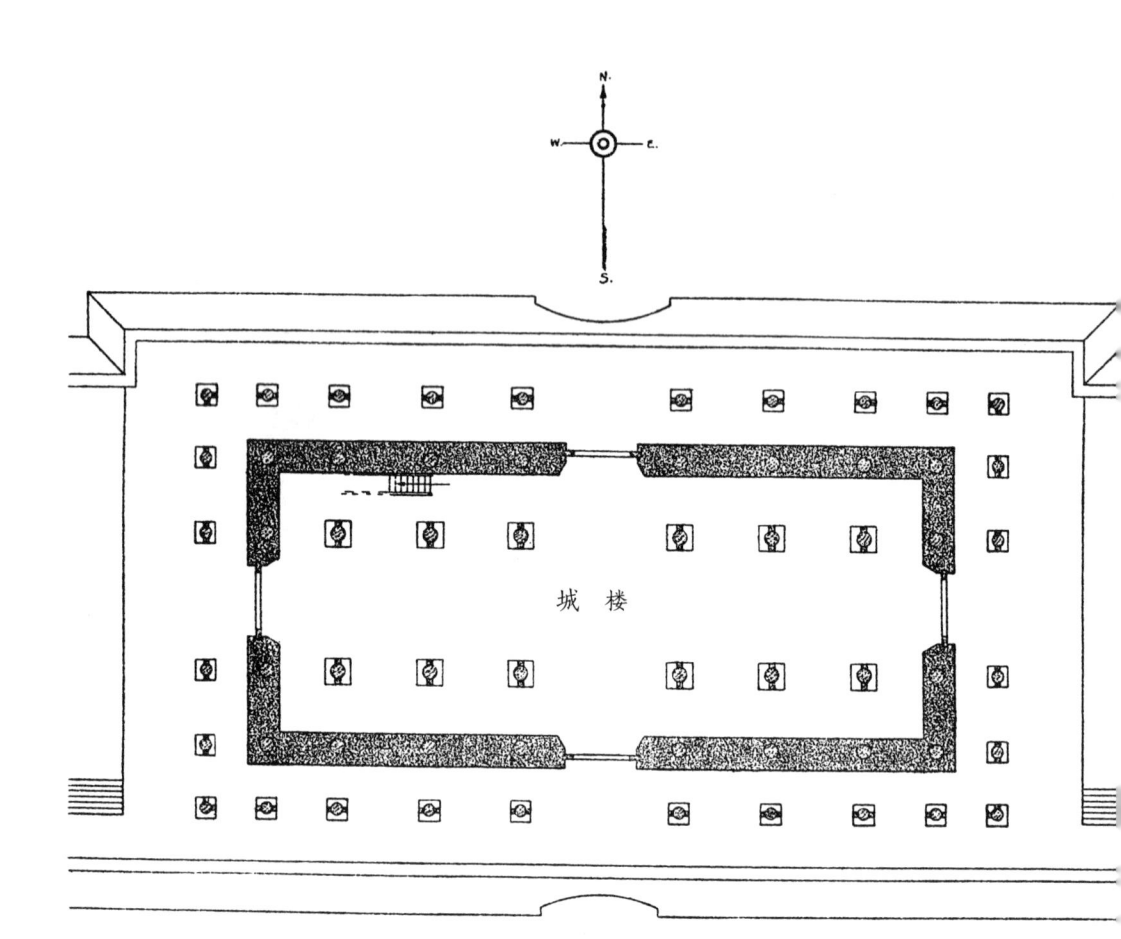

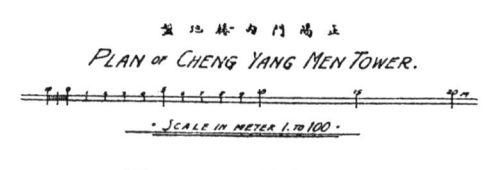

图 29　正阳门城楼平面图

的是，这类建筑在中国北方变得越来越少（部分原因是木材稀缺），但在一些重建的城门上还可以找到，但它们复杂的木质斗拱已经丧失了结构的作用，成为一种装饰配件。

新建的前门城楼上所使用的斗拱系统十分庞大，至少有五铺，但似乎没有多少承载强度。斗拱的臂很细，并以一种松散的方式连接在一起。与宋朝以前粗壮坚固的斗拱相比，这种巨大的差异显示出中国建筑后期的发展趋势。前门城楼无疑是北京在20世纪中运用传统工艺重修的最重要的建筑，虽然它并不是乾隆时期以来修复的唯一大型建筑。其他的城楼、宫殿、庙宇随后也有重建，但它们的规模都远不如前门城楼。城楼面阔41米，进深21米，纵墙长36.7米，山墙宽16.5米。城楼通高42米，其中城台之上高27.3米。结构框架如常规城门，由三圈立柱与纵横的梁枋搭接而成，斗拱和檩条支撑着椽条。中间的一圈立柱仍嵌入墙体内部，而最外圈和最内圈的立柱则用方形抱柱进行了加固。城楼面阔九间，进深五间，因此巨大屋顶的坡度似乎比其他城楼的和缓。必须承认的是，虽然整座城楼规模巨大，但对增强建筑效果却没有太大的作用。较小的城楼通常显得更匀称，与城墙的比例关系也更加协调。

前门建筑群中最漂亮的当属城楼两侧黄色屋顶的庙宇。东为观音庙，西为关帝庙，它们是北京许多城门和公共建筑的守护神，尤其是关帝庙更为北京人所熟知。与这座寺庙有关的历史记载和习俗是许多作家描写的对象（R. F. Johnston, "The Cult of Military Heroes in China, in *the New China Review*, 1921）。我只记得，皇帝在进出前门的时候，会经常在关帝庙祭拜，而这里供奉着锦袍和帽子，以纪念关公，"三界伏魔大帝"是这位伟大英雄的封号。直到今天，这座寺庙仍然被北京的富贵人家频繁造访，特别是那些家境优渥但声誉不佳的女性，来到这里，对着关公烧香磕头。寺庙庭院内有许多大石碑和参天大树，这里常有身着刺绣丝绸华服的人穿梭其间，但就在寺院外的大香炉周围，却聚着一群向正在祭拜关帝的善人们寻求恩赐的乞丐。寺庙建筑的历史应该不过百年，得到了较好的修缮，绿树包围之下，黄色的屋顶与汉白玉石碑相互映衬，完全融合在灰墙的背景之中，构成一幅迷人的景致。

毗邻城墙的城门两侧，是位于两条铁路线旁的候车室。其建筑样式十分传统，带有拱券式的大屋顶和开放的柱廊，将城楼与突兀的西式火车站联系起来。它们之间的开放空间——过去瓮城内的区域——十分荒凉，路两边拉着铁链，两只孤独的石狮彼此遥望，新生的树木显得萎靡不振。广场上唯一活动的生命是一些邋遢的乞丐和游手好闲的流浪汉，栏杆恰好将他们与汽车和人力车隔开，于是他们便在通道中间长住下来。箭楼城台下深邃的券门如今已没有人从中穿过，于是这里就成了乞丐们遮风避雨的场所，而城门外繁忙的商业街则恰好为他们带来行乞的机会。在我所看到的北京城的乞丐和流浪汉中，这里是最丑陋肮脏的，而这就是前门古老门洞之下最真实的情形。

箭楼以南的区域是北京最重要的交通枢纽之一。狭窄肮脏的护城河并没有太大的水量，一座很宽的石桥横跨其上，形成一个方形的开放空间。它被铁链和石墩划分为四条通道，分别向南、东和西三面延伸，到达外城最重要的商业区。站在箭楼上俯瞰前门大街，北京城中最美丽有趣的景象便尽收眼底，婆娑的垂柳和古老的木牌楼形成了一幅优美的画卷。这里的交通忙碌而繁杂：手推车、人力车、骡子和骆驼商队，与汽车和自行车混杂在一起——古老的秩序正逐渐被嘈杂和机械化的时代打破。

北城墙上的城门

在北城墙上的两座城门之中，安定门相比之下更加广为人知，也更加重要。它是一条南北向长街的交通枢纽，其南段称莫里森大街（原名王府井大街），北段称安定门大街。安定门毗邻孔庙、雍和宫，它们可能至今仍是北京城中最大的庙院。这里的交通相当繁忙，不过出入城门的主力是运输煤炭的队伍和士兵，营房在城门外不远处，此外偶尔还能遇到喇嘛和前来参观拜谒雍和宫的蒙古朋友。

城门的原初结构已经被环城铁路打破，铁路线穿门而过。瓮城被部分拆除，但箭楼两侧仍然留有部分弧形的瓮城墙，从北面望去，外观完整而壮观。与周围环境最不协调的应属一座两层的半西式值房，墙面抹灰，山墙略带弯曲。高耸的箭楼从敦厚平整的城台上拔地而起，朴素的砖壁上辟有四排箭窗，并有重檐屋顶挑出。箭楼前的护城河十分宽阔，水面倒映着箭楼伟岸的英姿，画面极为壮美。遗存的瓮城月墙和城台建于明朝中叶，但箭楼应该是后来所建，可能重建于乾隆年间，因为其他许多防御性门楼都在当时有修复；不过第二次鸦片战争中英法联军进攻北京时，曾被枪炮损毁，1861年再次大规模整修。在条约签订以前，联军曾一直占据这座城门。

安定门城楼显得更为古旧。垂脊和中间的平坐已经开始断裂；一些立柱已经开裂并用铁箍加固，城楼覆盖着一层厚厚的灰土，其本色仅隐约可见；雨季过后，杂草灌木便从松散的瓦片之间生长出来。其实这座城楼，比起南城墙上华丽的新城楼，与饱受风雨侵蚀的城墙之间更显和谐。

安定门城楼的规制与东直门和西直门十分相近；只是城楼在比例上略宽。城楼纵墙长26.4米，山墙宽11.5米，面阔七间（31米），进深五间（16米）。城台之上部分高约22米。墙体的厚度以及靠近墙外侧的中间层立柱的结构形式与东直门相同，而其他细节也极为相似，这似乎表明这两座城楼建于同一时期，可能为乾隆年间所建。由于木构建筑在北京容易损坏，它们很可能经历了后世修复。遗憾的是，我们并没有找到与这两座城楼有关的日期记载。

由于瓮城在很大程度上遭到破坏并有铁路穿过，其内部的景象令人十分失望。瓮城残墙端部的处理手法与东城墙的两座城门相同，都是通过一组加栏杆的台阶迂回而上，中间隔有平台；这种纤巧细致的风格与古朴简

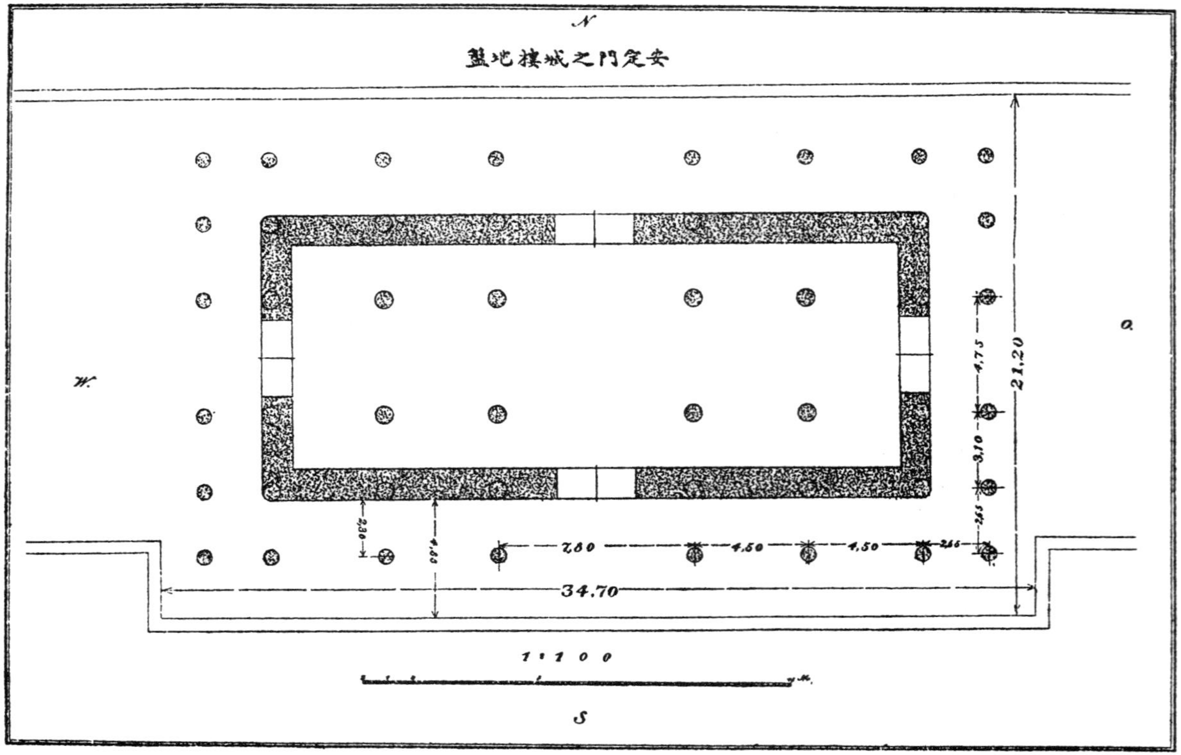

图 30 安定门城楼平面图

单的城墙形成了鲜明的对比。然而幸运的是，在瓮城的后部仍残存着一些古建筑和树木，并将人们的视线从那些现代罪行上转移开。箭楼城台的墙根下有一座小真武庙。这是个有着田园般景致的小地方，有六间独立的寺阁，小径围绕着庭院，院中的大香炉和大理石碑笼罩在墨绿色的椿树下。安定门一带尽是荒芜的沙质原野和小土屋，而这座庙宇无疑是最具吸引力的地方。

德胜门位于北城墙西端，城墙在此向西南方向转折。这里仍保持着十分静谧的氛围，不受任何现代化的干扰；通向城门的街道两旁种植着高大的古树，林立着古朴的老式店铺，但临近城门，画面立刻变得令人扫兴：没有了开放柱廊和三重飞檐的城楼，仅存一座略高于城墙的平坦城台及硕大的券洞。北京政府认为城楼年久失修，于1921年将其全部拆除。直到1922年夏天，大部分的建筑材料还堆积在城台之上；就我所见，无论是柱或梁其实都并未腐朽。城楼的柱础和墙基仍在，这为我们绘制平面图提供了依据。这座城楼略大于安定门；山墙宽12米，纵墙长31.5米，进深16.6米，面阔27米。城门券洞出奇地高大；它近乎达到城台的顶部边缘，加之城楼缺失，更显得格外高大。

穿过门洞，眼前展现的是一幅有趣得多的画面。事实上，德胜门瓮城已被穿过这里的铁路破坏，并由栅栏和低矮的藩篱隔开，如同安定门那样；但这里比起其他被破坏的瓮城而言，还是保留了较多的古老遗迹。这主要是因为两侧残余的瓮城月墙较长，而铁路的蔽墙顺着月墙端头的台地渐次收尾，与月墙之间只能容下一条道路穿过。因此，城门的道路并没有直接穿过箭楼，而是分成左右两条环绕瓮城的支路，并在箭楼前的护城河桥上交汇。瓮城内的后部仍然是一个相对孤立、封闭的空间，那里几乎不受任何现代方式的改变；而保存得十分完整的寺庙以及门前茂密的椿树，使这里变得十分迷人。树丛灌木隐蔽着之字形的台阶和瓮城残垣的雉堞；难怪在古老的寺庙前的树荫下，聚集着食品摊贩、赶驴人、剃头匠及他们形形色色的顾客。没有哪座城门可以与德胜门相媲美，美好的自然景致和静谧的乡村意境在这里融为一体。这座城门的真武庙比其他城门的都大，钟楼和鼓楼分立于庙内正门两侧，同时还有几座建筑和道士的住所；不过，我怀疑这里并不经常用于宗教活动。我上次造访时，看见一两座精致的小屋里堆满了正在分拣的棉花，有的地里还种着白菜和土豆。

德胜门箭楼的规模和结构都较为普通，显然在近二三十年有所修复。箭楼的砖墙蒙上了一层灰色，与之下古朴的城台对比强烈。箭楼下部的墙体无疑建于嘉靖或万历年间，但与之相连的主墙则在乾隆年间有修复。箭楼前面的古老石桥已经逐渐坍塌，护城河的岸线也开始变得参差不齐，如果不是那座孤零零的值房，从墙脚的角度看过去，箭楼还是十分气势恢宏的。

德胜门瓮城中两条铁路之间有一座小亭子令人好奇。亭子的中间是一座高大的石碑，镌有乾隆帝在嘉庆二年（1797年）创作的一首诗。[①]当时，这位太上皇特意为这座城门题名"德胜门"（正义胜利之门），并表示他拥有足够强大的力量来保护他的臣民不受任何侵犯。

---

① 英文原文为"in his 62nd year（1797）"，乾隆帝登基的第六十二个年头，即乾隆成为太上皇的嘉庆二年。不过另有观点认为，此处提到的诗应为1779年所立祈雪碑上的题诗。

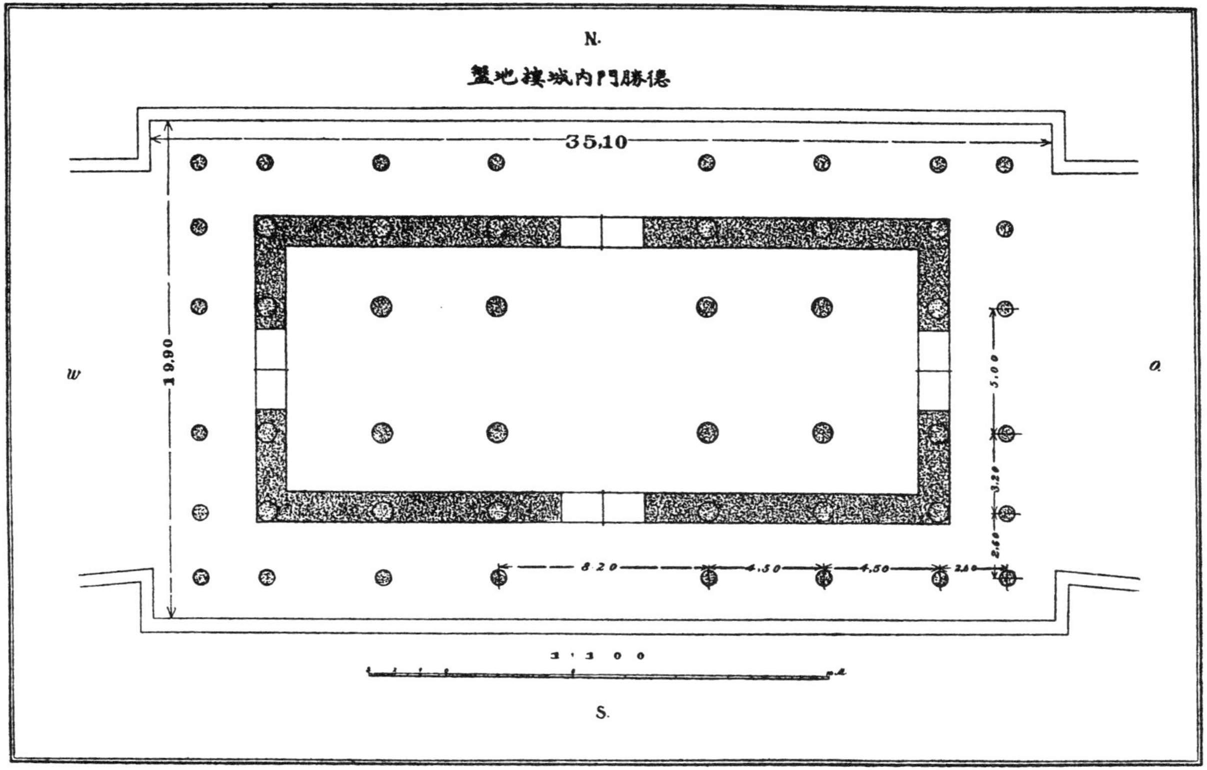

图 31 德胜门城楼平面图

第八章　外城的城门

外城的城门比内城小得多，共七座：南城墙三座，东西城墙各一座，另外在东北角和西北角与内城城墙相连的两段短墙上还各有一座。它们形制相对较小，建筑特征亦不甚显眼，但并没有减损它们的趣味性和重要性。总体来说，它们与内城的城门具有相同的平面格局和建筑风格，但在结构和装饰细节上有所简化。但我们必须承认，较小的城门规模在大多数情况下显得更加协调，并且与城墙以及周围的街道景观形成更加亲密而完美的联系。从绘画的观点看，与周围景致相融合的小城门总是比以大城门为主体的画面要更美。

我相信，我拍的照片可以清楚地说明这一点；大多数情况下，大城门主要展现的是建筑的美感，但其所处的环境并不吸引人，而外城城门则往往是建筑、景观与自然环境的完美融合。这些照片可能会作为建筑特点和城门现状的历史记录，但我希望它们能传达更多文字难以表达的东西。关于这些，读者们可以自己揣摩。我只想说，城门的美，不仅仅来源于树木、屋舍、桥梁等景观，而居民的生活、光影和氛围也同样令人陶醉，凡是在北京生活过的人，心中都会留下这些难以忘却的记忆。

西便门坐落在西北城墙上，位于一条店铺林立的老街尽头，事实上，街道本身比低矮不显眼的城楼更引人注目。把它称作城楼其实很容易引起误解；它不过是一座简易的矩形抹灰砖房，城楼两侧各有一扇门，但没有窗户，也没有柱廊。城楼除了望兽和脊兽，没有其他任何细部装饰，而瓦片之间生长着茂盛的杂草。城楼立在城墙正中，而瓮城的形状使之得到些许加强，且只有一条马道。通向瓮城的门洞不是拱券式，而是方形，顶部是厚重的木板，架在嵌于两侧砖墙中的横梁上。这道平顶门洞的中间是比门洞更高更宽的内券，城门的门扇挂在枢轴上，可以自由转动并收进墙体凹处。城楼的尺寸：纵墙长11.2米，山墙宽5.5米，城台上楼高5.2米，通高11.2米。只有一圈立柱，面阔和进深都为三间，立柱包裹在砖墙内，并有双层顶梁，但没有斗拱和檐柱。

瓮城的院落极窄小，宽30米，而深度仅为7.5米。不过仍然生长着一棵繁盛的古树，就是我们在其他城门也能看到的槐树，俗称"刺槐"，它荫庇着瓮城内的一半空间，而另一半空间则被一座小小的值房占据。瓮城的墙面已经风化，因而显得粗糙；其主体部分似乎建于明朝中叶，很多城砖上标记着"嘉靖三十九年"的砖文，但局部后世有修复。而瓮城的外壁则是乾隆年间重建的。

西便门箭楼门洞的内侧为方形平顶，而外侧为拱券式。门扇也安装在更宽更高的内券中，这样便于城门的开闭，并且不占用门洞通道的空间。箭楼的城台略微凸出瓮城墙面，城台顶部薄薄的檐口强化了箭楼的形象。城台之上为箭楼，两侧有垛口。整座箭楼面阔仅为9米，进深4.6米，楼高4.7米，通高10.5米。与城楼一样，其结构框架由一圈立柱构成，并嵌入砖墙内部（面阔和进深各三间），在正面和两个侧面各有两排箭窗。这些箭窗与砖瓮城墙，比城楼看上去有趣，但它是如此之小，而与整座城门唯一宏伟的部分——箭楼下的宽大拱门——不大协调。

这里的护城河深而窄，横跨着一座小石桥。过了石桥，道路向两个方向分叉，一条径直向北，另一条折向西，而后者为外国人所熟悉，因为它通向跑马场。不过，北道的风景更美。街道两侧的高处是一排排小屋，有宽阔的石阶可拾级而上。这里时常聚集着休息的赶驴人,因为屋前高大的槐树像一把撑开的大伞,遮蔽着台阶,斑驳的树影撒在白色的墙壁和被阳光烤得炙热的路面上,并随着微风翩翩起舞。这里没有必要像城里那样,用竹竿和草席搭起凉棚,因为大自然赋予这里同样有效但更加美丽的庇护,婆娑的光影和沙沙作响的嫩叶平添了几分舒适的情调。当然,树荫下的舒适仅限于春夏季;一到寒冷的季节中,这里就是一派裸露而单调的景象,只有每天从这里经过的驼队,能为这座饱经风霜的老城门增添一丝生机。

东北城墙上的东便门与西便门遥相呼应;在某些方面它显得更简陋,更不起眼。城楼的规模与西便门几乎相同,而瓮城的面积也与西便门的不相上下,但比例有所不同。城楼——如果这样称呼它——是一座红色抹灰的小砖楼,可能在 19 世纪有修复。近距离观察这座城门,会感觉它似乎是陷入城台内,而不是耸立其上的;它部分隐藏在垛口之后,但宽大的弧形屋顶将它从快要消失的视线中拉了回来。比城楼更夺目的是在它前面的值房和包含着嘉庆城砖的城台,不过显然经历了后世的修复。

同西便门一样,东便门的城楼门洞也呈方形,顶部为横梁和木板。穿过门洞,便来到瓮城,这里比西便门瓮城略深,但同时比窄一些。这里也没有西便门瓮城那样的美景:没有树,也没有其他生长的植物,只有一间用作值房的小棚子,加强而不是缓解了死寂寥落的氛围。不时可以看见有人用扁担挑着两头晃晃悠悠的筐子从这里经过,但人力车和马车却很少见。

东便门箭楼的门洞也是内方外圆。拱券比西便门略小,因此"门楼"似乎显得更大。城楼由木结构的梁柱体系包裹着厚厚的砖墙砌成,并开有两层箭窗,使它看上去极具防御性。屋檐上是一层厚厚的柔软的草。箭楼连同瓮城的墙体修复于乾隆年间,可能是乾隆三十一年。

就在箭楼外的瓮城角落,聚集着一群赶牛和赶骡子的人,这里有一处小型牲畜市场,时常可以看到强健的牛和无精打采的骡子。再向东走几步,地面的斜坡变得相当大,城墙的基座由一层变为两层。由于基座已经部分

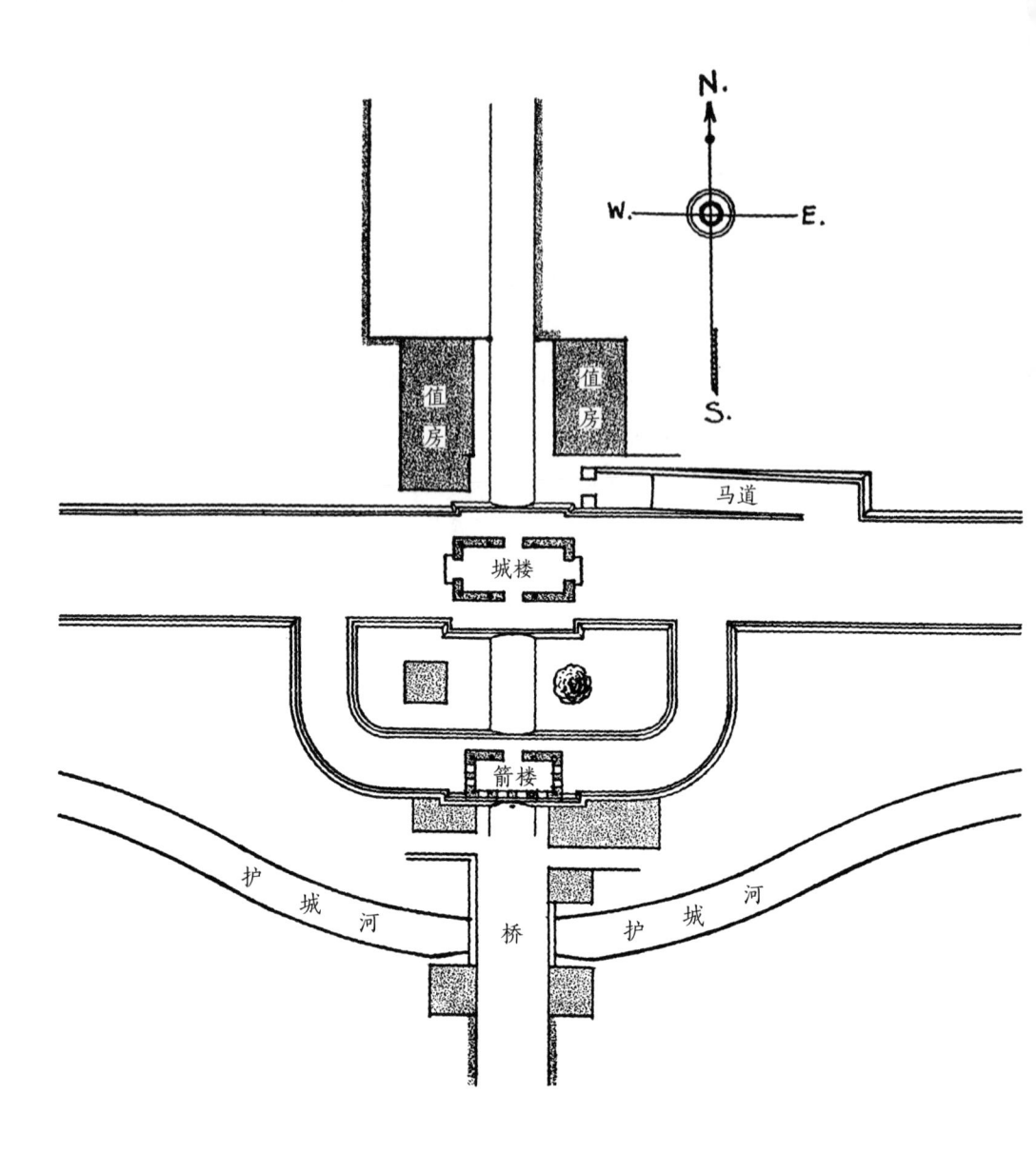

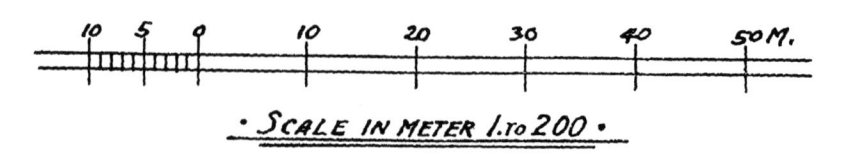

图 32 西便门城楼、箭楼及周边平面图①

---

① 图片左上角的方向标识有误。西便门朝北,而护城河应位于城门北侧,所以图片上方应为南,下方为北。

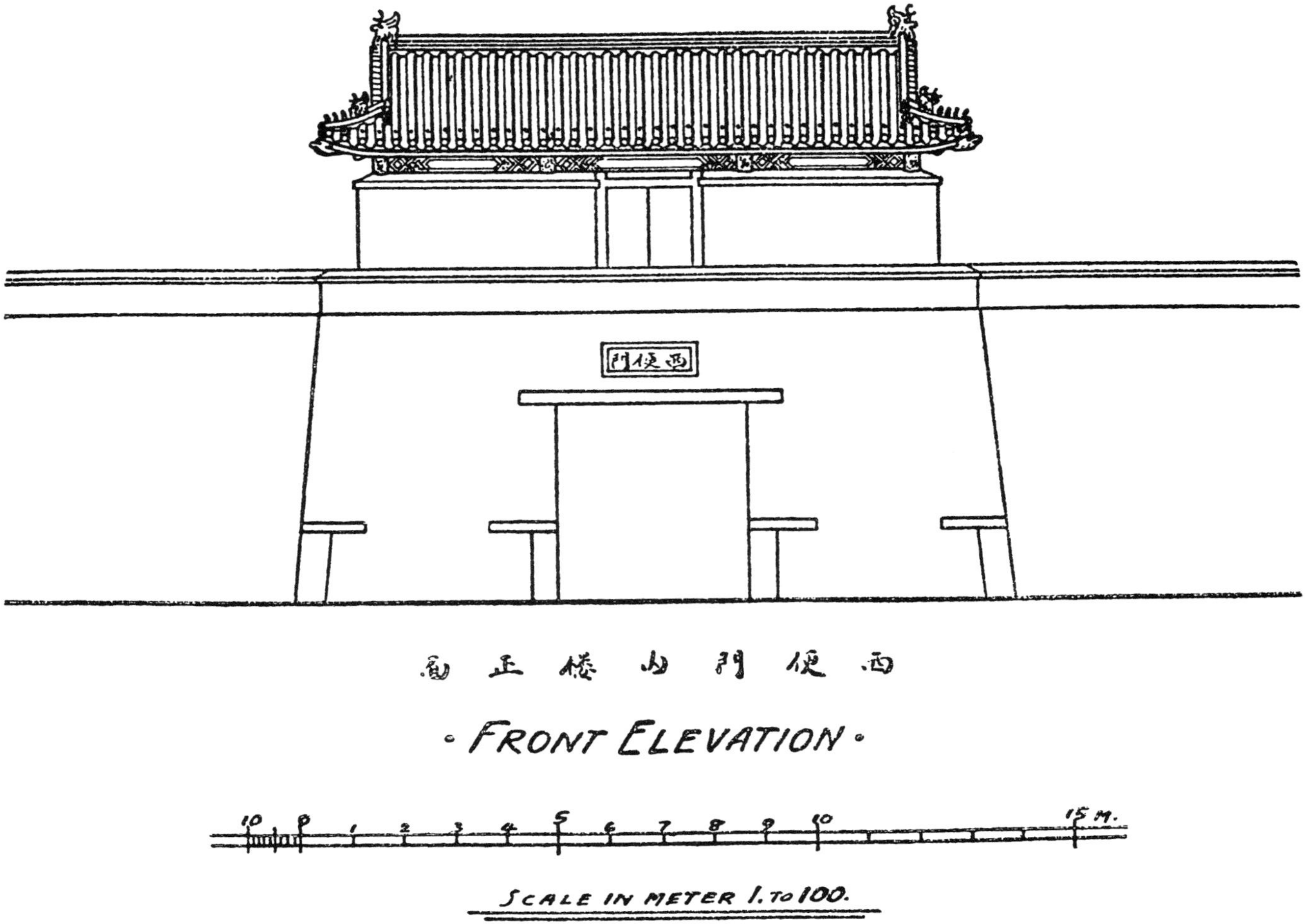

西便門城樓正面
· FRONT ELEVATION ·

SCALE IN METER 1. TO 100.

图 33 西便门城楼正立面

西便門樓山門剖視式

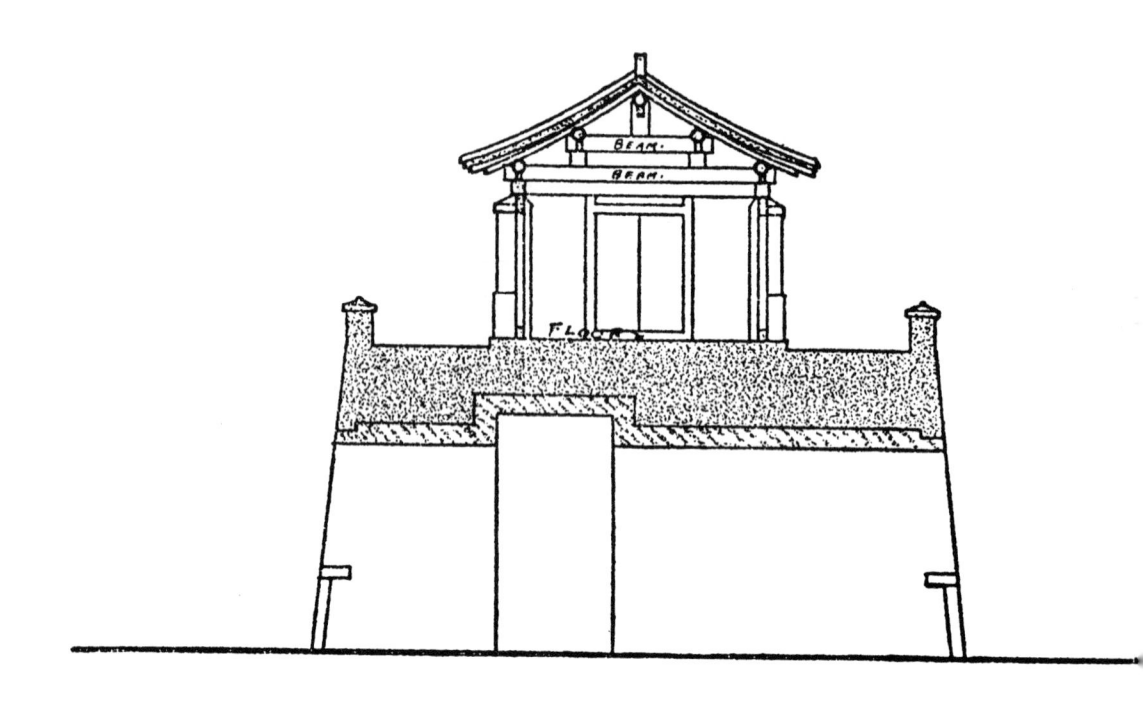

· CROSS SECTION ·
ON C--D.

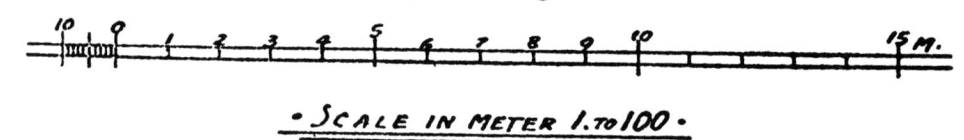

· SCALE IN METER 1.TO 100 ·

图 34　西便门城楼剖面图（侧面）

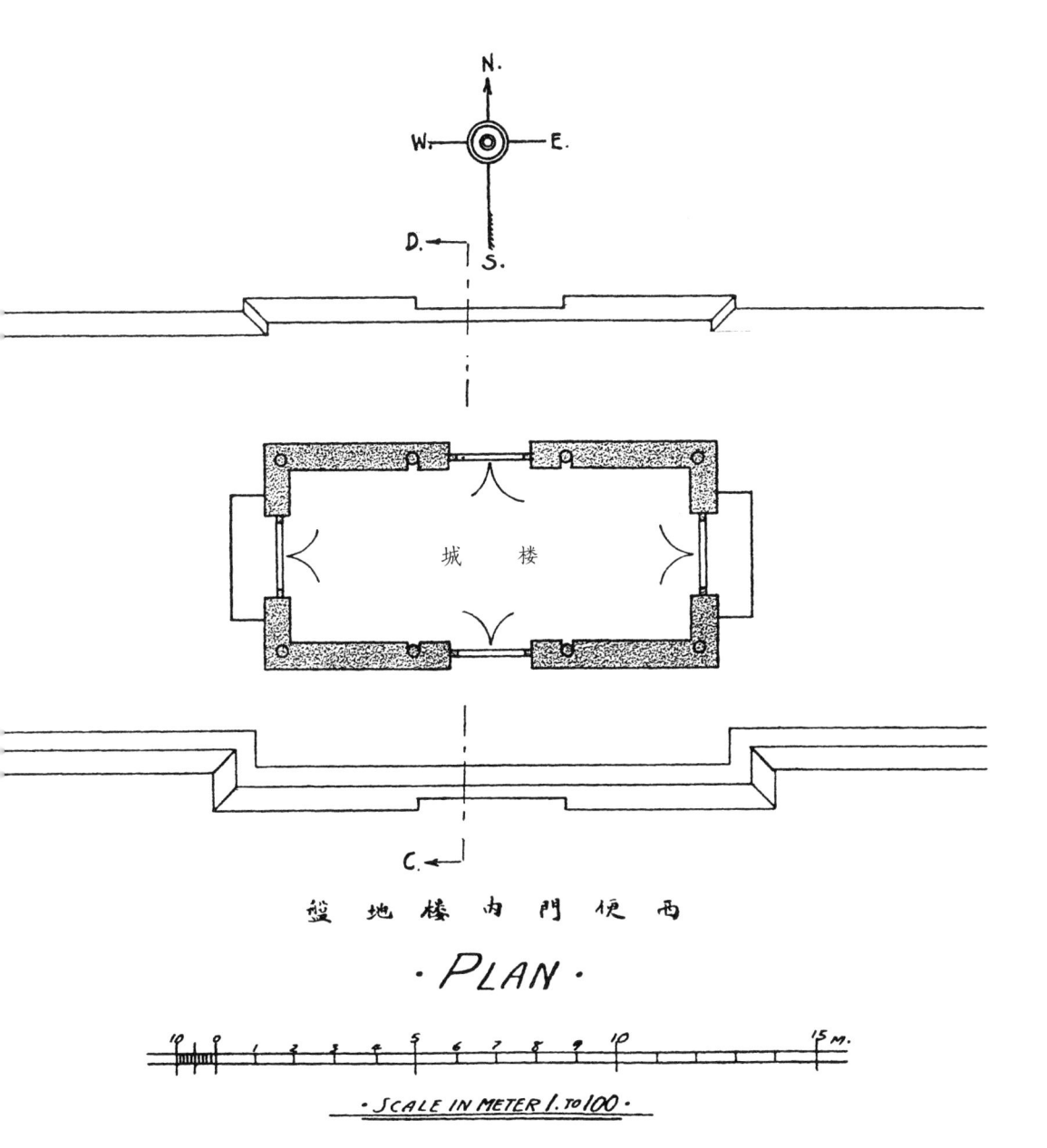

图 35　西便门城楼平面图

西便门外楼地盘

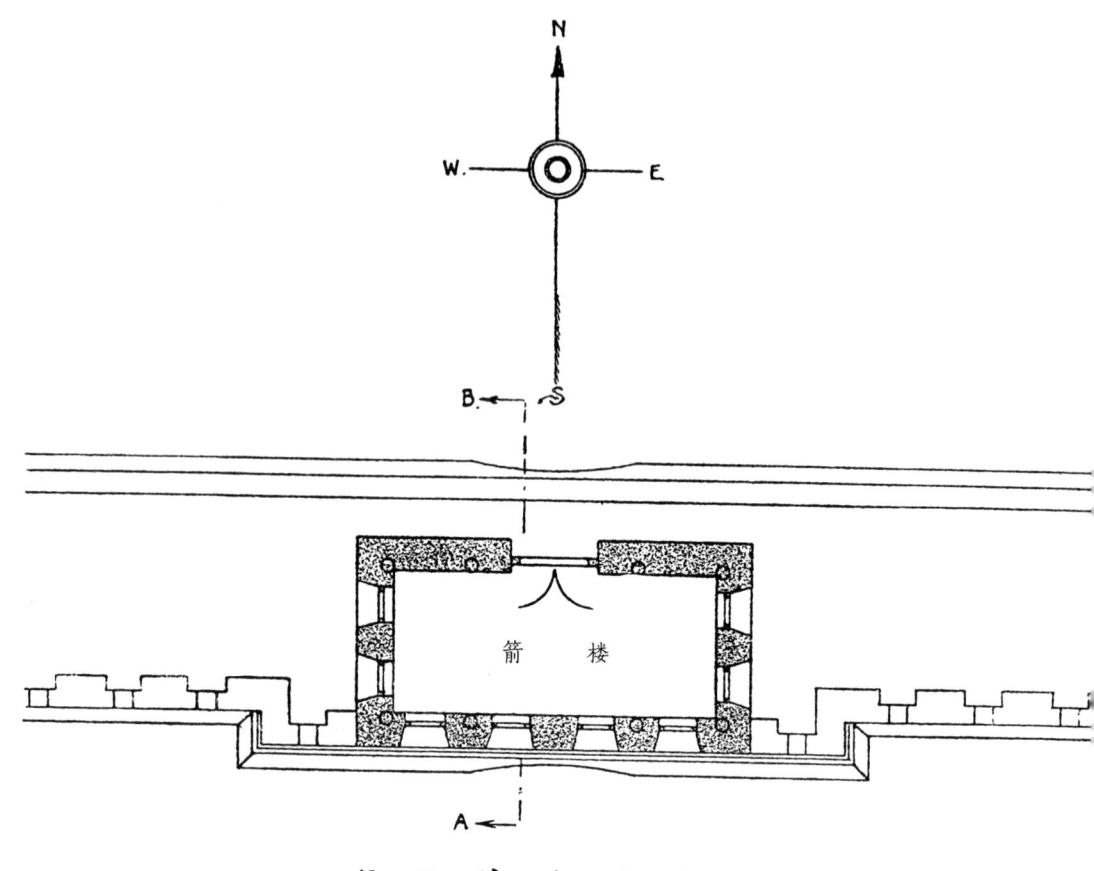

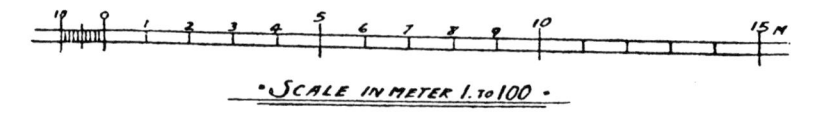

·PLAN·

图 36　西便门箭楼平面图

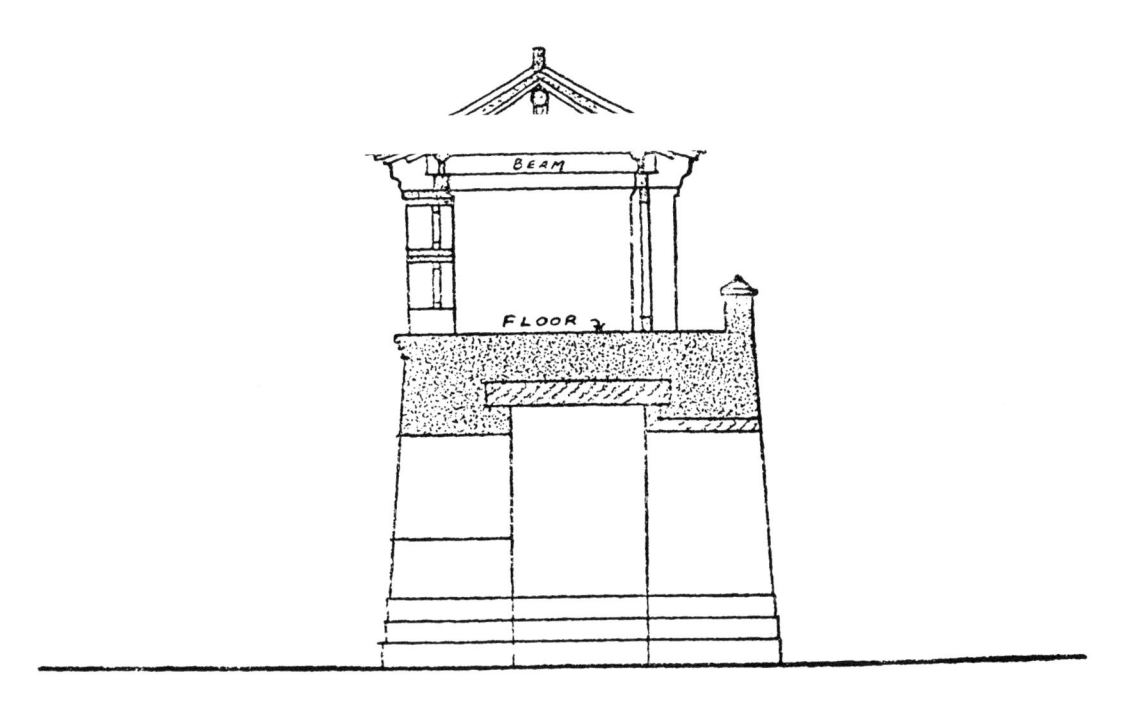

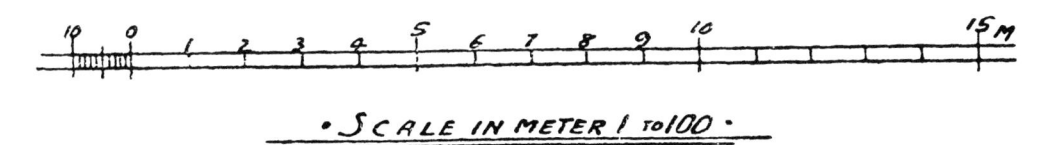

图 37 西便门箭楼剖面图（侧面）

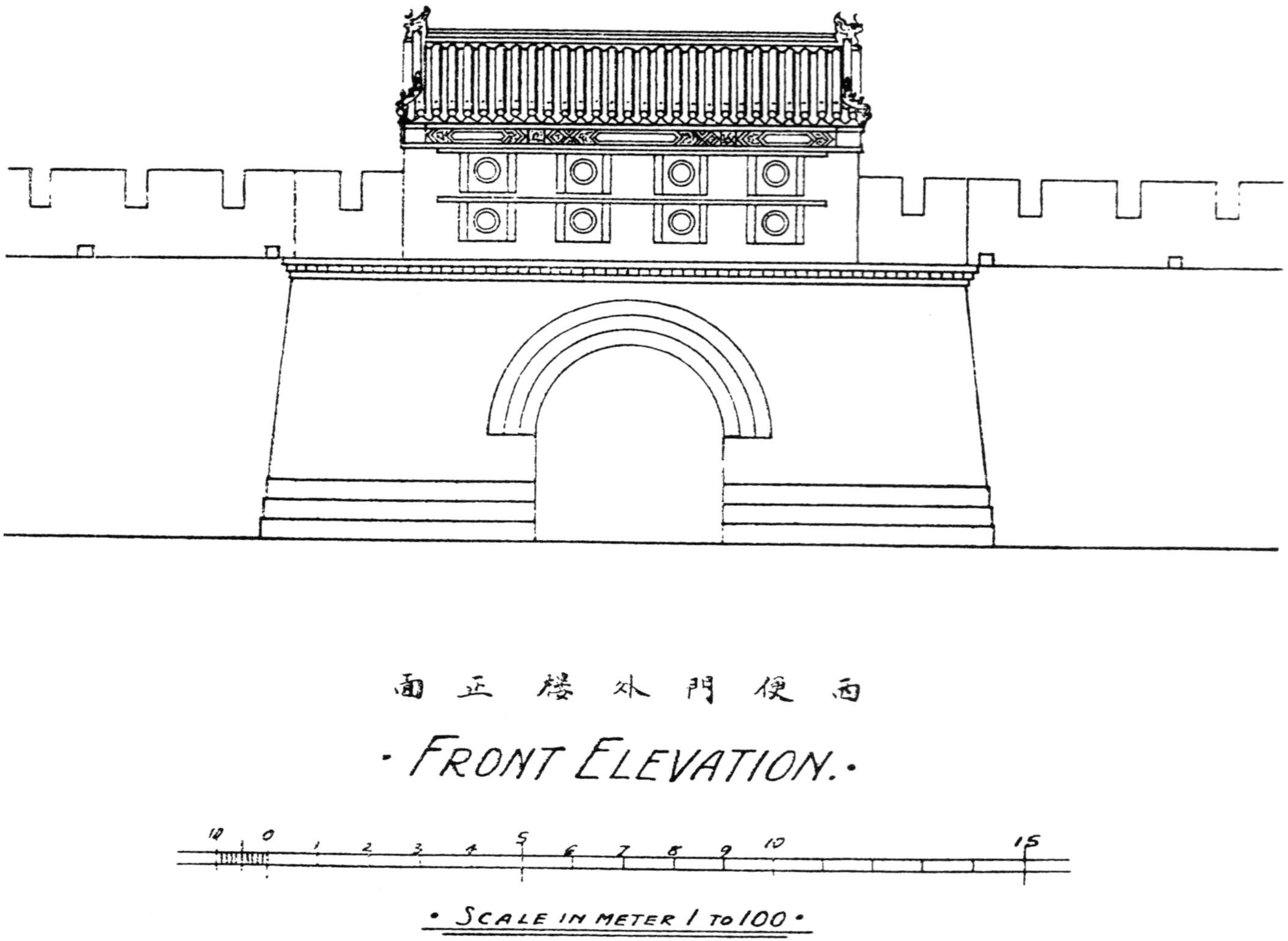

南正臉外門便西

FRONT ELEVATION.

SCALE IN METER 1 TO 100.

图 38 西便门箭楼正立面

破损，其不同的结构要素和组合方式清晰可见，而层层累累的墙体在这里显得更加迷人。

东便门东边流经的运河为这里增添了独特而美丽的景象。护城河实际上被拓宽成一条石砌岸线的运河，并从北面引入了丰富的水源。这里是东河的发端，在以前曾是连接北京与天津大运河的最重要航道。这条河在箭楼的西侧汇入护城河，并形成一片小湖泊或水塘。夏天，这里覆盖着芦苇和莲花；而在冬天，宽广的冰面正好是溜冰的好去处。这里还生长着高大的柳树和刺槐，与碉堡般雄伟的内城角楼和内外城连接处摇摇欲坠的小城楼和谐共存。城门前的运河上横跨着一座精致的三孔石桥，桥上雕有水兽，并配有水闸以调节河中水量。只要天气晴好，桥墩和石堤上总有喧闹的孩童，在明镜般的水中洗着他们的棉纱和新染的蓝布。向东远眺，你可以看到色彩斑斓的游船和船上无忧无虑的青年男女，他们要去"公主坟"，或者沿着这条古老运河去往其他浪漫的地方。

沙窝门，即广渠门，也许是北京最孤单的城门。它位于外城东墙的北部，四周一片荒凉。这里必须穿过一块开阔的空地才能到达，这里没有人居住，只有商人在交易各种品牌的肥料。

城门很小很矮，但还是比西便门和东便门显眼；瓮城的长度远大于那两座城门。城楼仅一层，正面为五开间柱廊，但侧面和背面没有柱廊。由于部分楼体被垛口遮挡，便显得低矮，像西便门一样，而弯曲的屋顶如今十分破旧，正脊已经断裂，垂脊也残缺不全。一场雨过后，它看起来更像是一个覆盖荒草的屋顶，而不是瓦片铺就的。尽管这座城楼如此破旧，但我判断它的建筑年代不会早于乾隆时期；城楼连同瓮城和箭楼可能重建于乾隆三十一年。但城楼下城台的主体是用明代城砖所建。

门洞为一座大拱券，拱顶略尖（可能也重建于乾隆年间），并正对着箭楼的门洞。两座门洞相对于城台颇为宽大，因此通过门洞我们能清楚地看到瓮城内和城门外的景色。

瓮城的空间很大，并有几间门脸敞开的小食品店，店门口设有砖砌的座椅，看起来别有一番意境。这里没有树，没有庙宇，也没有其他什么特别有趣的东西，这是一座非常匀称而原始的老式瓮城。它的大小足以平衡城楼与箭楼，但瓮城内的景象可以同时尽收眼底——城墙、商店和门楼——它们构成了一幅协调的画面，这是在大城门的瓮城中难以感受到的。整座建筑似乎重建于乾隆三十一年；瓮城的墙体可以清楚地追溯到这一年，而城楼和箭楼的重建年代显然不会比之更早，只能更晚。

沙窝门箭楼与城楼一样低矮，屋顶也十分破败，而屋脊的一部分已经残缺。它只有两层箭窗，但由于其所处位置相对自由，看起来比上述那两座"便门"更加挺拔。城台比瓮城墙体更厚、更高，并向外凸起，形成对箭楼的强大支撑。城楼垛口并没有连续包围箭楼，而是沿着城台向上倾斜，并连接箭楼两端。这样的布局提升了箭楼的高度；箭楼好像被举了起来，并统领着瓮城的制高点。

箭楼前是一条宽阔的砖砌护城河，一座古老的石桥横跨其上，桥上的小吃摊点比瓮城内的还多。另一侧的道路似乎曾用石板铺就，但对于如今往来的大车而言，非但没有提供便利，却有些妨碍通行。这样的车辆很少经过这里；出入这座城门的人，大多骑着骡子或步行，他们深一脚浅一脚地走在凹凸不平的路上。我曾经幸运地在这里见到过一支婚礼仪仗队——长长的阵容里，身穿白色服装的人拎着或挑着礼物，紧随在装饰艳丽的新娘轿子之后。经过城门以后，人们便无法保持平衡的步伐，不得不跳着避开路上的大坑和石头，放慢脚步走过这段坑坑洼洼的泥路。当然在北京城中，这种现象并不罕见。

彰义门，即广安门，外城西墙城门，它与东城墙的沙窝门相对。它最初的规模和外观可能与沙窝门相同，但在18世纪经历彻底重建，如今的彰义门城楼高耸优雅，瓮城近乎正方形（瓮城的转角处十分尖锐）。不过箭楼还是与沙窝门相同。这座城门的平面是乾隆时期所盛行的样式，那一时期曾对许多城墙和城门进行重建。我们会在随后发现，它与永定门的平面格局完全相同。

与老式的平面布局相比，如平则门，这些后来规划的小城门看起来防御特征明显有所减弱，甚至不像一座防御工事；这不仅仅因为瓮城的墙体更薄一些，还由于瓮城的弧度大大减小。平则门的瓮城十分宽大，且有着连续的弧度，通过两端短短的月墙与主城墙相连；箭楼的城台远远向外凸出，便于卫兵从箭楼的两侧对瓮城进行防守。由于瓮城的门洞并不开在箭楼之下，而是开在一侧的月墙上，因此，瓮城内部的安全得到了极大的保障。后来修建的瓮城四角都近乎直角，尽管外部的两角呈弧形，而只有瓮城正面的墙体可以受到防护。入口恰好位于城台正中，道路则直接从瓮城中穿过。当你看到装饰性城楼几乎比起防御作用的箭楼高出一倍时，不难得出以下结论：城门过去的设防需求如今已经让位于贸易和征税等较为温和的目的。

广安门的瓮城深 34 米，宽 39 米；瓮城墙体基部厚 7 米，顶部厚 5 米；外壁有两块乾隆三十一年的碑记，因此可以确定其修筑年代。铺着石板的城门道路两旁小商店林立，主要出售废铁、绳索和粗糙的日用陶器，另外还有几家餐馆，共同构成了瓮城内的传统业态。几棵幼槐和一处釉陶堆给这座布局匀称且保存完好的瓮城增添了些许明亮的色彩。

无论从哪个角度看，这座城门的视线主导都是高高的内楼，它是一座真正意义上的城楼，其高度令人过目不忘。纵墙长 13.8 米，山墙宽 6 米，面阔 18 米，进深 10 米。因此，楼体内部的空间十分窄小。城台以上楼高 17.6 米，通高 26 米。从外观上看，城楼为通常的三檐式，不过楼体内部只分两层，顶层是搁置屋脊的假层。立柱较少、较细，每面砖墙内只嵌柱四根。廊前后各有五根细柱，两侧各三，而在城楼四角分别有一根单独的立柱。城楼的各个部分都保存完好，看上去似乎应该在乾隆之后有修复；只有平坐栏杆和二层的门扇残缺不见了。一些横梁上的彩绘装饰仍然可见，且屋檐保留完整，尽管上面长满了杂草。

箭楼的高度大约只有城楼的一半；城台以上楼高7.8米，通高16.6米。面阔13米，进深6.6米，砖墙由包裹在两侧的立柱所支撑，正面和侧面分别开有两层箭窗，而入口在箭楼后部。广安门箭楼与沙窝门箭楼相同，都是简单的方形砖建筑，都处于较高的城台之上，两侧有斜坡马道通向顶部。这两座箭楼看上去确实像一个模子造出来的；不过令人惊讶的是，它们却相去甚远。广安门城楼重建得如此高大，这其中一定有我们不知道的特殊原因。

城门的两道拱券十分宽大，顶部略尖（比图中所绘更尖）。在门洞的中部，就如通常情况一样，有一道更高的方形券室，以供门扇开合。拱门并没有像内城的老式城门那样被包裹在壁龛内，而是直接开在城台的表面上。拱券由六到八块城砖交替砌筑，但这些砖不是楔形，因此不能算作严格意义上的券石。城砖之间填充的砂浆则起到了券石的作用，而结构的强度主要取决于砂浆的质量和城砖砌筑的精细程度。北京城门中大多数的拱门都是粗糙不平的，但广安门的拱门却十分精致，出色地经受了时间的考验。

南城墙的三座城门中，靠外侧的两座为右安门和左安门，它们遥相呼应，城楼和瓮城都十分相似。正中的城门为永定门，比其他城门更大，也更为重要。右安门和左安门可以说是都城中的乡村之门；它们所在的地区几乎没有什么城市的感觉，而那里的趣味更多在于城门所处的环境，而不是建筑特征。

右安门，或称南西门，总体上来看保存状况大大好于左安门。由它往外，便是一道美丽的风景线，那里没有铁路或汽车这样的现代设施，平静的田园风光不被打扰。在这座城门附近，你可以体会到老北京生活中迷人的田园意趣。你需要穿过古老乡村般的街市，还要经过几片麦田和高粱地才能到达这里。这是一次从现代化首都逃离的时空之旅。所谓"城楼"，是一

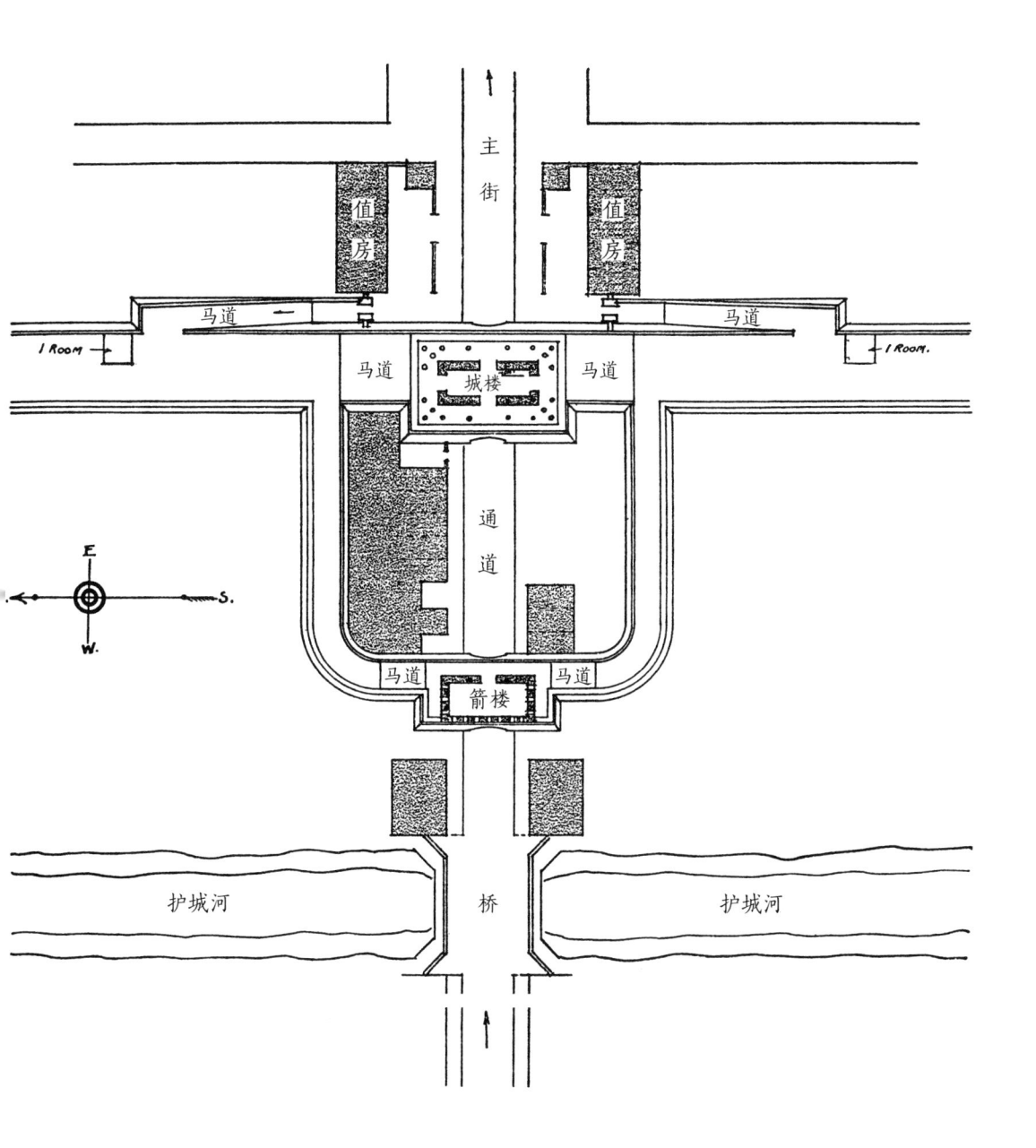

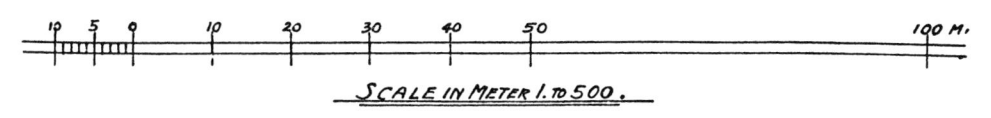

图 39 广安门城楼、箭楼及周边平面图

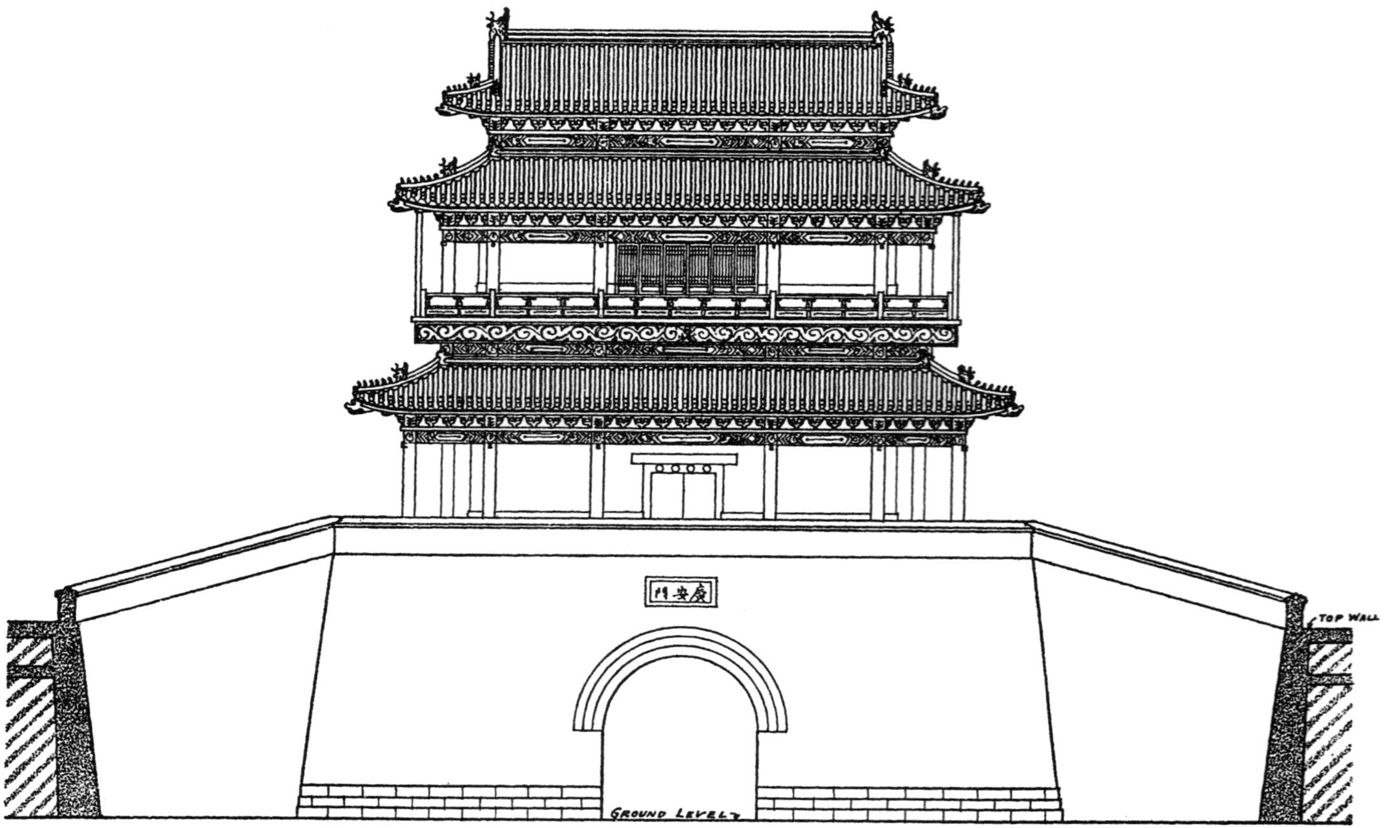

西 正 樓 中 門 支 廊
・FRONT ELEVATION・

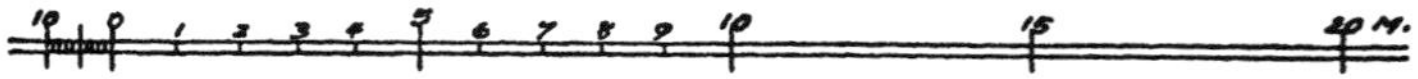

SCALE IN METER 1∺100.

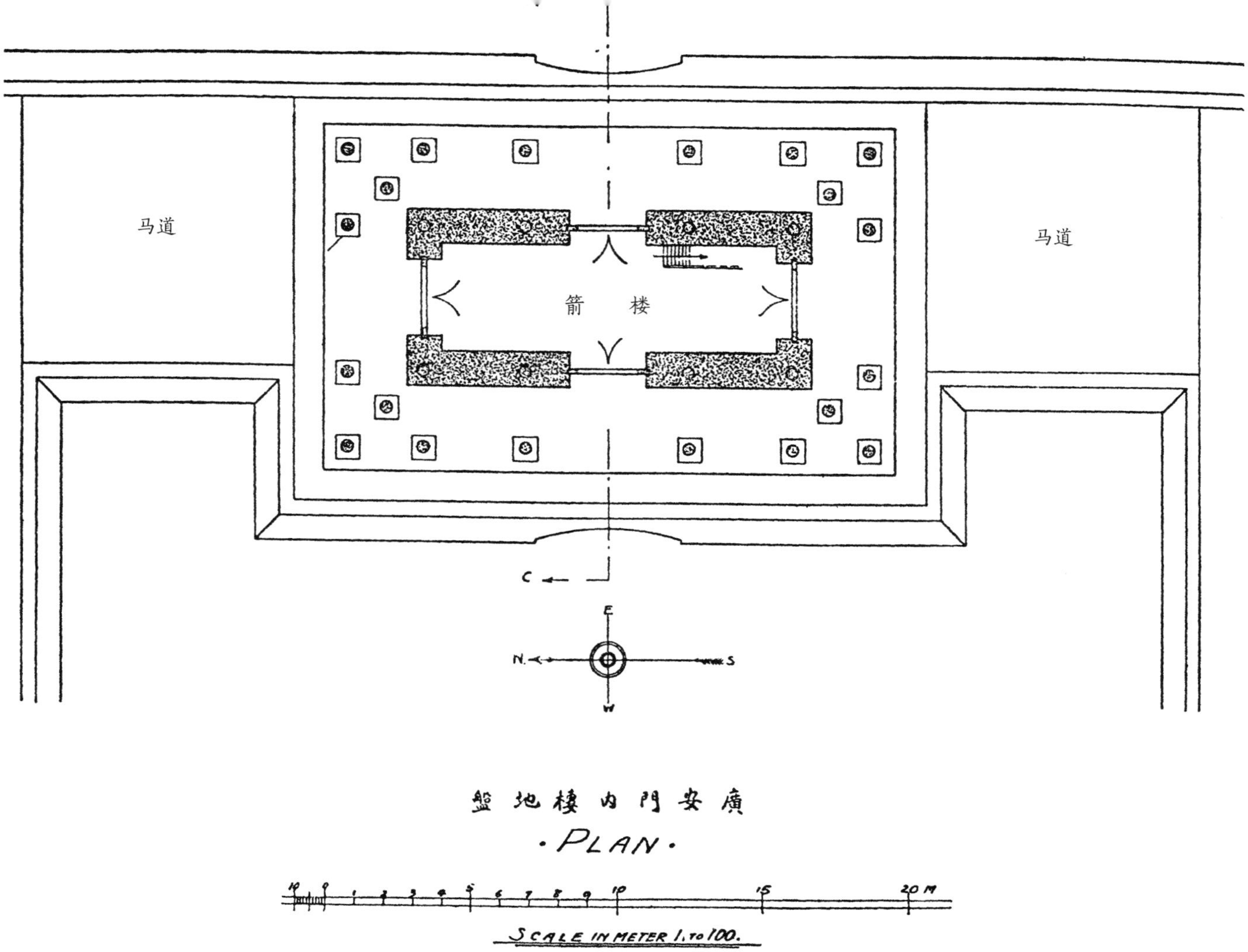

图 41 广安门城楼平面图

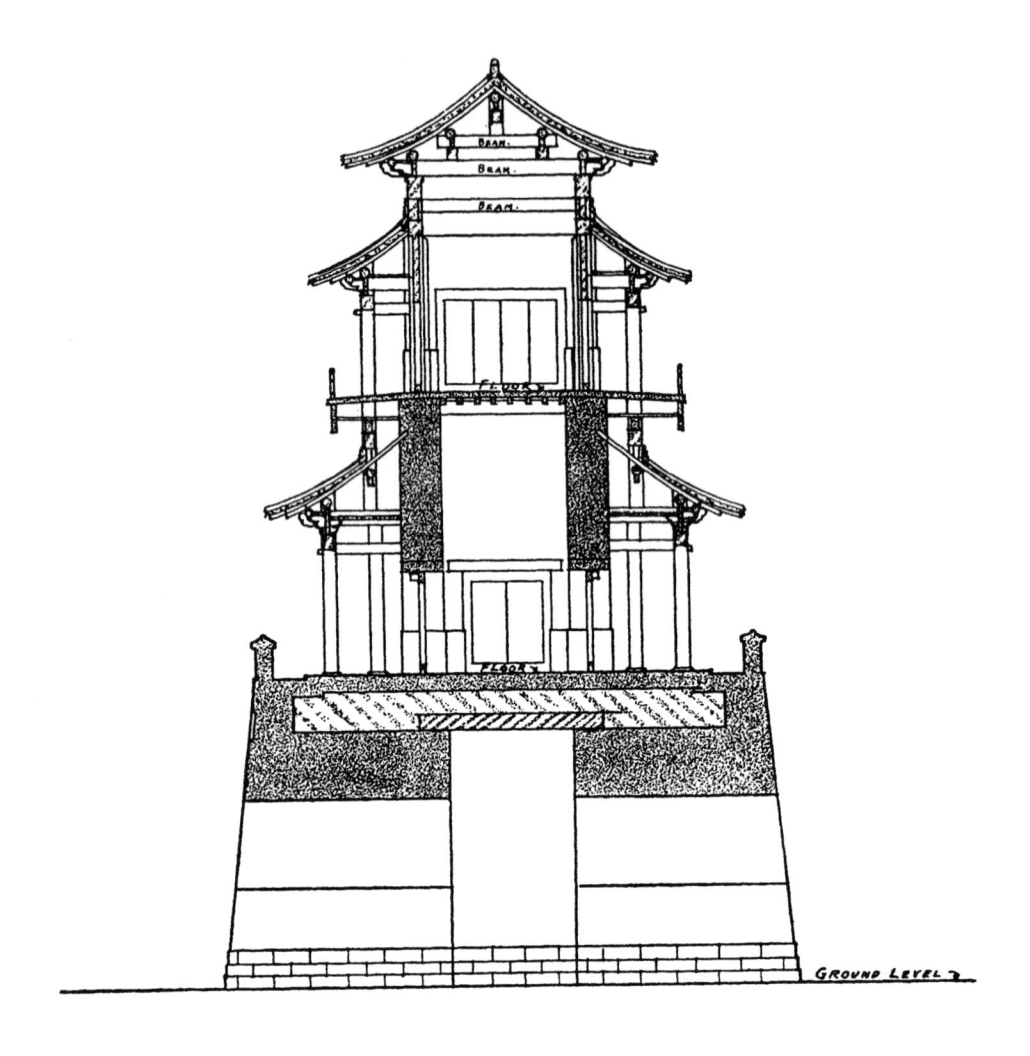

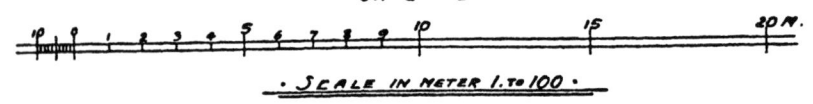

图 42 广安门城楼剖面图（侧面）

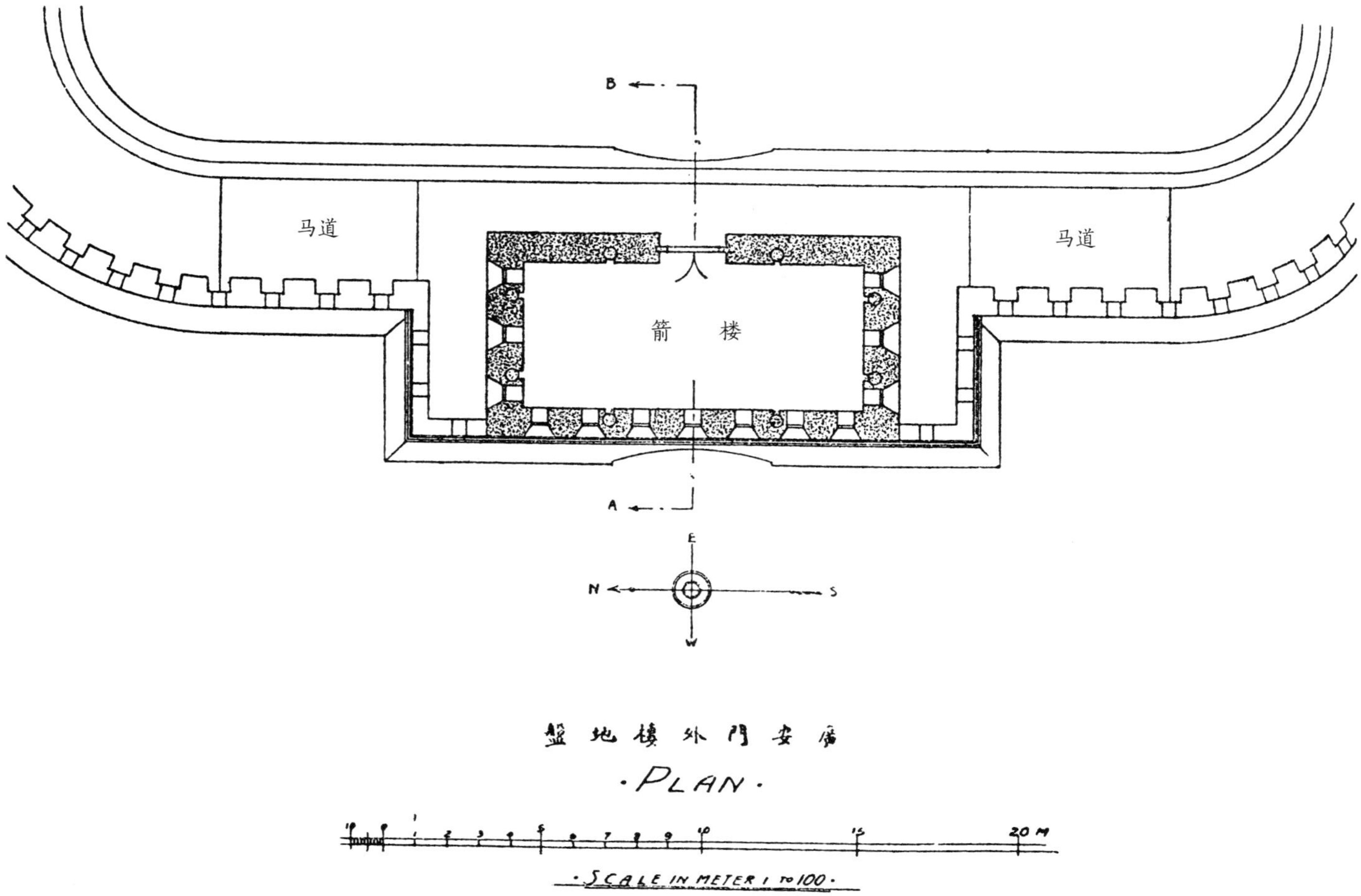

图 43 广安门箭楼平面图

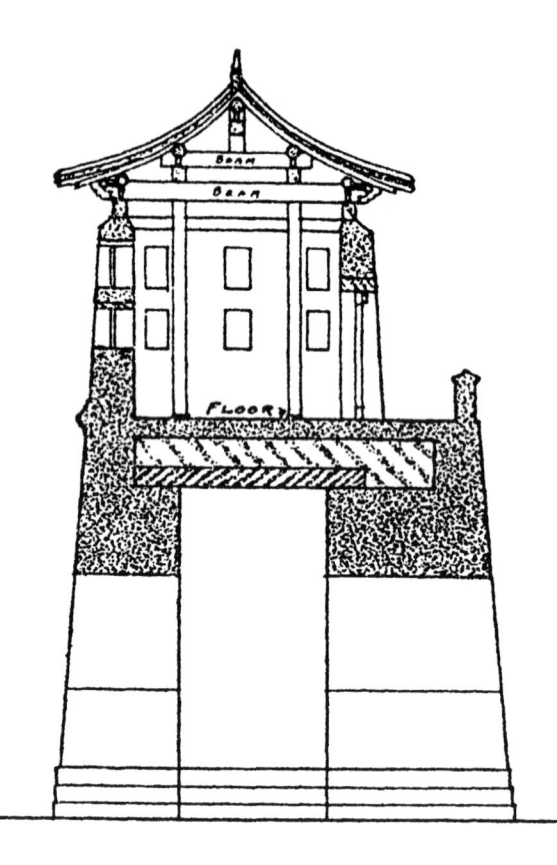

图44　广安门箭楼剖面图（侧面）

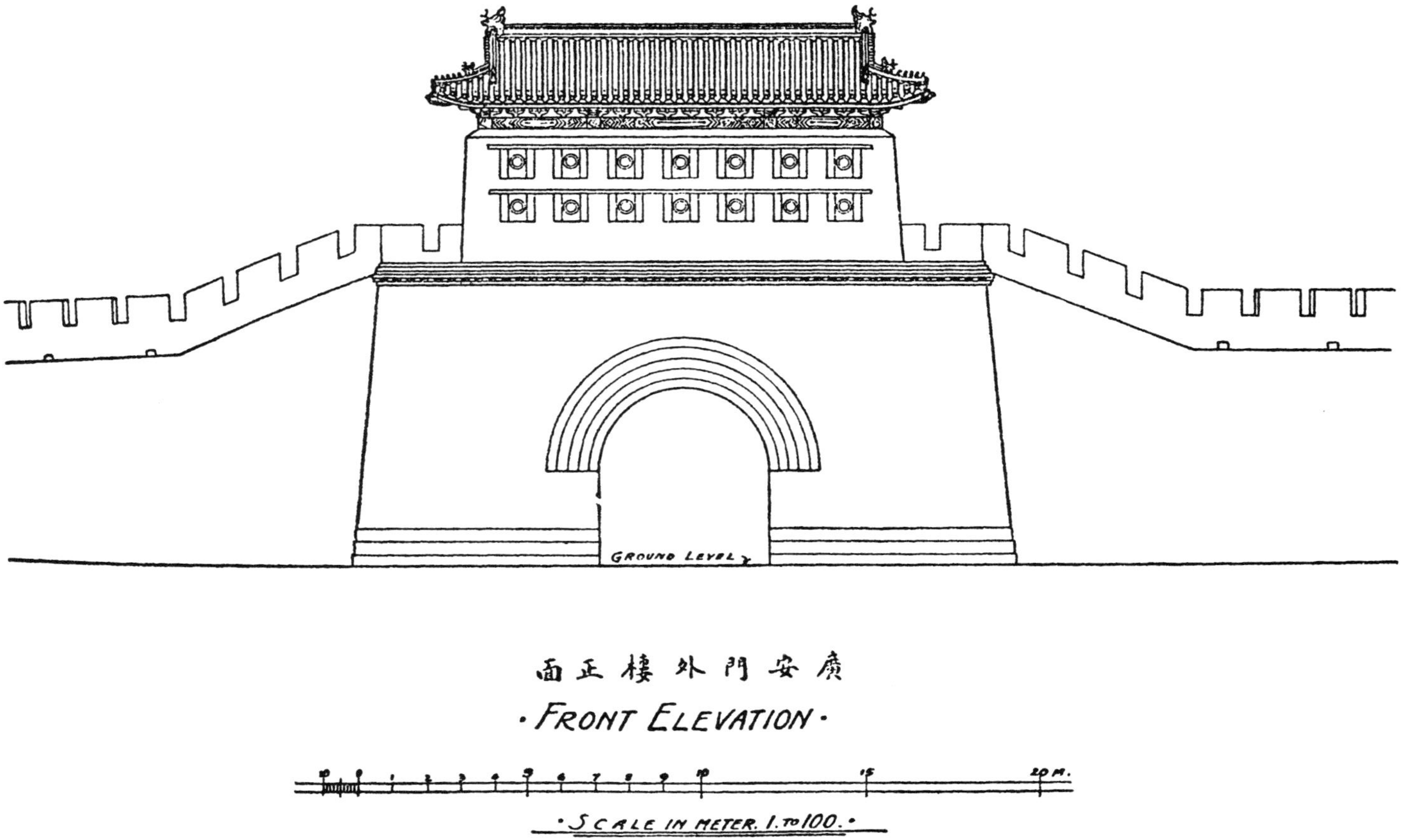

图 45 广安门箭楼正立面

座低矮的单层建筑，墙面涂成粉红色，四面有开放的柱廊，面阔约16米，进深9米；保存完好，无疑是近年来重建的。不过城台建于明朝，显得饱经风霜，有的部分已经腐朽，还有几处被树根顶得隆起。高大的椿树从墙体的裂缝中生长出来，像一道绿色的屏风遮挡在开放的柱廊前。

城门拱券为常规结构，如上述城门。拱顶略尖，与城台和城楼相比，比例上显得很大。从门洞向外望，视线穿过瓮城及箭楼的门洞，乡村的美丽风光映入眼帘；幽暗而深邃的券洞前，椿树和垂柳交织出绿色的幕布，阳光穿透，日影斑驳。这种和谐宁静的完美画面丝毫不被繁忙的交通干扰，很少有马车和人力车从这里经过。夏日里，偶尔有孤独的农夫用长长的扁担挑着两筐新鲜的蔬菜，晃晃悠悠地穿过门洞，增强了这处世外桃源的梦幻气息。

瓮城的墙体，至少内侧壁十分古旧且千疮百孔，不过箭楼的城台是修复过的，据两块嵌在墙上的碑记，修复于乾隆五十一年。城台上的建筑可能是后世修筑的；它看起来和箭楼一样新，保存也同样完好，墙脚的棚屋和土房上方逐渐升起的垛口将其衬托得十分醒目。这座箭楼的大小与沙窝门、广安门的箭楼一样（进深约6米，面阔约13米），正面亦开两排箭窗，每排七孔。宽大的弯曲屋顶比任何前述的外城城门保存得都好。屋顶为灰瓦，檐下有一排独立的装饰性斗拱。箭楼门洞的尺寸和结构与城楼门洞的相似。

右安门箭楼之所以显得格外耀眼，大概是由于附近矮小脏乱的建筑的衬托。这里还有一座丑陋的现代化值房，不过规模较小，被林立在城门外石板路旁的餐馆和摊点的遮阳篷挡住一部分了。狭窄的护城河上横跨着一座古老的石桥，但桥两侧的河道被拓宽了，在大雨过后这里会形成浅浅的池塘。再往南几步，有另一道河沟——或许是护城河的支流，上面架着一座较小的石桥。这些连续的石桥、依偎在城墙边的小土屋，加上生长在瓮城内外的树木，将右安门及其周边的景致细致地编织在一起。城楼与箭楼是整幅画面的终点，而事实上如此美丽的景象更多地来自大自然的创造，而不是人工的雕琢。城门的魅力和个性，随着季节和光线不断变化，但夏季无疑是它最绚烂迷人的时节。那时，成熟的芦苇在水边荡漾，盛开的睡莲展现着洁白的身姿。高大的垂柳俯下身子，绿色帷幕般的枝条几乎贴到尘土飞扬的地面上，椿树的树叶则轻抚着城墙。孤独的行者骑着驴穿过这座城门，昏昏欲睡。这里的空气沉甸甸的，布满尘土的道路和石桥被太阳烤得炽热。人们都尽量避免走动，除了一群被晒得黝黑的顽童，他们在浑浊的护城河水中与白鸭一起扑腾、嬉闹。这是一幅北京夏天的缩影，因为有了这座古老的城门，衰落的城市和恬静的乡村被美妙地联系起来。

左安门，或称礓磜门，在建造上对应于右安门，但由于与之毗邻的景物截然不同，导致其风光也与右安门的丰富多彩大相径庭。去往这座城门的路途比右安门更为遥远；它是所有城门中距离城市人口稠密区最远的一座。从这里通向东南角的道路一侧是开阔的田野，种植粮食和蔬菜，有的地方也长满了芦苇。没有什么能让人联想到这是一座城市，除了那道远远可以望见的城墙。想想看，有哪座古都还有如此广袤的无建筑土地和这般纯粹的乡村生活？

左安门的城楼、箭楼和瓮城与右安门的极其相似，但如今的保存状况却不太好。根据箭楼城台附近的一块碑文记载，可能修复于乾隆三十一年，不过现在却是危在旦夕，且亟待修缮。屋檐和垂脊正在坍塌，整个屋顶被生长其间的草丛弄得破损不堪；墙面的抹灰也已剥落，门和垛口也已缺失。更糟糕的是，城楼内侧通往城台之上的马道在1922年夏天完全垮塌了。这是由于雨水不断渗入包砌的砖层之下，流水冲刷着内部的夯土，致使整座马道塌方，如后附照片所示。这就是北京城墙和城门马道垮塌的最直接和最鲜活的实例，如果不对城墙进行严密的检查并且排除可能对城墙造成威胁的因素，这样的景象在未来还将持续上演。

由于此前已经对右安门进行了详细的叙述，我们没有必要再对左安门进行过多的说明。这两座城门的基本特征都完全相同，只有保存状况不同，正如我们看到的。两座瓮城的尺寸和基本特征也几乎一致，尽管左安门瓮城内更空旷；不同于其他遍植绿树的瓮城，这里只有两间老式的小商店，一间是造马车的，另一间则出售绳索和五金用品，另外还有一处露天搭起遮阳棚的小吃摊，用普通的砖块砌筑起桌椅和台案。这座城门没有喧哗的交通，只有一些形单影只的赶驴人和偶尔路过的马车；较大的交通工具通常会从距离闹市更近的城门通过。

左安门外寸草不生，尘土飞扬，几乎没有树。唯一带来生气的是放牧的羊群和鸭群，羊儿在护城河堤的草地上啃着草，而白鸭似乎永不疲倦地探入泥水中啄取食物，只有它们才能打破乏味和单调的气息。这里人烟稀少，甚至连嬉戏的顽童都没有其他城门多；他们害羞寡言，很不习惯外国人的造访。

永定门是外城最大、最重要的一座城门。它位于南城墙的中心位置，是从前门向南延伸的长街的终点。这条街道两旁是北京重要的商业区，而其南段两侧则是天坛和先农坛的围墙。因此，站在这条长街上，便可以远远地望见这座城门，高耸挺拔且修缮完好的城楼屹立在视线的最前方，形象庄重雄伟。从我们绘制的彩图中，可以看到这座城门的整体外观和装饰；不过彩图中的永定门过于完美，没有体现出北京的风沙，一旦北风袭来，城市的这一带就漫天尘土。

城楼的年代并不久远；可能在修建永定门火车站的时候经历了重建；火车站位于马家堡到北京城之间的铁路连接线上，而马家堡是更南边的一个村子，那里是追溯至1900年的津京铁路的终点。义和团运动结束后，外国列强攻占了北京城，火车站被移建到天坛外，大约四年之后又改建到现在这里。如果我们的假设是正确的，那么永定门城楼的历史仅仅只有二十余年，而从它的现存状况观察，也没有更久远的历史痕迹。瓮城和城台重建于乾隆三十一年；瓮城的形状和比例与广安门一样，只是略大。

瓮城深 36 米，宽 42 米，墙体厚约 6 米，而箭楼的城台又增厚约 5 米；箭楼城台厚约 9 米，而城楼城台近 15 米。

永定门城楼的尺寸较为特殊，进深很小，但面阔很宽，且很高。纵墙长 19.8 米，山墙宽 6.1 米，面阔七间 24 米，进深三间 10.2 米；通高 26 米，其中城台高 8 米，楼高 18 米。建筑结构在整体上为传统样式，但比早期城楼更为简单。三重屋檐除了檐角略向上挑起，几乎没有弧度；它们由柱、梁、斗拱支撑，而柱、梁、斗拱又以檩条为中介，承托椽条。二层悬挑的平坐由连接一层外廊和墙体之间的横梁下的柱子所撑起，而不像平则门城楼那样，仅仅简单地通过斗拱支承。平坐上除了普通的栏杆，在四角还有特制的细柱来支撑二层屋檐的檐角，这种构造在重建的城楼上并不少见。主屋顶由两层梁枋和纵梁上的檩条支撑。屋顶和第二层屋檐下的斗拱为三铺作，而底层檐下的斗拱仅为二铺作。梁上绿蓝相间的涂饰和别具一格的彩绘十分清晰，而正脊和戗脊上的望兽和脊兽为城楼增添了几分神奇的色彩。

永定门的箭楼与外城其他城门的箭楼几乎完全相同；它比门楼的规模小多了。正面宽 12.8 米，并开有两排箭窗，每排七孔，但由于瓮城垛口高于下排箭窗，使箭楼看起来低矮了不少。箭楼净高 8 米，城台高 7.8 米。箭楼的保存状况良好，屋顶完好无缺，额枋上的彩绘也清晰可见，箭窗上还完整地保留着饰漆炮口。箭楼的后部与通常情况一样，为一面简易的砖墙，其上有一扇对开的门朝向瓮城内部。

瓮城内景色宜人，有许多树和商店。人力车、马车、手推车、驼队以及行进的军队（去往南边的兵营）川流不息，混杂着挑着长长扁担的挑夫……有时他们会在瓮城内外驻足吃饭……继续向南，走过宽阔护城河上的石桥，道路在桥头下坡并一分为二，一条向东，一条向西。桥上的生活场景十分生动，这幅热闹的图景又因为毗邻的街道两旁林立的传统店铺而增色不少。城市生活里所有的喧嚣和忙碌都倾注在这里，并在一瞬之间涌向郊外，融入平静的乡村。

　　你可以从西边看到永定门最美丽完整的画面。宽阔的护城河边，芦苇蓬松，垂柳婆娑。城楼和弧形瓮城带有雉堞的墙，在碧空之下形成黑暗的剪影。耸立的城楼将城墙和瓮城的轮廓线引向高处，远挑的屋檐就像伸出了宽大的双翼，凌空欲飞。护城河中，城门的倒映清晰可见；不过当习习清风拂过垂柳柔软枝叶时，城楼的翅膀便在水中颤动起来，而雉堞的城墙也开始破碎摇晃……

　　这些美妙的城墙和城门，这些北京动人辉煌的历史的无言记录者，还能在这个世界上屹立多久呢？

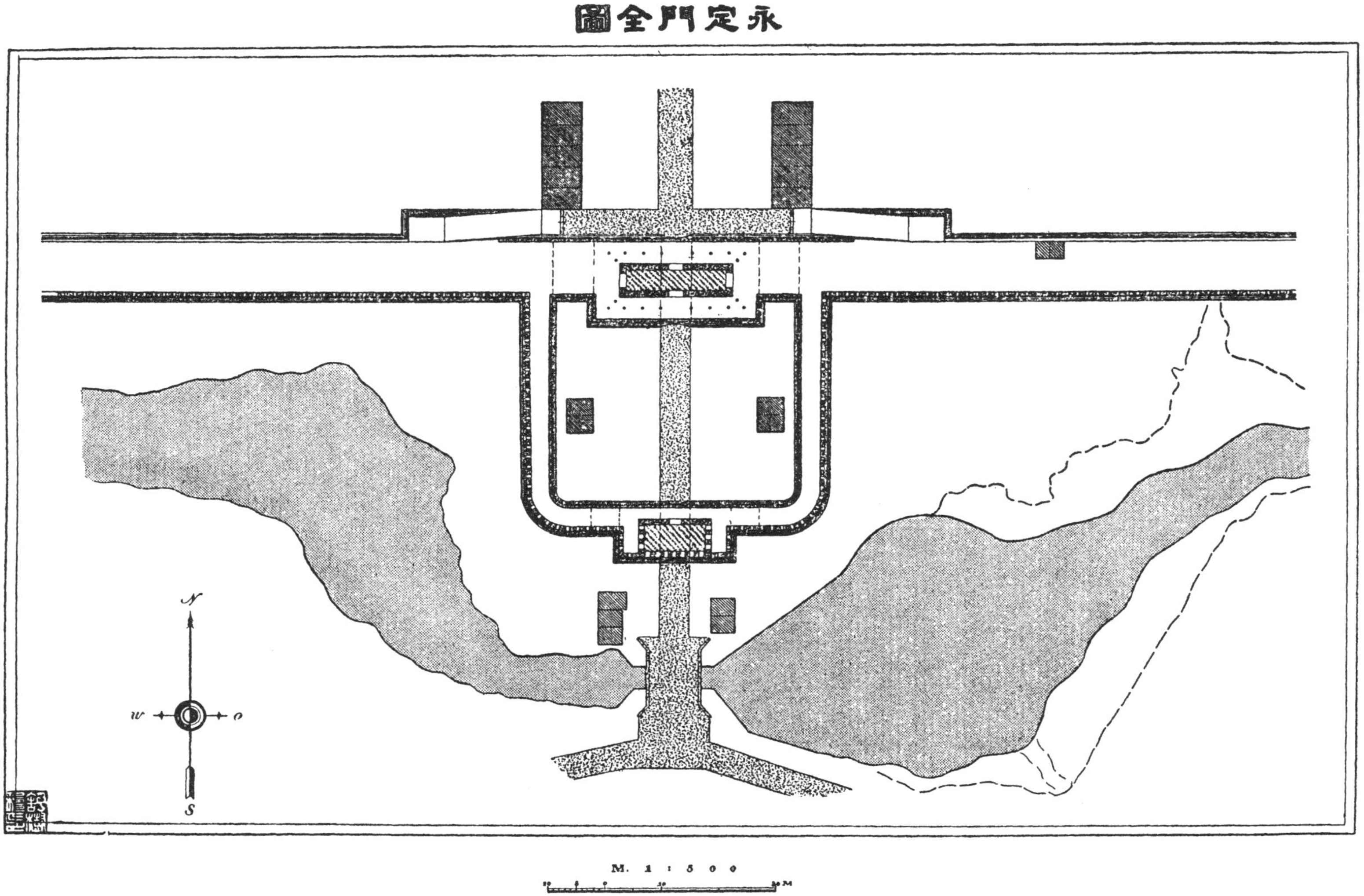

图 46 永定门平面全图

永定門內樓立體示規圖

1:100

図 47 永定門外樓立面圖

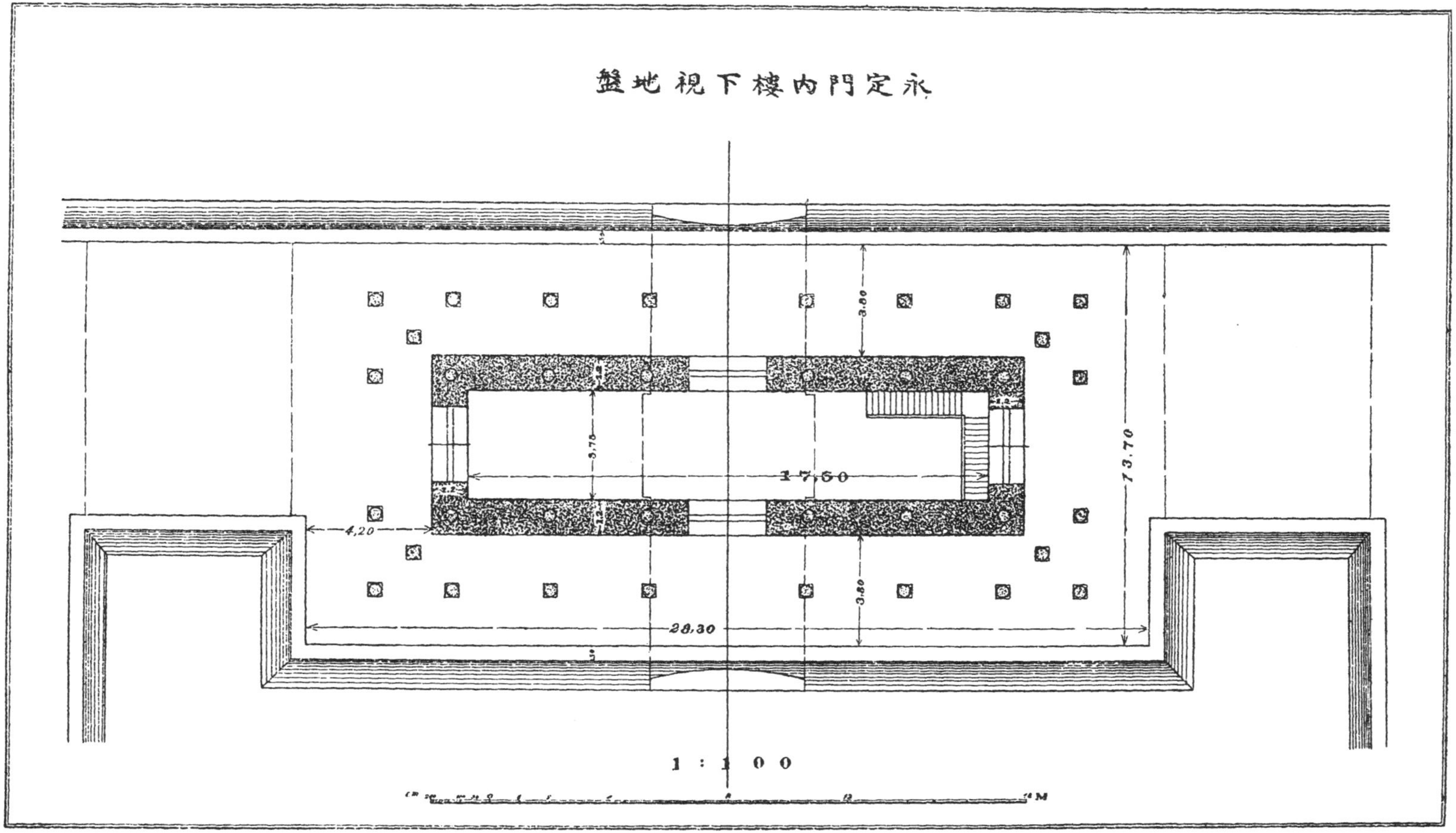

图 48 永定门城楼平面图

永定門内樓之縱斷面圖

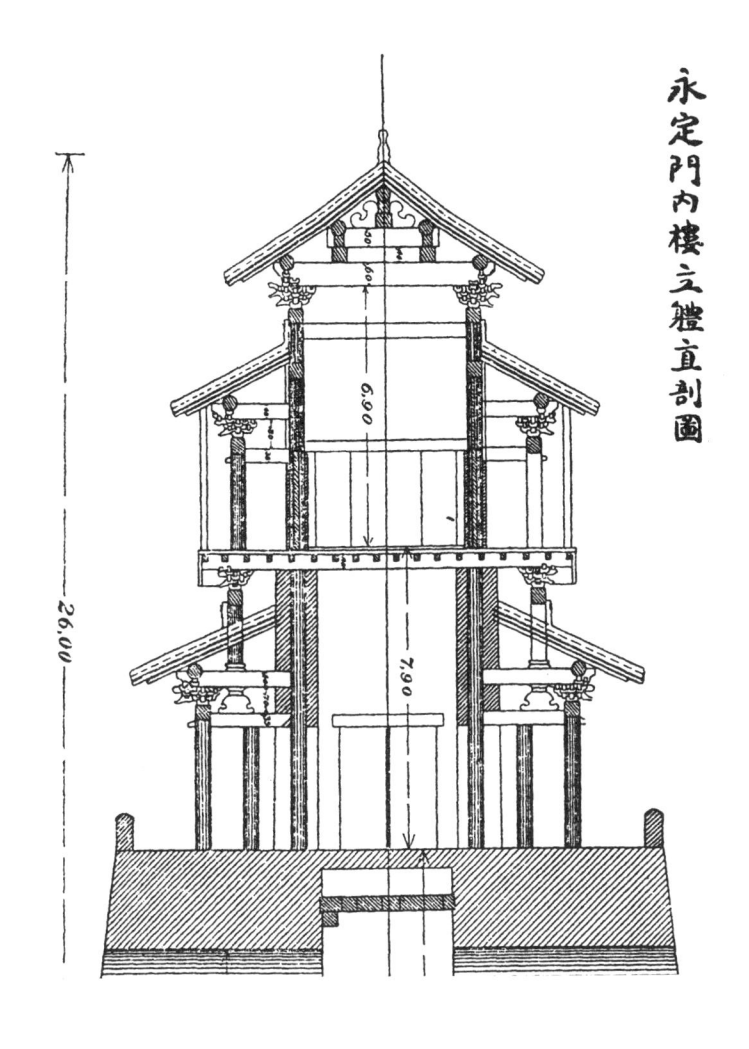

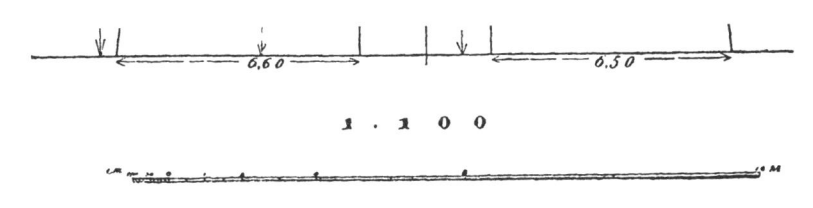

图 50 永定门城楼剖面图（侧面）

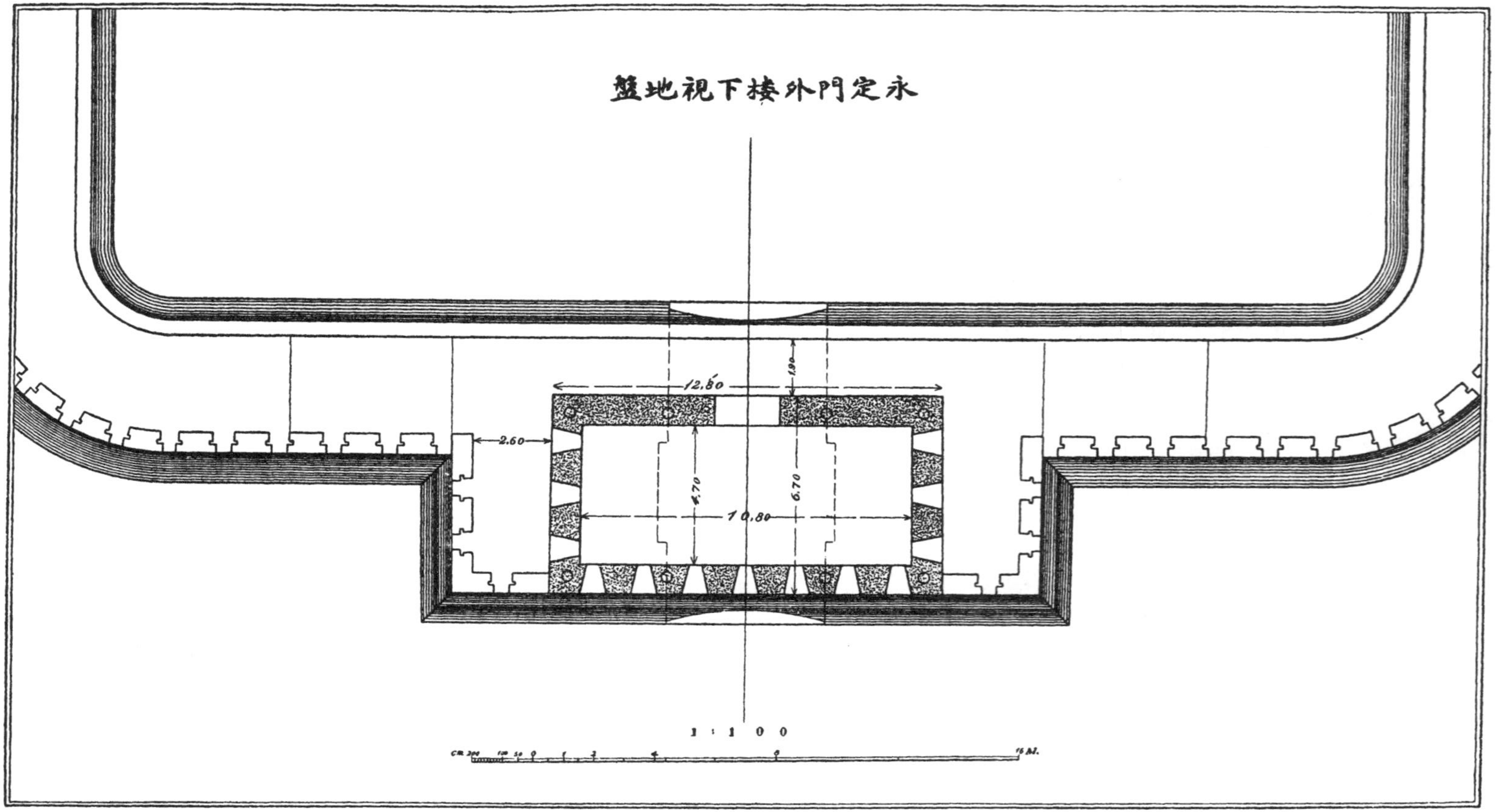

永定门外探视地盘

图51 永定门箭楼平面图

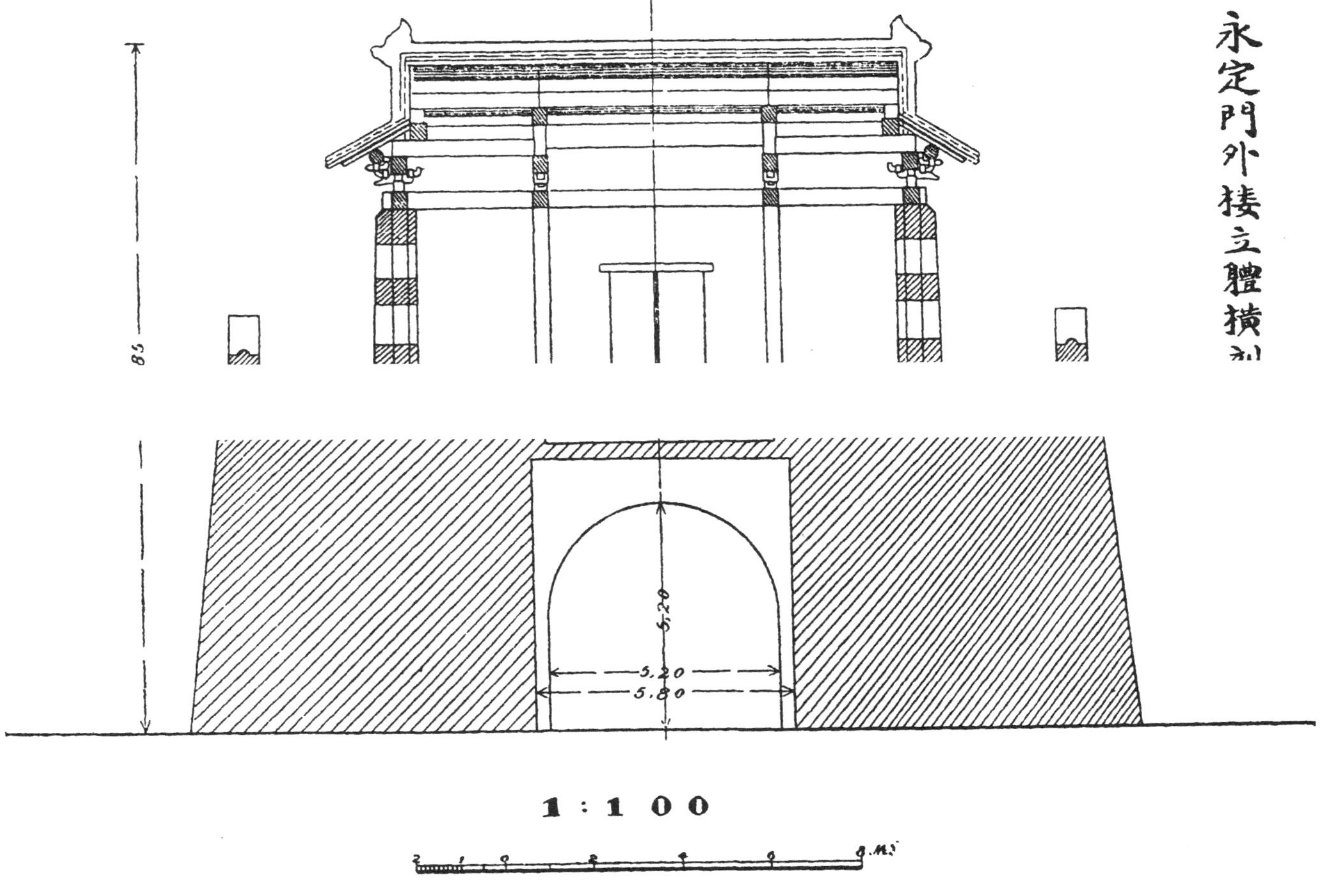

图 52 永定门箭楼剖面图

永定门箭楼外立面透视图

1 : 1 0 0

图 53 永定门箭楼正立图

索 引

AN CHEN MEN	安貞門	17, 30
AN TING MEN	安定門	17, 30, 33, 35, 38, 40, 61, 63, 65, 82, 107, 150, 151, 153
AN TUNG MEN	安東門	12
CHANG CH'IN	張欽	73, 74, 99, 102, 103
CHANG CHIU	張九	100
CHANG CHIU CHIH	張九志	71
CHANG HUAN	張煥	30
CHANG I MEN	彰義門	14, 96, 99, 168, 169
CHANG LOU	張樓	99
CHANG MÊNG CHAO	張孟昭	102
CHANG PAO CH'AO	張賢鈔	57
CHANG TSÊNG SHÊNG	張增盛	100
CHANG YANG HAO	張養浩	13

CH'ANG AN	長安	18, 21, 22, 26
CH'ANG CHOW FU	常州府	67
CH'ANG LUN	暢綸	101
CH'ANG MÊNG YANG	常孟陽	100
CH'ANG SHIH YUNG	常世榮	100
CH'ANG TSENG	常增	102
CHAO FÊNG YÜ	趙豐玉	101
CHAO I	趙義	103
CHAO TÊ FU	趙德輔	100
CH'AO YANG MEN	朝陽門	32, 34, 40
CHÊN WU MIAO	真武廟	153, 154
CH'ÊN CHÜ	陳舉	71
CH'ÊN CH'ANG	陳昌	102
CH'ÊN FU	陳福	101
CH'ÊN KUEI	陳貴	102
CH'ÊN, THE RULER	陳王	13
CHÊNG TÊ	正德	48, 64, 73, 74
CHÊNG TUNG	正統	32, 33
CHÊNG YANG MEN	正陽門	32, 34, 90, 106, 138
CH'ÊNG HUA	成化	32, 43, 46, 48, 64, 70, 73, 74

CH'ÊNG HUANG MIAO	城隍廟	53
CHI CHOU	冀州	11
CHI SHUI TAN	積水潭	68
CH'I HUA MEN	齊化門	71, 18, 30, 34, 36, 57, 58, 80, 81, 107, 127, 130, 131
CHIA CHING	嘉靖	15, 44, 46, 47, 48, 49, 50, 51, 2, 53, 54, 55, 56, 57, 58, 59, 60, 63, 64, 65, 66, 67, 69, 70, 71, 73, 74, 90, 91, 92, 94, 95, 99, 100, 101, 102, 103, 154, 158
CHIA CH'ING	嘉慶	44, 46, 48, 49, 50, 51, 55, 56, 7, 59, 60, 62, 64, 66, 67, 68, 69, 70, 72, 74, 78, 85, 86, 87, 94, 95, 96, 97, 99, 100, 101, 103, 131, 154, 159
CHIA WU	甲午	55, 67, 74, 124
CHIANG TA SHUN	蔣大順	100
CHIANG TS'A MEN	江擦門[①]	102, 179
CHIANG YÜEH	蔣月	103
CHIEN TÊ MEN	健德門	17, 30
CH'IEN LUNG	乾隆	8, 23, 43, 44, 46, 47, 48, 49, 50, 51, 52, 53, 54, 55, 56, 57, 59, 60, 62, 63, 64, 65, 66, 67, 69, 70, 71, 72, 73, 74, 78, 79, 80, 81, 82, 83, 84, 85, 86, 87, 94, 95, 96, 97, 98, 99, 100, 101, 102, 103, 104, 108, 116, 130, 131, 413, 149, 151, 154, 158, 159, 167, 168, 169, 170, 178, 179, 181
CH'IEN MEN	前門	12, 34, 38, 44, 45, 49, 50, 87, 88, 132, 138, 139, 143, 149, 150, 180

① 应为"碨磉门"。

CH'IEN MEN TA CHIEH	前門大街	138, 150
CHIH CHÊNG	至正	19
CHIH YÜAN	至元	16, 19, 23
CH'IN SHIH HAUNG TI	秦始皇帝	11
CHING FÊNG MEN	景風門	14
CHING MEN	驚門	107
CHING MEN	景門	106
CH'ING CHOU FU	青州府	2, 3, 47
CH'ING YIN MEN	清音門①	12
CHO CHOU	涿州	15
CHOU CHÜN	周鈞	99
CHOU HSIN LU	周新廬	99
CHOU HSUEH	周雪	99
CHÜ CHÊNG YAO	居正耀	56
CHU WÊN	朱文	100
CH'U CH'ÊN	楚琛	99
CH'U CHU	楚祝	99
CH'U WU PIN	楚吳濱	103

---

① 应为"清晋门"。

CHUNG HSIEN WANG	忠獻王	13
CHUNG HUA MEN	中華門	138, 140
CHUNG TU	中都	14, 15, 16, 18, 31, 91
CH'UNG CHÊNG	崇禎	44, 57, 60, 63, 5, 66, 67, 70, 71, 72, 94, 95, 96, 97, 100, 136
CH'UNG CHIH MEN	崇智門	14
CH'UNG JÊN MEN	崇仁門	17, 18, 30
CH'UNG WÊN MEN	崇文門	32
FÊNG I MEN	豐宜門	14
FÊNG SHUI	風水	9, 127
FÊNG TA CHAO	馮大昭	101
FU CH'ÊNG MEN	阜成門	34, 40, 108, 111
FU CHÜ	符居	47
FU HO	傅和	101
FU TIEN	傅典	99
HAI LING WANG	海陵王	13
HAN CH'ANG	韓常	13
HANG CHOW	杭州	9, 15
HAO HUA MEN	灝華門	14

HATA MEN	哈達門[①]	34, 36, 45, 46, 47, 48, 87, 106, 127, 132, 133, 136
HEI YAO CH'ANG	黑窰廠	90
HÊNG SHÊNG KILN	恒盛窰	48
HÊNG SHUN KILN	恒順窰	62
HO I MEN	和義門	17, 18
HO PU NIEN	何卜年	13
HO SHÊNG KILN	和盛窰	70
HO TSUNG	何宗	48
HOU LU	侯六	99
HSI CHIH MEN	西直門	18, 33, 35, 36, 40, 68, 69, 84, 107, 118, 124, 125, 127, 130, 131, 151
HSI P'IEN MEN	西便門	96, 98, 158, 159, 167
HSIAO HSI MEN	小西門	90
HSIEH HSIANG	薛香	102
HSIEN FÊNG	咸豐	57, 63, 64
HSIEN HSI MEN	顯西門	12
HSIN SSŬ	辛巳	55, 62, 7, 71, 74, 94
HSING TAI KILN	興泰窰	74
HSING TSAI	行在	31

---

① 应为"哈德门"。

HSIU MEN	修門	107
HSÜ TA	徐達	30
HSÜAN WU MEN	宣武門	32
HSÜAN YAO MEN	宣耀門①	13
HU YUNG CHÊNG	胡永正	100
HUA YÜN LUNG	華雲龍②	30
HUANG CH'ÊNG	黃城③	24
HUI CH'ÊNG MEN	會城門	14
HUNG WU	洪武	17, 18, 30, 38, 39
JÊN CHING	任經	103
JÊN WEI NAN	任威南	56
JÊN WU	壬午	74
JIH HSIA CHIU WEN KAO	日下舊聞考	11, 18
JUI SHÊNG KILN	瑞盛窰	60, 70
JUI SHUN KILN	瑞順窰	58, 60
KAI FÊNG	開封	26
K'AI MEN	開門	107

① 应为"宣曜门"。
② 应为"华龙"。
③ 应为"皇城"。

K'AI YANG MEN	開陽門	12
K'ANG HSI	康熙	44, 47, 136
KAO SHANG YI	高尚義	52, 57, 102
KAO T'ANG CHOU KILN	高唐州窯	70
KUAN TI MIAO	關帝廟	118, 125, 130, 131, 136, 141, 149
KUAN YIN	觀音	140, 149
KUANG AN MEN	廣安門	96, 168, 169, 170, 178, 181
KUANG CH'ÊNG KILN	廣成窯	67
KUANG CHÜ MEN	廣渠門	94, 95, 167
KUANG HSI MEN	光熙門	17, 30
KUANG HSÜ	光緒	49, 50, 51, 52, 57, 9, 85, 87, 97, 98
KUANG SHÊNG KILN	廣盛窯	72
KUANG TÁI MEN	光泰門	14
KUNG CH'ÊN MEN	拱宸門	12
KUNG CH'ÊNG	宮城	24
KUNG PU INSPECTOR FU	工部監督福	69
KUNG PU INSPECTOR KAO	工部監督高	69
KUNG PU INSPECTOR KUEI	工部監督桂	101

KUNG PU INSPECTOR SA	工部監督薩	57, 66, 71
KUNG PU INSPECTOR YUNG	工部監督永	50, 51, 52, 59, 60, 62, 73, 101, 103, 104
KUNG SHUN KILN	工順窰	63, 74, 103
KUO MEN	國門	106
LI CHÊNG MEN	麗正門	16, 30, 34
LI CHI WEI	李寄威	47
LI CHIH KANG	李至剛	31
LI CHING	李經	101
LI CH'UNG	李充	100
LI HUAN	李煥	48
LI JÊN	李仁	100
LI LIN	李林	101, 102
LI SHANG KUEI	李尚貴	100
LI TSE MEN	麗澤門	14
LI YÜ PAO	李裕寶	99
LIANG CHANG	梁章	99
LIANG TUNG	梁棟	99
LIAO TUNG	遼東	12

LIN KUEI	林貴	52
LIN YUNG SHOU	林永壽	55, 57, 58, 74, 101, 103
LIU CHAO	劉釗	48, 70
LIU CHIN	劉金	99
LIU KAO	劉高	63
LIU LI CH'ANG	琉璃廠	12
LIU MAO	劉茂	100
LIU NENG	劉能	62
LIU SUNG	劉松	62
LO YANG	洛陽	4
LU MING YANG	陸明陽	100, 102
MA CHIA MIAO	馬家廟	90
MA CHIA PU	馬家鋪[①]	180
MAO TZÜ CH'ÊNG	帽子城	89, 92
NAN HSI MEN	南西門	97, 100, 170
NANKING	南京	4, 12, 15, 30
NAN YANG FU	南陽府	47

---

① 应为"马家堡"。

NIU CH'I	牛七	99
NIU CH'UNG	牛充	100
O SHIH	兀室	13
PEKING PEI CHING	北京	6, 11, 12, 14, 15, 16, 17, 19, 19, 22, 23, 5, 26, 27, 28, 9, 31, 32, 33, 35, 43, 44, 45, 53, 61, 77, 82, 87, 88, 94, 95, 97, 98, 102, 105, 106, 107, 108, 127, 131, 132, 138, 139, 143, 149, 150, 151, 153, 157, 167, 168, 170, 179, 180, 182
PEI P'ING	北平	17, 30, 31
PIEN LIANG	汴梁	15
PING SHEN	丙申	55, 74
P'ING TZU MEN	平則門	17, 18, 30, 34, 36, 72, 73, 74, 85, 107, 108, 118, 124, 125, 130, 133, 138, 169, 181
PO YÜN KUAN	白雲觀	14, 18
PU T'IEN KUEI	卜天貴	55
PU T'UNG WEI	卜通威	56
SAN HU CH'IAO	三虎橋	90
SAN TOU	三頭①	8
SHA WU MEN	沙窩門	95, 103, 104, 167, 168, 169, 170, 178

① 应为"散斗"。

SHAN SI	山西	3
SHANG HAI	上海	1, 11
SHANG MEN	商門	107
SHANTUNG	山東	2, 8
SHÊN MU CH'ANG	沈木廠[①]	90
SHÊNG MEN	生門	107
SHENSI	陝西	2
SHIH JÊN MEN	施仁門	13
SHIH TSU	世祖	16
SHUANG T'A SSÜ	雙塔寺	18
SHUN CH'ÊNG MEN	順承門	16, 30
SHUN CHIH	順治	47
SHUN CHIH MEN	順治門	34, 36, 45, 51, 87, 106, 132, 133, 136
SHUN T'IEN FU CHIH	順天府志	11, 12, 15, 16, 17, 19, 29, 31, 32, 35, 40, 90, 91, 3
SIANFU	西安府	2, 3, 4, 6
SOO CHOW	蘇州	9
SOO CHOW FU	蘇州府	59
SSŬ MEN	死門	106

---

① 应为"神木厂"。

SU CH'ING MEN	肅清門	17, 30
SUN CH'UAN WEI	孫傳威	47
SUN HSIN	孫馨	99
SUN LUNG	孫龍	103
SUN PAO	孫寶	73
SUN PIAO	孫標	101
SUN TZU TUNG	孫紫東	48
SUN WÊN KÊ	孫文葛	103
SUNG I	宋義	101
SUNG WÊN MING	宋文明	56
TA CH'ING MEN	大清門	138
TA MING KUNG	大明宮	26
TA NEI	大內	25
TA T'UNG CH'IAO	大通橋	33, 34, 94
TAI TU	大都	16, 17, 18, 19, 20, 21, 22, 23, 24, 25, 26
TAI TU LU	大都路	30
T'AI TSU	太祖	13, 30
T'AI TSUNG	太宗	13
TAIYUANFU	太原府	3

TAN FÊNG MEN	丹鳳門	12
TAN TÊ CHÊNG	譚德政	100
TAO KUANG	道光	43, 44, 7, 57, 58, 62, 63, 67, 66, 69, 70
TÊ SHENG MEN	德勝門	17, 30, 33, 35, 38, 40, 61, 65, 66, 68, 82, 83, 107, 108, 153, 154
TÊ SHUN KILN	德順窯	71
TI TAN	地壇	107
T'IEN CH'I	天啟	94
T'IEN NIEN SSŬ	天寧寺	14
T'IEN TÊ	天德	13
TS'AO CH'UN	曹春	56
TS'AO	曹	94, 96, 97
TS'AO JUNG	曹榮	99
TSO AN MEN	左安門	170, 179, 180
TSUNG WANG	宗望	13
TU CH'UNG	杜充	100
TU MEN	杜門	107
TU TI MIAO	土地廟	14
TUAN CHOU	叚洲	57

TUAN LI MEN	端禮門	14
TUNG CHIH MEN	東直門	18, 33, 35, 36, 40, 58, 59, 80, 81, 82, 107, 127, 130, 131, 151
TUNG HO CANAL	東河	94, 167
TUNG PIEN MEN	東便門	15, 87, 94, 104, 159, 167
T'UNG CHIH	同治	57, 70
T'UNG CH'IN KILN	通欽窰	60
T'UNG FÊNG KILN	通豐窰	46
T'UNG HO KILN	通和窰	48, 55, 56, 64, 71, 72, 101, 102
T'UNG SHUN KILN	通順窰	64
T'UNG T'IEN MEN	通天門	12
T'UNG YÜAN	通元門	14
WAI CH'ÊNG	外城	12, 14, 15, 86, 88, 90, 91
WAN JUI	萬瑞	103
WAN LI	萬曆	11, 44, 49, 50, 52, 55, 57, 58, 59, 62, 63, 65, 66, 67, 69, 70, 71, 73, 74, 93, 100, 102, 154
WANG HSING	王興	99
WANG HUI	王惲	14
WANG JUI	王瑞	74, 100

WEI HSIEN	濰縣	8
WEI SHAO WANG	衛紹王	15
WÊN MING MEN	文明門	16, 17, 34
WU CH'ANG PEI	吳昌培	102
WU CH'I JUNG	吳濟榮	99
WU CHÜ	吳矩	101, 103
WU KUN	吳鯤	103
WU LIANG PEI	吳良培	103
WU LING YUNG CHANG	烏陵用章	15
WU SHÊN	戊申	100
WU TZÜ	戊子	50
WU YÜ	吳玉	55
YANG CHIN	楊金	99
YANG CHOU FU	揚州府	59
YANG CH'UN MEN	陽春門	15
YANG CHUNG CHÜ	楊中矩	103
YANG P'EI	楊佩	99
YANG YÜ	楊玉	99

YEH KUO CH'ÊN	葉國珍	30
YEN CHING	燕京	12, 13, 14, 15, 16
YING CH'UN MEN	迎春門	12
YO AN MEN	右安門	97, 170, 178, 179, 180
YÜ CH'ÊNG KILN	裕成窰	71
YU CHOU	幽州	12
YÜAN CH'ÊNG	兀城	17
YÜAN CH'ÜAN KILN	源泉窰	71
YÜAN I T'UNG CHIH	元壹統志	18, 23
YUNG CH'ÊNG KILN	永成窰	46, 47
YUNG HO KILN	永和窰	70
YUNG HO KUNG	雍和宮	61, 63, 150, 151
YUNG LO	永樂	18, 23, 29, 31, 32, 33, 35, 38
YUNG NIEN HSIEN KILN	永義興窰	74
YUNG SHUN KILN	永順窰	60
YUNG TING GOVERN-MENT KILN	永定官窰	57, 59, 67, 69, 70
YUNG TING MEN	永定門	93, 97, 101, 102, 169, 170, 180, 181, 182

Xian-fu
The city wall at the south west corner
西安城墙西南角

Tsingchow-fu
The city wall on the north side
青州府北城墙

Peking. Stree in the Chinese city
北京外城街景

Tsingchow-fu. Old business street
青州古商业街

Stone p'ailou in Weihsien, Shantung
山东潍县的石牌楼

Xian-fu
View from the down-town
西安城区鸟瞰

Xian-fu
The city wall and the west gate
西安城墙与西城门

Outside the Chinese City wall at the south west corner

外城西南角外侧

Old well at the north wall
内城北墙的古水井

The south wall between Ch'ien Men and Shun Chih Men
前门至顺治门间的内城南墙

The south wall near the south west corner repaired in setions
西南角楼处局部修复的南城墙

Outside view of the south wall between Shun Chih Men and Ch'ien Men
顺治门至前门间的内城南墙外侧鸟瞰

The east wall at the Observatory
观象台处的内城东墙

Sections of various age in the east wall
不同年代所建的内城东墙墙体

Well preserved section of the east wall
保存良好的内城东墙墙体

The east wall at Tung Chih Men
内城东墙东直门段

The long ramp between Chi Hua Men and Tung Chih Men
齐化门至东直门间的长马道

A deep hole in the east wall revealing several layers of the brick coating
东城墙上的一个深洞，可见几层城砖

Grazing sheeps at the north wall
内城北墙处的牧羊

Resting camels at the north wall
内城北墙处休息的驼队

Outer side of the north wall west of Te Sheng Men
德胜门以西的内城北墙外侧

Inner side of the north wall with old and new sections
新旧交接处的内城北墙内侧墙体

The water course Chi Shui Tan at the north wall
内城北墙附近的积水潭

Outside view of the southern portion of the west wall
内城西墙南段外侧

The inner side of the west wall near Hsi Chih Men
西直门附近的内城西墙内侧

Outside view of the main wall from Ping Tzu Men
从平则门观主城墙外侧

The ramp south of Ping Tzu Men, repaired in three sections
分三段修缮的平则门南面马道

At the south end of the west wall
内城西墙南端

The tower on the south eastern corner of the inner wall
内城东南角楼

The south eastern tower and the joint between the inner and the outer wall
内城东南角楼及内外城城墙的连接处

The north west corner of the Chinese city wall
外城西北角楼

Portion of the west wall where the brick coating is falling down
西城墙上一段城砖已经掉落的墙体

The south west corner tower
西南角楼

The south east corner tower
东南角楼

The inner east side of the Chinese city wall
外城东墙内侧

Badly patched and decayed portions of the inner east side of the Chinese city wall
损毁严重并四处修补的外城东墙内侧墙体

View of the Chinese city wall from the outer bastion of Chang I Men
从彰义门（广安门）箭楼城台观外城城墙

The inner south side of the Chinese city wall
外城南墙内侧

The north east corner of the Chinese city wall
外城东北角

Outside view along the east side of the Chinese city wall
外城东墙外侧的景象

Tower on the south west corner of the Chinese city wall
外城西南角楼

Funeral procession on the old road outside Tung Pien Men
东便门外古道上的葬礼仪仗队

Bridge with water locks near Tung Pien Men
东便门一座带水闸的石桥

The Chinese city wall at Tung Pien Men
东便门附近的外城城墙

Ping Tsu Men
The two gate towers and part of the barbican
平则门的城楼、箭楼和部分瓮城

Ping Tzu Men
The inner tower and part of the gategard
平则门城楼及瓮城广场的局部

Ping Tzu Men
The northern end of the inner tower seen from the wall
从城墙上观平则门城楼北面

Ping Tzu Men
Side view of the outer tower
平则门箭楼侧影

Ping Tzu Men
The ouer tower from the wall
从城墙上观平则门箭楼

Ping Tzu Men
The outer tower and stalls along the barbican wall
平则门箭楼及瓮城外的摊点

Hsi Chih Men
The complete gate from the south
西直门南侧全景

His Chih Men
Side view of the inner tower
西直门城楼侧影

Hsi Chih Men
The outer court of the temple in the gateyard with juniper tree
西直门瓮城内关帝庙的庭院及院里的柏树

Hsi Chih Men
The temple court
西直门关帝庙的庭院

Hsi Chih Men
View through the outer gate
西直门城门外街景

Hsi Chih Men
The small side tower over the barbican gate and adjoining shops
西直门瓮城闸楼及城墙下的店铺

Hsi Chih Men
The street lined with old shops outside the gate
西直门外老式店铺林立的街道

Chih Hua Men
Sideview of the inner tower and adjoining buildings
齐化门城楼侧面及附近建筑物

Chih Hua Men
Front view of the inner tower
齐化门城楼正面

View of Tung Chih Men from the south
东直门南侧全景

View of the moat at Tung Chih Men
东直门护城河

Tung Chih Men
Front view of the inner tower
东直门城楼正面

Tung Chih Men
View through the inner gate
东直门城楼的门洞

Tung Chih Men
Side view of the inner tower
东直门城楼侧影

Tung Chih Men
The outer tower and moat
東直門箭樓及其護城河

Tung Chih Men
The outer tower and the modern terraces
东直门箭楼及改造后的城台

Tung Chih Men
The moat with the white ducks
东直门护城河里的白鸭

Hata Men
The inner tower from the street
从哈德门大街观哈德门城楼

Hata Men
Side view of the inner tower
哈德门城楼侧影

Hata Men

The inner tower and the gateyard with people waiting for the train to pass

哈德门城楼及瓮城中等待火车通过的人群

Shun Chih Men
The inner, lately restored tower
近期修复的顺治门城楼

Shun Chih Men
The inner tower and the central portion of the gateyard
顺治门城楼及瓮城中心

Shun Chih Men
Old guns on the outer bastion which is divested of its tower
顺治门箭楼城台上的老式大炮，箭楼已无存

Shun Chih Men
The road through the gateyard which is filled with stacks of pottery
堆满陶器的顺治门瓮城及穿城而过的道路

Ch'ien Men
Inner tower from the south
从南侧观前门城楼

Ch'ien Men
View through the inner gateway
前门城楼门洞透视

Ch'ien Men
At the entrance to the temple in the gateyard
前门瓮城内的关帝庙入口

Chien Men
Worshippers in the Kuan Ti miao
前门关帝庙中的祭拜者

Chien Men.
View from the outer tower over the new bridge and the main street of the outer city
从前门箭楼上南观新建的正阳桥及外城主街

An Ting Men
The inner tower and part of the former gateyard
安定门城楼及过去的瓮城局部

An Ting Men
The outer tower and the moat
安定门箭楼及护城河

An Ting Men
The outer tower and the temple in the gateyard
安定门箭楼及瓮城内的真武庙

An Ting Men
A portion of the restored barbican wall
修复后的安定门瓮城城墙

An Ting Men
In the gateyard of the Taoist temple
安定门真武庙的庭院内景

De Sheng Men
The remaining bit of barbican and the outer tower
德胜门瓮城残垣及箭楼

Te Sheng Men
View through the inner gate
从德胜门城楼门洞所见街景

Te Sheng Men
Old ailanthus tree in the former gateyard
昔日德胜门瓮城内的古椿树

Te Sheng Men
The gateyard with the itinerant barbers
德胜门瓮城内的流动剃头匠

Te Sheng Men
The Taoist temple in the gateyard
德胜门瓮城内的真武庙

Te Sheng Men
Side view of the outer tower
德胜门箭楼侧影

Hsi Pien Men
The street leading up to the gate
通向西便門的大街

Hsi Pien Men
The inner gate "tower"
从城台上观西便门城楼

Hsi Pien Men
The old locust tree in the gateyard
西便门瓮城内的古刺槐

Hsi Pien Men
The ailanthus tree in the gateyard
西便门瓮城内的椿树

Hsi Pien Men
Camel caravan passing through the outer gate
正在经过西便门箭楼门洞的驼队

Hsi Pien Men
The shadory street outside the gate
西便门外绿树成荫的街道

Tung Pien Men.
View of the inner tower
东便门城楼内侧

Tung Pien Men
The outer gate
东便门箭楼城门

The bridge outside Tung Peen Men

东便门外的石桥

Resting donkeys and oxen outside Tung Pien Men
在东便门外休息的驴和牛

Camels outside Tung Pien Men
东便门外的骆驼

Outside Tung Pien Men where the Tung Ho canal ends
东便门外东河的终点

Sha Wu Men
Side view of the barbican and the two towers
沙窝门瓮城、城楼和箭楼侧影

Sha Wu Men
The inner tower
沙窝门城楼

Sha Wu Men
View through the gateyard
通过沙窝门城楼门洞观瓮城内景

Sha Wu Men
Funeral Procession outside the gate
沙窝门外的葬礼仪仗队

Chang I Men.
Side view of the towers and the barbican
广安门城楼、箭楼、瓮城侧影

Chang I Men
Part of the gateyard and the inner tower
广安门城楼及瓮城局部

Chang I Men
Side view of inner tower
广安门城楼侧影

Chang I Men
The gateyard and the inner tower
广安门瓮城及城楼

Chang I Men
The outer tower
广安门箭楼

Yu An Men
View through the gateyard and the inner tower
右安门瓮城及城楼

Yu An Men
The gateyard and the outer tower
右安门瓮城及箭楼

Yu An Men
A camel caravan in winter time
冬日里正在经过右安门的驼队

Yu An Men
The outer tower and the moat
右安门箭楼及护城河

Yu An Men
The weeping willows outside the gate
右安门外低垂的柳树

Bulrushes and children in the moat, outside Yu An Men

右安门外护城河中的芦苇和孩童

Yu An Men
The inner tower with ailanthus trees on the bastion
右安门城楼及生长在城台上的椿树

Tso An Men
The gateyard and inner tower
左安门瓮城及城楼

Tso An Men
The gate ramp in ruins. September 1922
1922 年 9 月，坍塌后的左安门马道废墟

Tso An Men
Side view of the outer tower
左安门箭楼侧影

Tso An Men
The outer tower and moat
左安门箭楼及护城河

Yung Ting Men
Front view of the two towers and barbican
从正面观永定门门垛楼、箭楼及瓮城

Yung Ting Men
The inner tower from the gateyard
从瓮城内观永定门城楼

Yung Ting Men
View of the outer tower from the gateyard
从瓮城内观永定门箭楼

Yung Ting Men
The traffic on the bridge over the moat
永定门护城河石桥上的交通景象

Yung Ting Men
Side view of the whole gate and the moat
永定門城樓及護城河側影

图书在版编目（CIP）数据

北京的城墙与城门 /（瑞典）喜仁龙著；邓可译 . —北京：北京联合出版公司，2016.12（2021.10重印）

ISBN 978-7-5502-9178-2

Ⅰ . ①北… Ⅱ . ①喜… ②邓… Ⅲ . ①古建筑—北京 Ⅳ . ① K928.71

中国版本图书馆 CIP 数据核字 (2016) 第 282006 号

Simplified Chinese edition
Copyright © 2017 POST WAVE PUBLISHING CONSULTING (Beijing) Co., Ltd.
本书中文简体版权归属后浪出版咨询（北京）有限责任公司

北京的城墙与城门

著　　者：［瑞典］喜仁龙
译　　者：邓　可
出 品 人：赵红仕
选题策划：后浪出版公司
出版统筹：吴兴元
特约编辑：林立扬
责任编辑：李　征
营销推广：ONEBOOK
装帧制造：墨白空间·陈威伸

北京联合出版公司出版
（北京市西城区德外大街83号楼9层　100088）
天津创先河普业印刷有限公司　新华书店经销
字数286千字　720毫米×1030毫米　1/16　21.5印张　插页8
2017年1月第1版　2021年10月第6次印刷
ISBN 978-7-5502-9178-2
定价：99.80元

后浪出版咨询（北京）有限责任公司 常年法律顾问：北京大成律师事务所　周天晖 copyright@hinabook.com
未经许可，不得以任何方式复制或抄袭本书部分或全部内容
版权所有，侵权必究
本书若有质量问题，请与本公司图书销售中心联系调换。电话：010-64010019

内容简介

　　本书真实还原了20世纪20年代时遗存的北京城墙与城门。作者通过实地走访考察，被这些宏伟古迹的壮美所折服，也因其衰败的现状而叹息。除了在描写中投入艺术史家的浪漫与情怀，喜仁龙还坚持严谨的研究方法：挖掘中国历史文献中对城墙城门的繁杂记载，勘测丈量每一段城墙、每一座城楼的尺寸，观察记录城墙、城门及周边街市乡野的现状，实景拍摄城墙城门的照片，精细绘制城门各种角度的建筑细节图，使这本考察手记在文学性、科学性、历史性等方面达到了极高的水准。

作者简介

　　喜仁龙（1879—1966），瑞典艺术史学家。曾供职于瑞典斯德哥尔摩国家博物馆、斯德哥尔摩大学等机构，美国耶鲁大学、哈佛大学访问学者。1918年到日本讲学，并于1920—1921年旅居中国，开始密切关注东方艺术与建筑。1956年获得第一届查尔斯·朗·弗利尔奖章。日本《岩波西洋人名词典·增补版》（1981）称其为第二次世界大战之后西方中国绘画研究的集大成者。

译者简介

　　邓可，北京大学城市与环境学院地理学（城市与区域规划）硕士研究生，参与北京大学世界遗产研究中心及北京大学城市形态研究小组，从事城市形态与遗产保护的理论与实践研究。